国家出版基金项目
NATIONAL PUBLICATION FOUNDATION

"乡村振兴实践研究"丛书

乡村生态振兴
实践研究

朱冬亮　朱婷婷　著

海峡出版发行集团 | 鹭江出版社
THE STRAITS PUBLISHING & DISTRIBUTING GROUP

2021年·厦门

总序

　　当中国特色社会主义建设进入新时代，乡村发展也进入一个前所未有的社会转型和嬗变期。当下中国乡村正在经历的社会变迁是一次注定要载入中华民族史册的伟大变革。快速推进的工业化和城镇化使得传统的乡村社会结构被不断解构且重新建构，几乎每一个农民家庭都被裹挟到这场巨大的社会变革中。他们试图改变祖祖辈辈延续下来的耕田种地的生活方式，以及由此被赋予的命运和价值。当下的中国乡村正面临亘古未有的巨大挑战和发展机遇。

　　曾经延续千年的乡土社会是"熟人"的社会，是集血缘和地缘为一体的小社区圈子，是农民世世代代"生于斯、长于斯、安于斯"的地方。那时候的乡村社会结构相对稳定，乡村社会舆论压力较大，农民的经济和社会分化很小，农民从事的职业相对单一，农民家庭几代同堂……面朝黄土背朝天，耕田种地，邻里同乐，守望相助，鸡犬之声相闻，这是一个传统的乡土村落的生活场景，同时蕴含着传统、古朴、保守乃至贫穷落后的社会价值认知。

　　历经改革开放40多年的发展和变迁，曾经相对同质的中国乡土社会结构出现了前所未有的改变。从传统的乡土社会价值来看，乡村社会结构在不断裂变，传统农业生产方式在不断衰变，传统农民的生活方式也在不断改变。如今的乡土社会，农民或已进城转变为半市民或者市民，或是作为农民工周期性地流动于城市和乡村之间，或在现代化的浪潮中搁浅，成为村庄的守护者和留守人。有些村落已经消失或正在消失，有些村庄"空心化"现象不断扩大，有些农民已经终结劳作或正在终结劳作，有些土地已经荒芜或者正在荒芜，有些村庄满地垃圾甚至污水横流。农村社会的社区舆论不再形成压力，农民的经济和社会分层日趋明显，传统的乡土文化及价值体系也趋于式微……很多人用传统的眼光看农村，哀叹现在中国乡村所发生和经历的一切预示着曾经美好古朴的乡村正在迷失乃至消失，担心未来无处寄托乡愁。不仅如此，我们研究团队在近年来的实地调查中发现，现在的中国乡村正呈现出越来越明显的三"最"现象。第一"最"，在现在的乡村中，往往是最贫穷的农民家庭成员在家种地，且以种粮为主要生计。换言之，如果能想方设法提高种粮农民家庭的收入，也许恰恰可以达到"精准扶贫"的效果。第二"最"，在现在的农民家庭中，往往是兄弟姐妹中最"没有出息"的留在家乡，陪伴和照顾年迈的父母，给予亲情上的关怀，而外出的其他兄弟姐妹更多是在经济上尽孝。第三"最"，在现在的乡村中，往往是最贫穷的农民家庭的子女依然在村里、乡镇的学校上学。条件稍好的农村家庭都想方设法把子女送到县城甚至更大的城市就学，因为相对而言，乡村就学环境不如县城，更不如大城市……这是当前中国乡村社会发展中呈现出的一幅令人担忧的图景。

换一个角度来看，当前我国乡村的生产力和生产关系在现代化发展规律的作用下，在不断地进行调整。从中，我们欣喜地发现，古老的中国乡村大地，其现代性萌芽在不断成长和壮大。虽然大量乡村青壮年人口外流导致劳动力短缺，却从真正意义上催生了农业生产要素的现代化重组。农业生产的机械化开始逐步替代传统的小农经济生产经营和土地耕作模式，从而促进传统的劳动密集型农业生产方式的转型。加速出现的土地经营权流转倒逼乡村土地产权制度实施新一轮改革，农业生产的组织方式和经营方式也因之向专业化、集约化、产业化迈进。与这个伟大变革进程相伴随的是城乡融合和城乡一体化发展趋势正在逐步形成。加速推进的城乡社会流动为城市的工商资本和人力资源等发展要素回流乡村创造了条件。无论是伴随着返乡创业人员回归的商业资本，还是看准乡村发展机遇而下乡的城市工商资本，都把乡村作为未来投资发展的热土。智慧农业、互联网农业等新型农业生产方式和经营理念对传统的小农生产方式构成了巨大的冲击。各类新型农业经营主体因此蓬勃发展，传统第一产业与第二、三产业融合发展的趋势进一步显现。乡村的人、地、物等生产要素不断重组和优化，促使乡村的组织和治理机制不断进行变革和创新。这是当下中国乡村社会呈现出的另一幅令人振奋的现代化发展前景。

基于对当前中国乡村发展面临的挑战和机遇的准确把握，党的十九大高瞻远瞩，适时提出了乡村振兴战略。2018 年的中央一号文件更是对 2050 年前的乡村振兴进行了令人期待的宏观规划与设计。2021 年 6 月 1 日，国家《乡村振兴促进法》正式颁布实施，使得乡村振兴有法可依。事实上，进入 21 世纪后，我国的农业治理体系已经逐步从以往的"汲取型"治理体制向"反哺型"治理体制转型。2006 年之后推进的"社会主义新农村"建设和 2013 年推进的"美丽乡村"建设都为今天的乡村振兴战略实施做了很好的铺垫。在过去的五年中，我们的研究团队到全国 22 个省（市、自治区）、105 个县（市、区）的 308 个村庄进行了田野调查，并对其中的很多村庄进行连续多年的跟踪调查，由此获得了大量的一手研究资料。在乡村振兴如火如荼地推进的今天，我们研究团队把近五年调查获取的田野资料进行整理归纳和分析，形成这套

"乡村振兴实践研究"丛书。这既是对我们团队以往的研究成果进行一个阶段性的总结,也是为乡村振兴的后续研究提供一个前瞻性的思考。

乡村振兴战略实施需立足于实现乡村全面振兴的目标。本丛书由五部研究专著构成,分别从产业振兴、人才振兴、文化振兴、生态振兴、组织振兴等五个角度,全方位呈现我国乡村振兴战略实施的"进行时",重点描述和分析近年来被调查地区和村庄如何谋划和推进乡村振兴实践。在此基础上,我们对乡村振兴战略实践进行了更多学理性的思考,为如何更好地推进乡村振兴战略实施提出我们的观点和建议,供社会各界参考借鉴。

在乡村"五大振兴"战略实施过程中,产业振兴是首要目标。没有产业振兴,其他振兴都无从谈起。只有把乡村经济发展起来,建立现代农业产业经济体系,才能为乡村人才振兴、文化振兴、生态振兴和组织振兴提供强大的经济和物质支撑。本丛书之一《乡村产业振兴实践研究》立足当前农村产业发展的实际情况,重点从如何延长农业产业链、如何提升农业价值链、如何完善农业利益分配链的角度探讨乡村产业振兴的主要实现路径。我们以福建将乐县努力实施的"龙头企业+种植基地+农户"有机稻产业化种植,贵州龙里县大力推进的主导扶贫产业——刺梨产业链发展,山东莱阳市重点发展的传统名产业——梨产业不断做大做强及濯村的"美丽乡村"建设实践,广西罗城县重点发展的油茶扶贫产业,龙胜县的龙脊梯田田园旅游综合体开发等十多个典型个案为分析样本,从不同的角度全方位展现和分析乡村产业振兴的实践模式和实践机制。

人才是乡村振兴中的重要依靠力量。在当前乡村青壮年大量外流、乡村留守群体普遍老龄化的情况下,如何吸引更多的复合型人才,尤其是青年人才到乡村奉献自己的聪明才智,为乡村振兴事业注入新鲜的血液，事关乡村振兴的成败。在乡村建设中，我们需要吸引各类人才包括新型职业农民、各类新型农业经营主体、乡土文化传承人、现代乡村治理人才等投身乡村发展建设，打造和培养一支真正"懂农业、爱农村、爱农民"且"善经营"的"三农"工作队伍。本丛书之一《乡村人才振兴实践研究》，在对当前我国乡村人力资源供给现状进行全面分析并指出乡村人才所面临的严峻形势的基础上，以福建厦门市海沧区实施"美丽乡村共同缔造"项目时涌现的典型乡村主导人物、四川成都崇州市探索现代林业经营制度——"林业共营制"中涌现的先进典型林业职业经理人、浙江绍兴上虞区重点推介的乡贤治理机制等多个典型案例中呈现的乡村人才与乡村建设共同成长的经历为研究对象，探讨实现乡村人才振兴的机制和体制。

文化是一个民族的信仰和灵魂，乡村文化是中华传统文化的主要母体和载体。在当前乡村人口大量外流的情况下，乡村文化的式微乃至断层成为令人担忧的现象。因此，实现乡村文化振兴可以为乡村振兴提供重要的精神支撑，为寄托"乡愁"提供不可或缺的精神内容。本丛书之一《乡村文化振兴实践研究》把乡村文化建设的实践机制分为政府主导型、社会主导型和市场主导型三种形式，并分别以福建古田县的陈靖姑民间信俗文化、圆瑛文化、金翼文化，福建龙岩市永定区的土楼文化，浙江绍兴市上虞区的乡贤治理文化和乡村文化礼堂建设，福建屏南县的古村落文化保护传承和转型以及福建厦门市的乡村现代文化建构等案例为分析对象，探讨乡村文化振兴的模式和路径。从中可以看出，乡村文化建设和文化振兴在整个乡村振兴中有着极其特殊的地位和作用。

"绿水青山就是金山银山"。"两山"理论的核心表述深刻地揭示了乡村生态建设在乡村振兴战略实施过程中的重要地位和作用。

和城市相比，乡村首先给人的印象是它有着古朴、原生态的田野风光。实现乡村生态振兴，不仅是为了打造美丽乡村、改造农村的人居环境，更重要的是实现人与自然的和谐发展。本丛书之一《乡村生态振兴实践研究》以本研究团队近年来在福建、浙江、贵州等地开展实地调查获取的一手田野资料为主，同时利用其他宏观层面的统计数据，多角度提出乡村生态建设中面临的问题，并在此基础上探讨和分析各地如何因地制宜地推进乡村环境整治、打造美丽乡村，同时力图把生态效益转化为经济效益，进而实现经济建设与生态建设共建共赢的目标。

乡村振兴战略的实施，离不开组织保障。只有不断提升乡村组织建设水平，才能为乡村振兴提供坚实的基础，才能把建设乡村的人力、物力和财力资源集中整合起来，把振兴乡村的人心凝聚起来。当前，很多乡村存在基层组织软弱涣散、组织凝聚力不强等现象，极少数地方甚至出现了乡村黑恶势力。因此，提升乡村治理水平，并最终建立政府、市场和社会共同参与，"自治、法治、德治"相结合的共建、共治、共享的乡村社会治理体系，是乡村组织振兴首先要实现的目标。本丛书之一《乡村组织振兴实践研究》以本研究团队近年来在福建、浙江、贵州、湖北、北京等地的实地调查的一手资料为基础，探讨乡村组织振兴如何促进村"两委"组织和各类民间经济组织、社会组织、文化组织更好地发挥各自的作用，最终形成"党建引领、多元共治"的共建、共治、共享的现代乡村治理体系。

中国现代化建设的短板主要在乡村，乡村振兴战略的实施为乡村描绘了令人期待的现代化发展前景，是广大农民共享改革开放成果、实现"中国梦"的最终体现。乡村振兴战略实施工程是我国现代化新的"两步走"战略的重要组成部分。到 2050 年，乡村全面振兴的目标能否如期实现，有赖于中央和各级地方政府、广

大农村以及社会各界人士的共同努力。本丛书的出版也算是我们
学术研究人在乡村振兴战略实施过程中所贡献的一份微薄力量。
我们期待丛书的出版面世能够吸引更多的人关注乡村、关注农民、
关注乡村振兴现代化建设事业。

朱冬亮

2021 年 6 月 4 日于厦门大学囊萤楼

目录

前　言

　　"土地平旷，屋舍俨然，有良田美池桑竹之属。阡陌交通，鸡犬相闻。其中往来种作，男女衣着，悉如外人。黄发垂髫，并怡然自乐。"这是田园诗人陶渊明在《桃花源记》中所描绘出的山清水秀的乡村中男耕女织、儿童嬉闹的人与自然和谐共处之景。我国古代文人的诗词歌赋中，常以高山流水、大江大河、山村农舍作为情感的载体，赋予其更为宽泛的含义，无不体现出一幅人与自然和谐共生的美好画卷。

　　乡村既是绿水青山的聚集地又是全国人民的粮仓，它不仅肩负着全国人民对生态环境质量与农产品安全的期许，同时还肩负着留村农民赖以生存的农业经济发展的重任。这就意味着，乡村生态振兴实践目标所具有的多维性，集中体现在人们对生态生活环境、生态安全及生态经济等三个层面的美好需求之中。

　　乡村生态振兴是乡村振兴五大战略体系中最根本且最基础的组成部分，缘于乡村生态层面的稳定且可持续是维系乡村全面可持续振兴的基础性支撑。生态与经济、政治、文化、组织等方面迥异的是，其具有很强的外部性属性。生态外部性属性促使它不仅仅影响着生态资源产权所有的村庄内部村民的生产与生活质量，同时也影响着村庄社区之外周边地区的生态环境质量。生态环境是将全人类凝聚为命运共同体的关键纽带。开展乡村生态振兴实践不仅有助于实现乡村社区的自我振兴与全面小康建设，同时对于国家生态文明建设和解决当前我国社会主要矛盾也具有非常重要的实践价值和意义。

　　关于乡村生态振兴的研究，不可避免地要对乡村生态变迁做一定的梳理，需要厘清"为何乡村生态环境问题在以往数千年的传统农耕文明中不曾显露,而是在近几十年的工业文明社会发展变迁中日益凸显并成恶化之势"。本书认为,应以一个历史纵向发展的视角去考察我国乡村生态环境之变迁,才能更加准确地把握这一变化的内在实质。知来者、立当下,才能助力于我们实现乡村生态振兴。总的来说,应立足当前乡村生态环境之实,回望过去乡村生态环境之史,才能展望未来绿水青山之愿。

众所周知,我国是世界上农耕历史最为悠远长久的国家,在几千年的发展长河中积淀了深厚的生态智慧和农耕智慧。自古以来,我国农民便深知如何与大自然保持和谐相处之道,他们皆饱含丰富的生态智慧。在几千年农耕实践中,他们"日出而作,日落而息",日复一日,年复一年地劳作,顺应且尊重自然规律,并在这些规律中探寻最佳的耕作节点以实现农业经济收益最大化。古人推演出的"二十四节气"便是他们对大自然一年四季发展规律的总结。"春耕、夏种、秋收、冬藏"是我国农民依据自然规律进行年复一年的农业耕种安排。农耕智慧则是农民在农耕实践中结合节气、当地气候、土壤等各类生态秉性而逐渐积累下来的耕种经验。农民与自然之间的长期和谐,还源于我国农民懂得"取之于自然,回馈于自然"的平衡之道。他们虽不懂得化学元素,但从世代耕种经验中他们获悉,土壤肥力需要通过时常翻土、施肥、轮作予以维持。农民深知唯有顺应自然并回馈自然,才能从自然中获取丰富的馈赠。正是这些生态智慧和农耕智慧,造就了几千年人与自然和谐相处的美好画面,也成就了我国几千年不衰的灿烂农耕文明和永续生态农业。

自给自足的小农经济是我国数千年农耕社会的主要形态。山水阻隔、交通闭塞以及自给自足型生产生活形态,促使我国大部分乡村社区长期处于相对封闭的状态。如此也就不难理解诗人陶渊明误入桃花源遇见与世隔绝的乡村景象。彼时,乡村水土尚未被污染,从山涧中淌出的涓涓细流滋润着溪流两岸的乡村居民。农民在农忙过后可以直接捧起溪水一饮而尽,也可以在溪水中直接淘米、洗菜、洗衣服。彼时的乡村没有户户通自来水管,村民们用水以挑水为主。朝暮之时,村口的溪流两边热闹非凡,妇女在岸边浣洗,儿童在溪水中捉鱼虾、洗澡,生活好不惬意。

然而在城镇化与农业现代化发展的数十年间,我国乡村场域及其生态环境发生了巨大的变迁。乡村场域的变迁,表现为人口结构的变迁、家庭经济收入结构的变迁、农业生产条件的变化、物质生活水平的提升等。而伴随着乡村整体性、结构性的变迁，乡村生态环境面貌也随之发生了巨大的变化。在农业现代化进程中，农药与化肥的普及显著提升了我国农业生产效率。但由于农民对农药与化肥的滥用，直接导致我国农业面源污染的产生。被污染的乡村土壤与水源，严重威胁人们的身体健康，致使近年来乡村癌症发病率上升。不仅如此，原被农民所珍视的"农家肥"，如今成为乡村难以治理的生活污水。乡村维系数千年的生态平衡，在农业现代化进程中被打破。

乡村生态振兴是我国生态文明建设体系中的一个重要组成部分。乡村场域在国家整体结构中承担着保障生态安全、环境质量、农产品安全、生活水源安全等的生态重责。生态所具备的外部性属性，决定了乡村生态振兴实践的受益对象不仅限于乡村社区本身，而且辐射至周边地区，甚至全人类。乡村生态振兴实践的本质在于促进人与自然在生产生活实践中的和谐共处。

导论

第一节　乡村生态振兴实践的背景及意义

一、实践背景

十九大报告中首次提出"乡村振兴战略"，包含了对乡村产业、文化、组织、人才、生态等五个方面的全面振兴。这五个方面是搭建我国乡村社区内在运行机制的基础框架。"乡村生态振兴"在五大振兴战略中又居于基础性地位，缘于生态安全、生态稳定与生态可持续是一切发展的基础。

生态维度上的乡村振兴总要求为"生态宜居"。"宜居"一词，从字面含义上可理解为适宜居住。"生态宜居"则可以理解为生态环境适宜人民安居与乐业，内在包含"生态生活宜居"与"生态生产宜居"两个维度。生态生活宜居，指的是一方生态环境能够保障一方人民稳定安全的生活需求，包含地质安全、居住安全、食物安全、环境整洁等方面。生态生产宜居，指的是一方水土能够可持续养育一方人民，主要包含生态资源供给与生态农业经济产出两个方面。乡村生态振兴实践的目标归根结底在于促进人与自然的和谐相处，并在此基础上增强人在自然中的获得感与幸福感，实现"生态、生产、生活"这"三生"的和谐。

将"生态宜居"作为乡村生态振兴的总要求，缘于当前乡村生态环境面临诸多"非宜居"发展困境。如近年来备受关注的"垃圾围村"、生活污水随意排放、农业面源污染、农业垃圾、山体滑坡、泥石流、土地沙化、土地石漠化、林木盗伐、捕杀野生动物等现象。这些乡村场域中的人与自然不和谐现象，在近几十年的乡村现代化发展中愈演愈烈，并且危及人民的生存安全与生命健康。以"生态宜居"为建设目标的乡村生态振兴实践，是要建构一套足以维系人与自然和谐共处的可持续发展机制。面对当前乡村的生态困境，保护生态资源、整治环境污染、遏制生态恶化、恢复生态面貌、完善环境设施是乡村生态振兴实践的必然行动。虽然，人与自然的不和谐现象不只存在于乡村场域之中，城市环境污染问题严重程度更甚，以及生态问题早就成为全球共识性问题，但本书集中探讨乡村场域中的生态问题及其振兴实践，缘于乡村场域是生态资源的核心聚集区，实现乡村生态振兴是保障国家生态文明建设与提升人民美好生活质量的关键。

众所周知，我国在十八大报告中将"生态文明建设"纳入"五位一体"发展总布局之中。由此也明确我国将奋力向"生态文明社会"阶段前进。生态文明指数是一项由社会经济环境发展水平的综合性指标组成的评价体系。我国生态文明指数评估包含 17 项指标：生境质量指数、环境空气质量、地表水环境质量、人均国内生产总值（GDP）、第三产业增加值占 GDP 比重、单位建设用地 GDP、主要水污染物排放强度、主要大气污染物排放强度、单位农作物播种面积化肥施用量、城镇化率、城镇居民人均可支配收入、城乡居民收入比、人均公园绿地面积、建成区绿化覆盖率、城市生活污水处理率、城市生活垃圾无害化处理率、自然保护区面积占比等。从这 17 项评估指标可以明确，生态文明评估标准中包含了生态环境质量、生态资源状况、生态环境设施建设、经济收入结构等多个方面。根据上述标准，2017 年我国生态文明指数评估得分为 69.96 分，整体生态环境质量水平接近良好，① 但距离实现生态文明建设目标仍任重而道远。

关于乡村生态振兴实践的研究，本质上是关于乡村场域中人与自然互动关系的探究。而纵观人类几千年的发展历史，人与自然的关系会随时代变迁与社会变迁而变化，而变迁本质上又呈现为社会生产力与生产关系的变迁。将"人与自然的关系"放置在不同时期的"社会生产力与生产关系"背景下来看，我们可以清晰地发现二者之间所具有的密切联系。正如有学者将人类

---

① 《中国工程院发布生态文明建设研究成果——我国生态文明指数总体接近良好水平》，《人民日报》2019 年 4 月 23 日 14 版。

社会所经历的四种文明形态及其对应的发展范式总结为原始文明（无色/虚无发展）、农业文明（黄色发展）、工业文明（黑色发展）以及生态文明（绿色发展）。[①]

其中原始社会时期，由于人类社会生产力极其低下，人们依靠采摘果实、捕猎为生，人类同其他动物一样完全依赖于自然界的给予进行生存，人对自然是绝对依附的。而在农业文明时期，人类开始发挥自身的主观能动性，并对自然界进行开发与利用。农民开始发明各类农具来提高农业生产力，如我国在商朝时期开始使用"犁"，西周至春秋时期开始使用"铁犁"。虽然农业文明时期人类开始对自然进行开发与利用，但这一时期人类社会生产力整体依旧处于较低的水平，人类的开发利用与自然本身所具备的自愈能力相对持平。因此，农业文明时期人与自然处于相对和谐的黄色发展阶段。

工业文明时期被称为"黑色发展"阶段，缘于这一时期机械化的使用极大提升了社会生产力的同时，也极大增强了人类对自然资源的开发、利用及掠夺能力。并且人类对自然的开发与利用速度，以及粗放式工业发展向自然界排放的污染物，远超过自然自愈能力的阈值。这也是工业文明阶段，生态资源快速枯竭、环境污染迅速恶化、生物多样性锐减等生态危机产生的根本原因。工业文明背景下人与自然之间的关系是不可持续的，必须要向一种更为绿色、理性、和谐的新阶段迈进，即生态文明阶段。这一发展阶段相比较前期的工业文明阶段，呈现出低消耗、低排放与高效率的发展特点，是人们应对工业文明阶段导致的生态危机、资源短缺而做出的必然选择。

2013 年 5 月 24 日习近平总书记在十八届中央政治局第六次集体学习时说道："生态文明是人类社会进步的重大成果……生态文明是工业文明发展到一定阶段的产物，是实现人与自然和谐发展的新要求。历史地看，生态兴则文明兴，生态衰则文明衰。"从人类文明发展阶段来看，现阶段我国正努力从工业文明阶段向生态文明阶段迈进。改革开放可以认为是我国逐步从"农耕文明阶段"向全面工业化和城市化的"工业文明阶段"跨越的重

[①] 许广月：《从黑色发展到绿色发展的范式转型》，《西部论坛》2014 年第 1 期。

要节点。相比较工业文明阶段的粗放式经济发展态势，生态文明阶段更倾向于优先保障生态效益的发展原则。"以经济建设为中心"依旧是我国必须要坚持的发展原则，但在生态文明建设阶段我们以一种更加理性与长远发展的视角来审视我们的工业发展。乡村生态振兴实践是内植于我国生态文明建设大格局中的核心组成部分。乡村生态振兴成功与否，直接关系到我国生态文明建设的成效。并且从近年来人们对生态环境的重视程度来看，生态环境建设已然成为一项人民密切关注的民生事项。

人们对生态环境质量的密切关注，缘于生态环境质量与健康问题是紧密联系在一起的。雾霾、水源污染、食品安全等问题围绕在人民日常生活之中，尤其是近年来我国癌症患者数量井喷式增长，人们对于所处的社会已然产生了不安全感。有学者对我国前期粗放式工业发展所带来的健康代价进行了估算。胡鞍钢认为，我国工业发展中所造成的自然资产损失在很大程度上减少或抵消我国的 GDP 总量和国民财富，看不见的生态损失与看得见的经济统计将促使我国付出巨大的生态代价。[①] 杨继生等人认为，我国环境污染的社会健康成本约占 GDP 的 8%～10%。[②] 由此可见，我国在几十年工业经济高速发展的同时，也付出了巨大的发展代价。

不可否认，我国在新中国成立初期为尽快解决国内生产力低下、物资极度短缺、人民普遍贫困等现实问题，历经过一段以牺牲生态环境为代价的经济发展阶段。改革开放四十余年，我国经济长期保持着中高速增长态势，促进了人民物质生活水平的极大提升。据国家统计局数据显示，我国 2018 年国内生产总值累计达 919281 亿元，相比 2017 年国内生产总值 820754 亿元增加了 98527 亿元，增长率为 8.7%。[③] 2010 年我国国内生产总值首次超过日本，并长期稳居第二。立足于新时代我国物质经济水平跨越式提升的实际背景，十九大报告将我国社会主要矛盾转变为"人民日益增长的美好生活需要和不平衡不充分的发展之间的矛盾"。而"美好生活需要"中就包含了人民对美好生态环境的需求。

---

①胡鞍钢：《中国创新绿色发展》，中国人民大学出版社，2012 年，第 5 页。
②杨继生、徐娟、吴相俊：《经济增长与环境和社会健康成本》，《经济研究》2013 年第 12 期，第 17—29 页。
③数据源自：国家统计局年度数据。

十八大以来，我国将生态文明建设纳入"五位一体"总布局，将其与政治、经济、文化及社会等的建设放在同一高度来同步推进，可见党和国家对于推进我国生态文明建设的决心。近年来，我国致力于"美丽中国""美丽乡村"以及"生态文明"等方面的制度建设、舆论引导以及绿色实践。"制度建设"是为了保障我国生态文明建设的顺利实施，"舆论引导"是借助当前互联网信息时代中多媒体的影响力来引导人们逐渐形成绿色生产生活习惯和思维方式，"绿色实践"是党和国家致力于生态文明建设的具体实践。

十九大报告肯定了当前我国生态环境已有根本性的好转，重大生态保护和修复工程进展顺利，森林覆盖率持续提高且基本实现美丽中国目标的基本现实。同时也看到，由于我国生态环境地区差异性大，部分地区生态环境问题依旧突出且在很大程度上制约了乡村发展的事实。在此基础上，十九大首次提出乡村振兴战略，乡村生态振兴作为乡村振兴战略的重要组成部分，是为解决我国乡村生态环境问题而做出的重要部署。报告还以坚持人与自然和谐共生的理念，力求推动"人类命运共同体"的构建，从全人类可持续发展的高度考虑人与自然的关系，体现出大国风范和大格局观。报告认为只有"尊重自然、顺应自然、保护自然"，走绿色可持续发展道路，践行绿水青山就是金山银山的理念，才能实现人与自然的和谐共处。同时对我国生态文明建设进行了两个阶段的目标规划：第一阶段是 2020 年到 2035 年期间，实现"生态环境根本好转，美丽中国目标基本实现"；第二阶段是 2035 年至 21 世纪中叶期间，实现"生态文明全面提升"。

2018 年中央一号文件围绕乡村五大振兴进行了详细的阐释。其中关于乡村生态振兴实践的论述可概括为四个方面：一是乡村生态建设，将山水林田湖草看作一个生命共同体，依托国家各类生态建设项目和规章制度，对生态进行统一的保护和修复；二是乡村生态环境综合治理，主要针对农业生产过程中的污染源加以限制使用和监督管理；三是生态保护补偿制度的完善，探索市场化多元化生态保护补偿机制，如实行商品林赎买制度、生态产品购买、森林碳汇以及完善水域补偿制度等，以平衡农民生态保护与经济效益之间的损失，从而激励农民生态保护意愿；四是生态产业的发展，正确看待生态与经济之间的关系，将生态优势转化成经济优势，如通过发展生态旅游业将生态产品和服务推向市场，进而促使生态和经济的良性循环。2019年中央一号文件，为保障2020年实现全面建成小康社会，着力于将乡村振兴战略与脱贫攻坚任务相挂钩，强调"坚持农业农村优先发展做好'三农'工作"，将"三农"工作作为重中之重。文件还要求以农业为基础的供给侧结构性改革以实现农产品有效供给，并且开展乡村山水林田湖草等生态系统的环境治理与保护，以保障农民居住环境安全和发展绿色生态农业。

二、实践意义

乡村生态振兴实践是我国生态文明建设体系中的核心组成部分，也是对人类命运共同体理念的实际践行。从微观层面来说，乡村生态振兴实践服务于提升乡村人居环境质量与生态经济效益；从中观层面来看，乡村生态振兴实践有益于提升乡村周边地区的生态环境质量与更优生态产品供给；从宏观层面来说，生态建设与保护是一项全人类共同的义务，保护乡村生态资源与治理生态环境是一项惠及全人类的重要事业。习近平总书记认为："建设生态文明，关系人民福祉，关乎民族未来。党的十八大把生态文明建设纳入中国特色社会主义事业五位一体总体布局，……表明了我们加强生态文明建设的坚定意志和坚强决心。"[1] 乡村生态振兴实践的意义体现在以下四个方面。

一是改善乡村人居环境与完善乡村生态服务设施建设。乡村生态振兴实践的首要目标是改善乡村人居环境，促进生态环境的宜居性。几千年来，农业生产对农家肥的依赖性使用，养猪对生活泔水的利用，促使乡村形成一套生态循环利用体系。塑料袋及塑料制品是20世纪六七十年代才开始使用，乡村以往的生活垃圾基本是取之于自然并可降解于自然。对生态环境而言，不仅没有负担，反而可以增加土壤肥力。然而随着化学肥料的使用、塑料制品的使用，乡村生活垃圾由以往可腐烂、可降解的有机垃圾，变为难以降解的玻璃、塑料或其他化学制品垃圾。乡村并没有建立起垃圾处理设施，导致"垃圾围村"现象的出现。其次，肥料代替有机肥的使用，促使人畜的排泄物成为乡村污水。21世纪伊始，乡村新建房屋陆续效仿城市商品房的建筑结构，将卫生间嵌入房屋内部。但由于乡村并没有建设相应

---

① 习近平：《在十八届中央政治局第六次集体学习时的讲话》，2013年5月24日。

的排污系统，导致农民家庭污水只能排放于溪流之中，造成河流污染问题。

在农业现代化与生活城镇化的发展进程中，乡村生产生活已经发生了根本性的变化，但与之相匹配的生态服务设施却并未匹配到位。2018 年，在乡村生态振兴实践的指引下，我国制定了《农村人居环境整治三年行动方案》，各省纷纷因地制宜地出台地方性的行动方案与实践规划。其中垃圾集中分类处理、污水管道设施建设、乡村房屋改造等工程，是乡村人居环境建设的重点。据本书团队调查研究发现，截至 2020 年年底，我国大部分乡村都已经建起垃圾分类池，并且配有乡村保洁员。而乡村厕所污水处理目前还仅停留在"化粪池"工程的推进阶段，进一步的污水处理仍待解决。

二是探寻生态环境治理与生态经济发展同步推进的发展路径。我国南有富庶的鱼米之乡，北有一马平川的百亩良田，也有黄沙漫天沟壑万丈的西北黄土高坡。我国是一个地域辽阔且生态环境差异性较大的国度。我国乡村生态生活环境总体上不容乐观。1998 年《全国生态环境规划》文件显示：我国农村农民 90％以上生活在生态环境比较恶劣的地区。2010 年国务院印发的《全国主体功能区规划》指出，我国生态环境总体比较脆弱且分布较广，在各个生态系统中皆有分布。我国中度以上生态脆弱区域占全国陆地国土空间面积的 55％，其中极度脆弱区域占 9.7％，重度脆弱区域占 19.8％，中度脆弱区域占 25.5％。新中国成立以来，国家每年在生态治理与生态建设方面花费大量的人力、物力和财力，生态建设长期处于被动且成效维持难的局势。究其原因，在于生态治理往往被任务化，且缺乏动力机制。

在乡村生态振兴实践中，我们既要重视生态建设与资源保护，也要正视乡村生态经济的发展。从我国乡村现行的土地产权制度来看，乡村耕地、林地及草地等资源的土地所有权归村集体所有，而承包权在农民手中。本书团队在甘肃、贵州等地调研，发现这两个地方都存在地方政府鼓励并扶持农民在荒地上或石漠化土地上发展林果业，以发展林业经济带动生态环境治理，建构起生态经济与生态建设的内在互促机制。

三是以人民生态需求为导向，促进生态资源产业化发展。在我国社会主要矛盾中，人们对美好生活的需要包含了对美好生态环境的需要。城市居民已开始密切关注城市空气质量与雾霾问题，"PM2.5"成为家喻户晓的雾霾代称。城市居民对美好生态环境的需求，激发了乡村生态旅游业的蓬勃发展。乡村美好的生态环境可以为人们提供干净的水源、纯净的空气、有机的食物等美好体验与享受。"空气也能卖钱"已经不再是空谈。如今，城市居民向生态环境较好的周边乡村流动，"短途游"与"生态游"成为一种新的休闲娱乐方式。这一行为的背后就是人们对美好生态环境的追求。

2017 年我国生态文明指数为 69.96 分，总体接近良好水平，其中福建省、浙江省及重庆市位列前三。[①] 从我国生态文明指数测算的几类指标来看，生态文明指数不仅与生态环境质量相关，还与地区大气、土壤、水源、绿化、经济、农业等各项指标相关，是一项综合性测量的结果。生态文明建设是一项全人类都需要为之努力奋斗的事业，是一项能造福子孙后代的事业，是一项能够满足人类美好生活需要的美丽事业。

第二节　生态观与生态文明建设

"生态"（ecology）一词源于古希腊，可译为"家""我们的环境"等。生态的本意强调宏观的生存环境。生态环境的适宜性与稳定性是人类起源和发展的基础条件，为地球上一切动植物繁衍生息提供安全的外部生存环境和食物。对于生态的关注，早期人们倾向于关注生态的自然属性。而后，人们意识到生态与人类生产生活中的各项行为存在密切关系，便转向对生态社会属性的探析。

在人类文明的发展过程中，人与自然之间的互动关系可以分为三个阶段：第一阶段是新石器时代，此阶段人们主要是以适应生态自然环境为主，通过渔猎采集等手段维持生存；第二阶段是仰韶文化的新石器时代至英国第一次工业革命时期，这一阶段人们开始探索并掌握器具的制作和使用方法，初步具备改造自然的能力；第三阶段则是工业革命开始以后，人类进入工业文明时代，在科学技术不断发展背景下社会生产力实现了跨越式提升，人类对自然的改造能力也极大地增强。[②] 由此可见，人类社会生产力的

①《中国工程院发布生态文明建设研究成果——我国生态文明指数总体接近良好水平》，《人民日报》2019 年 4 月 23 日 14 版。

②马传栋：《资源生态经济学》，山东人民出版社，1995 年，第 3—4 页。

提升将直接促进人对自然界的改造与利用。人与自然之间的张力，也是伴随着人类社会生产力的提升而日渐凸显。

总的来说，人与自然之间的关系会受到社会生产力变化的影响。也正因如此，中西方由于发展历史进程的不同而导致中西方生态观的差异性。我国传统生态观主要受儒、释、道文化的影响。而西方国家由于更早开启工业革命与工业化发展进程，因此更早面临工业发展中所产生的生态危机，由此也更早开始关注到人与自然之间的生态伦理问题。而今，全球工业化发展带来了全球性的生态危机，人类逐渐意识到保护生态环境是全人类的共同事业。在此背景下，习近平总书记提出了"人类命运共同体"的概念，用于表达全人类之间、人类与自然界之间是一荣俱荣、一损俱损的相互关系。

一、中国传统生态哲学

我国是一个拥有诸多大山大河的国度，山川河流的簇拥不仅为我们安居乐业建立了保护屏障，雄伟壮阔的自然之美更赋予我们炎黄子孙无限的豪情与壮志。我国不乏对山川河流的赞美诗词，如诗人杜甫《望岳》中的"会当凌绝顶，一览众山小"，再如毛泽东《沁园春·雪》里的"江山如此多娇，引无数英雄竞折腰"。诗人大多将自己置身于雄伟山河之中，感悟自然壮阔之美，实现人与自然的完美融合。我国传统文化绚烂多彩，文人的诗词歌赋、画家的浓墨重彩，多是自然感召下的产物。习近平也曾说道："我们中华文明传承五千多年，积淀了丰富的生态智慧。'天人合一''道法自然'的哲理思想，'劝君莫打三春鸟，儿在巢中望母归'的经典诗句，'一粥一饭，当思来处不易；半丝半缕，恒念物力维艰'的治家格言，这些质朴睿智的自然观，至今仍给人以深刻警示和启迪。"[①] 人们往往用生态品格来比拟现实生活中人的些许品格，人与自然界相互参照。

毋庸置疑，人是依赖于自然界而生存的。人类的进化史可以看作是一部人与自然的相处史。人与其他生物相比，论力量比不上老虎、狮子，论体积比不上大象、猩猩，人类唯有一个会思考和应变的头脑。达尔文的"适者生存"理论可以解释人类从自然界中脱颖而出必有其过人之处。人类拥有其他生物所无法比拟的主观能动性，人类善于思考、善于总结经验和规律。传统

---

①习近平：《在十八届中央政治局第六次集体学习时的讲话》，2013年5月24日。

农耕文明时期，在农业生产力极其低下的背景下，我国农民就懂得在农耕实践中积累经验和摸索规律，以便能够更好地从自然界中收获产出。

在传统文化中，"儒、释、道"文化所蕴含的丰富生态哲学思想①，对我国民间生态观的影响很大。儒家主张"天人合一"，人与自然相互融合、密不可分。如孔子在《易经·序卦传》中说道："有天地，然后有万物；有万物，然后有男女；有男女，然后有夫妇……""天地"即为基础性生态环境，"万物"即为自然界中的各类动植物，"男女"即为人类。儒家认为万事万物皆有其出场顺序，适宜的生态环境孕育万物生长，并建构起适合人类生存与繁衍生息的自然界。生态环境是万事万物存在与延续的基础条件。"天地—万物—人类"是相互依存的生命共同体。因此，人必须要对自然界保有敬畏与感恩之情。

佛家主张"感悟自然"，从自然万物的生长轮回中参悟佛道。正如现实中，我国大多数寺庙建于山林之中。归隐山林不仅仅是为了远离尘世，更是为了让僧人们能从自然中感悟佛法及万物之法则。佛家强调"众生平等"，认为三界六道中的万事万物皆为平等，而不该有分别心。我们时常听到僧侣口中念及"慈悲为怀"，他们相信"业力"、"因果轮回"和"因果报应"之说。正是对"因果"之道的敬畏，促使他们在修行中秉持一颗平常心和善良心。汉传佛教不能杀生，他们皆为素食者。藏传佛教因其处于高原地区等原因而无法长期食素，但他们认为人的肉体源于自然界的供养并最终应回馈于自然界。我国藏区佛教信众众多，他们多奉行"天葬""水葬"或"崖葬"等丧葬习俗，目的是将自己的肉身回馈于自然界，最终实现人与自然界的平衡。

道家则主张"道法自然"。老子在《道德经》第二十五章中说道："人法地，地法天，天法道，道法自然。"道家认为"道"即"自然"，"自然"即为"道"，天地万物遵循自然规律，自然而然地产生，自然而然地灭亡。《老子道德经校释》第六十四章还言道："以辅万物之自然，而不敢为。"意为，我们应辅佐顺从于自然万物，而不敢有违于自然规律。道家中的"自然"是一种法则，正如老子《道德经》第四十二章中所言"道生一，一生

---

① 金瑶梅：《中国传统自然观视域中的绿色发展理念》，《黑龙江社会科学》2018年第2期。

二，二生三，三生万物。万物负阴而抱阳，冲气以为和"。道家中的"自然"可以理解为一种人与自然万物之间的相处之道，强调人要尊重自然、顺应自然之规律。若是强势违反自然规律，则会遭到自然的报复。

二、西方生态伦理

西方社会对生态环境的关注主要是在工业革命开始以后，尤其是第二次工业革命电气时代的来临，极大地提升了人类社会生产力。机械化生产，增强了人类对自然资源的掠夺能力、加速了对自然资源的消耗并加剧了对生态环境的污染，生态危机由此而日渐凸显与尖锐化。然而此时，人们对于自然资源的有限性与生态环境的反噬性缺乏足够的认识。或者人们在利益的驱使下，对破坏生态环境将付出的代价置若罔闻。工业化发展以来，人类社会发展与自然界可持续发展之间往往呈现出对立矛盾的发展态势，人类如何处理二者之间的矛盾关系成为人们所关注的重点。

英国有一部名为《雾都孤儿》的电影，它改编自 1838 年英国作家狄更斯发表的长篇小说，是以 19 世纪初英国伦敦为背景。众所周知，英国是世界上最早开始工业革命的国家，领导第一次工业革命的蒸汽机技术发源于英国。蒸汽机的动力是由煤炭燃烧释放出的热能所转换的，而工厂和居民燃烧煤炭所排出的大量烟雾都集聚在城市的上空无法消散。英国伦敦长期笼罩在雾霾之中，因此而得名"雾都"。不仅如此，英国在 20 世纪 50 年代还发生了严重的"烟雾事件"，该事件导致伦敦 4000 多人死亡，被称之为"二十世纪十大环境公害事件之一"。

英美等诸多率先开启工业革命的资本主义国家，都曾经历过一段以消耗自然资源来换取社会经济发展的阶段。有数据显示，14～15 世纪期间，英国人主要的燃料为柴火。15 世纪末英国人口急剧增长，促使人们对耕地面积和燃料的需求增加。在此期间，普遍出现毁林造田的现象，造成英国森林面积急剧减少。到了 18 世纪初，英国的森林覆盖率仅有 5%～10%。[①]森林资源即将枯竭，英国人不得不寻找其他燃料以代替柴火，最后选择煤炭为燃料。

随后，煤炭成为第一次工业革命时期英国工业生产和居民家庭生活中

---

① Gilbert Stone，*The British Coal Industry*，New York：General Books，2010，PP. 15—16.

的主要燃料。当时的英国人极其依赖煤炭，煤炭进入前所未有的大规模开采状态。据研究表明："每年生产100万吨煤炭所提供的热量相当于100万英亩的林地提供的木柴燃烧所得到的热量。到1800年时，英国的煤产量约为1500万吨，这些煤产生的热能相当于在1500万英亩的林地上生产出来的木炭提供的热能。"①煤炭替代木材作为燃料，缓解了英国森林资源的压力。但煤炭的普遍使用，尤其是工业生产对煤炭燃料的极大需求，导致煤炭这一不可再生资源在英国的储量急剧减少。与此同时，煤炭的普遍使用也使英国空气质量急剧下降，导致了上述"烟雾事件"的发生。可以说，煤炭资源是促使英国完成第一次工业革命的关键，帮助英国稳步踏入资本主义强国行列。但英国早期的工业经济发展，也是以牺牲生态环境和消耗生态资源为代价而换取来的。"生态效益"与"经济效益"在工业经济前期的发展中，很难实现平衡。正如马克思在《资本论》中谈到"大工业把巨大的自然力和自然科学并入生产过程，必然大大提高劳动生产率"②。可见，大工业发展的本质就是更大程度地借助自然力来服务于人类社会生产效率的提升，实际上就是人类更多地向自然界攫取资源。

20世纪中叶，人们对工业化背景下的自然资源枯竭与人类可持续生存问题产生了深深的担忧。此时，一个由10国30多位各个领域的专家、学者、企业家以及国家或国际公职人员组成的群体，在罗马山猫科学院举办会议并组建起一个学术团体——罗马俱乐部（Club of Rome）。他们主要关注世界人口、资源及生态环境等问题。该俱乐部在1972年发布了《增长的极限》报告，认为由人口数量的指数型增长而形成的人类社会对自然资源的无限性需求与自然资源的有限性增长之间构成巨大矛盾。罗马俱乐部通过数据模型研究得出几项结论：一是如果世界以当前的趋势发展和消耗，将有可能在100年后达到该行星的增长极限；二是通过改变当前的生产与发展趋势以维持稳定的生态与经济状态，可以实现可持续发展及生产；三是

---

①俞金尧：《近代早期英国经济增长与煤的使用》，《科学文化评论》2006年第4期。

②马克思：《资本论（第一卷）》，中共中央马克思、恩格斯、列宁、斯大林著作编译局译，人民出版社，2008年，第424页。

若选择第二种发展方式，越早行动则实现可持续发展的可能性越大。①

第三节　本书研究方法及写作思路

一、本书的研究方法

质性研究是本书的主要研究方法。本书将从生态文化视角，回溯我国从"农耕文明—工业文明—生态文明建设"等各个时期中乡村人与自然关系的历史演进，以在国家发展战略背景下的具体实践为研究对象，研究内容不仅立足于这项方针策略的国家话语体系，还扎根于具体的地方实践。本书的研究方法主要包括历史分析法与案例分析法。

1. 历史分析法

本书将采用历史分析法对我国不同历史时期乡村人与自然的互动关系作梳理，以生态文化视角来分析我国乡村生态环境在社会变迁中的变化，用回顾过去和反思当下来指导未来实践。历史分析法的理论基础是马克思的唯物史观，是马克思认识世界和分析世界的基础性方法论和认识论。十八大以来，党和国家强调要坚持中国特色社会主义制度自信、理论自信、道路自信以及文化自信。自信的前提是自觉，是对制度、理论、道路与文化的自觉与认同。②"自觉"在学术界的讨论，源于费孝通先生所提出来的"文化自觉"这一概念。他将其界定为"生活在一定文化中的人对其文化有'自知之明'，明白他的来历，形成过程，所具有的特色和他发展的趋势，不带任何'文化回归'的意思"③。

历史分析法便是对事物的自觉，作历史的回归与梳理。本书采用历史分析法对我国乡村生态文化作梳理，一方面可以促进本研究对我国乡村生态文化的自觉，另一方面通过历史的回顾可以梳理出我国传统生态智慧，有助于指导当前我国乡村生态振兴的具体实践。我国境内拥有众多的名山大川，山川河流间孕育着千年农耕文明，哺育了世世代代的华夏儿女。中

---

①［美］丹尼斯·米都斯等，《增长的极限——罗马俱乐部关于人类困境的报告》，李宝恒译，吉林人民出版社，1997年。

②程玥：《文化振兴与乡村公共文化自觉路径分析》，《东南学术》2019年第2期。

③费孝通：《文化的生与死》，上海人民出版社，2009年，第185—186页。

国是一个历经了几千年农耕文明阶段且积淀了深厚的生态智慧和农耕智慧的国度。当我们用历史的眼光去看待我国乡村生态问题时,我们能清楚地发现人与自然之间的不和谐现象一直存在,但不同历史时期的生态问题表现不同,且农业现代化进程中人与自然不和谐关系尤为尖锐。传统农耕社会时期,人与自然之间的不和谐表现为农业生产力低下背景下乡村过垦、过耕、过牧等现象的存在。而农业现代化进程中乡村垃圾问题、污水问题、农业面源污染问题则尤为尖锐。对历史脉络的梳理就是对文化的自觉,但并非要求历史的"回归",而是"知来处"才能更好地"向未来"。

2. 案例分析法

本书研究对象为"乡村生态振兴实践",是一项最终落脚于实践层面的研究,因此必然要对我国乡村具体实践案例进行研究。本书团队近10年间,已在全国20多个省(直辖市、自治区)、百余个村庄开展过田野调查,积累了上亿字的一手材料。为考虑案例的时效性和适用性,本书将以2014年至2018年期间,在全国22个省(直辖市、自治区)、105个县(市、区)以及308个村庄所调研的田野案例作为实践案例的支撑。本书团队进行的大量田野调查实践与收集的丰富一手资料,夯实了本书的研究根基。考虑到全国各地区乡村生态环境差异性以及案例的代表性和层次性,本书将从22个省份中选取福建省、浙江省、贵州省、内蒙古自治区以及甘肃省等5个省份的乡村实践案例作为分析的样本省。5个样本省的总体生态环境质量状况以及本书团队在样本省开展过田野调查的地区,如下表所示。

表 1-1　田野调查的地区及生态环境质量

样本省	样本县(区)	生态环境质量
福建省	沙县、将乐县、顺昌县、南平市(建阳区)、长汀县	优
浙江省	遂昌县、浦江县、龙泉市、绍兴市(上虞区)	优
贵州省	龙里县、独山县、毕节市(七星关区)	良
内蒙古自治区	达拉特旗、呼伦贝尔市	一般
甘肃省	天水市(秦州区、清水县)、陇南市(武都区)	差

这5个省份的生态环境状况与生态资源禀赋各异,因而乡村生态环境的

保护、治理以及生态资源利用等的实践也存在巨大的差异。首先，在生态环境状况方面，福建省和浙江省的生态环境质量为优，这两省不仅森林覆盖率处于全国前列，生态文明指数也名列前茅。贵州省是我国的山区省，虽然林地面积占本省土地面积较大，但该省土地石漠化较为严重，因而整体生态环境质量处于中等水平。在内蒙古自治区的区域范围内，南北生态环境质量差异相对较大，自北向南，土地沙化程度渐趋明显，生态环境质量整体上呈现出从"优"到"劣"的发展态势。甘肃省的整体生态环境质量较为恶劣，大部分地区属于黄土高原的生态面貌，虽然林地面积大，但是植被覆盖率非常低。其次，在生态资源禀赋方面，根据本书第二章关于森林生态系统的论述中所引用的表格《2014—2018 年第九次全国森林资源清查数据》中的数据，可以大致了解本书 5 个样本省的生态资源状况。其中，福建省的森林覆盖率为全国最高，占全省的 66.80%；浙江省的森林覆盖率为全国第四名，占全省的 59.43%；贵州省的森林覆盖率排全国第十一名，占全省的 43.77%；内蒙古自治区的森林覆盖率为全国第二十一名，占全省的 22.10%；甘肃省的森林覆盖率排全国第二十九名，占全省的 11.33%。

福建省是我国森林覆盖率面积最高的省份，俗称"八山一水一分田"，林地面积为 924.4 万公顷，森林面积为 811.58 万公顷，森林面积约为林地面积的 87.80%。该省森林资源禀赋突出且立地条件总体比其他省份更佳，在林权制度改革方面一直走在全国的前列。林业生态资源丰富造就了发达的传统林业经济，也因此在生态文明建设过程中该省份生态效益与经济效益之间的矛盾最为突出。在乡村生态振兴实践中，转变该省的林业经营模式，促进"砍树致富"向"不砍树也致富"的转变是关键。

浙江省整体生态环境状况与生态资源禀赋皆处于较优水平，该省份的林地面积为 659.77 万公顷，森林面积为 604.99 万公顷，森林面积约为林地面积的 91.70%。但是浙江省的民营经济非常发达，在前期的经济发展过程中对乡村环境造成了严重的污染，尤其是浙江省的北部区域，地处水系发达的江南水乡，这一区域纺织厂、化工企业、手工作坊等众多，生态环境污染问题较为严峻，水污染尤为突出，是我国多个"癌症村"的聚集地。在乡村生态振兴实践中，整治乡村人居环境污染问题尤为紧迫。

贵州省的森林覆盖率排在全国的中等水平,省内林地面积为 927.96 万公顷,森林面积为 771.03 万公顷,森林面积约为林地面积的 83.09％。由于贵州省石漠化比较严重,土地的立地条件相较福建省和浙江省更差,土地经济产出较少。贵州省乡村生态振兴实践,要以石漠化治理与生态资源保护为主,同时促进生态经济效益最大化以实现生态脱贫。

内蒙古自治区地域辽阔,林地面积为 4499.17 万公顷,森林面积为 2614.85 万公顷,森林面积约为林地面积的 58.12％。内蒙古地区的生态资源禀赋主要体现在草地资源。世界上有四大草原,其中有两个在内蒙古自治区——呼伦贝尔草原和锡林郭勒草原。内蒙古自治区林草资源丰富,但其南部区域的土地荒漠化与沙漠化十分严重。因此,内蒙古自治区在乡村生态振兴实践中,生态环境保护与生态环境治理需同步进行。

甘肃省的森林覆盖率排在全国靠后的位置,省域面积较大,其林地面积为 1046.35 万公顷,森林面积为 509.73 万公顷,森林面积约占林地面积的 48.72％。甘肃省的生态环境整体上十分恶劣,地处三大高原交界处,沙漠、戈壁、高寒石山、裸岩、低洼盐碱地、沼泽等地形皆有。因此,甘肃省在乡村生态振兴实践中,应以生态环境修复、治理和保护为主,在此基础上再探索提高地方生态经济的可行性路径。

二、本书的写作思路

对乡村生态振兴实践的研究,归根结底是对乡村场域中人与自然互动关系的研究。然而,人与自然之间的互动关系会随着社会变迁中人对生态需求的变化而变化。在社会生产力低下与物质生活相对匮乏的社会时期,人对生态环境的需求更倾向生态经济层面。随着物质生活水平提升到一定程度,人们转而对生活质量有着更高的要求。此时,美好的生态环境成为满足人们对美好生活需要的一个重要部分。

笔者在实践调查中发现,当前我国大多数乡村居民依旧更倾向于获得更高的生态经济收入,而非创建更美好的生态生活环境。但由于当前乡村环境污染与生态恶化已经危及乡村人居环境的健康性、安全性与稳定性,因而乡村生态环境的生活宜居性也获得更多关注。以"生态宜居"为目标的乡村生态振兴实践,包含乡村生活环境宜居与乡村生态经济宜居两个方面的实践目标,既要保障乡村生态安全与稳定,又要保障一方水土能养育一方人。从乡村振兴实践目标出发，本书将其分为四个方面进行阐述。

一是乡村人居环境治理层面的实践研究，主要包括乡村生活垃圾与生活污水两个方面的治理。首先，关于乡村生活垃圾治理的实践研究，是以当前我国乡村正在实施的乡村垃圾分类与垃圾减量化、资源化以及生态化的治理模式进行的详细研究。其次，关于乡村污水治理，主要是针对乡村居民厕所污水治理实践中的"厕所革命"为关注点。最后，乡村河流在现代化进程中，很长一段时间内是乡村居民处理生活垃圾与排放污水的地方。失管状态下的乡村河流，成为堆放乡村生活垃圾与生产垃圾的"臭水沟"。而近年来随着"河长制"的推行，河水逐渐恢复往日的清澈与生机。

二是乡村村容村貌提升的实践研究，主要包括乡村住房改造与道路建设这两个方面。乡村住房包含三个层面的改造：一是针对乡村危旧房屋的改造，目的是保障乡村居民的居住安全；二是对乡村现有房屋的外观改造，促进乡村房屋建设风格的统一性；三是针对我国传统古村落中古民居的改造，遵循"修旧如旧"的原则以保护古村落的生态格局。关于乡村道路研究，回归至对我国乡村道路与乡村社区类型之间的关系探究，并延伸至对乡村道路建设与乡村经济发展之间的关系研究。

三是乡村生态资源护治实践研究，包含乡村生态资源保护、生态环境治理以及生态资源管护三个层面的研究，遵循"整体性保护与系统性治理"的实践原则。其中，乡村生态资源保护遵循"整体性保护"原则，探究我国在生态资源开发利用的制度性紧缩背景下乡村生态产业转型与多元补偿制度完善。乡村生态环境治理遵循"系统性治理"原则，将"山水林田湖草"等各类生态系统视为整体而进行系统性治理。乡村生态资源管护机制的建构，以当前我国正在探索性实施的"林长制"与"贫困生态护林员"两项实践机制为例。

四是乡村生态经济发展实践研究，分品质型生态产品与服务型生态经济两个维度来进行论述。品质型生态产品是基于当前人们对生态产品需求的转变和农业供给侧结构性改革为背景，探究产业生态化转型升级，以提升乡村生态产业的价值链。服务型生态经济是以当前人们对生态产品的服务功能需求为背景，挖掘乡村生态景观资源来发展乡村旅游业，以延长乡村产业链。

第一章 // 乡村生态差异性与振兴系统性

乡村生态振兴实践是以我国乡村整体生态环境为对象，聚焦于改善乡村人居环境状况与保护乡村生态资源两项任务。我国幅员辽阔，区域间生态环境状况差异性极大，各地的乡村社区所处生态环境状况及其生态资源禀赋也千差万别。如我国西部地区整体呈现出生态环境恶劣、生态资源枯竭的态势。我国东部沿海地区虽然整体生态环境状况良好，但受工业化发展的影响，乡村生态污染问题严重。乡村生态环境状况的差异性决定了乡村生态振兴实践需要因地制宜和因地施策。正如诸多学者发现，我国在生态建设实践中往往忽视生态被建设地区的需求，将植树造林作为生态治理与生态恢复的唯一路径。如草原荒漠化与沙漠化治理实践中，将"绿化"等同于"树化"。[①] 不仅如此，笔者认为各地在设计乡村生态振兴实践方向时，还需要着重对其原有的乡村生态文化进行考察。

乡村生态差异性首先体现在乡村所处生态系统的差异性。生态系统（ecosystem）是一个综合性的概念，最早由英国生态学家 Tansley 于 1935 年提出，指在一定的空间内生物成分和非生物成分通过物质循环和能量流动相互作用、相互依存而构成的一个生态学功能单位。生态系统将生物及其非生物环境看成是互相影响、彼此依存的统一整体。[②] 生态系统的四个主要组成成分包括非生物环境、生产者、消费者和分解者，它们共同作用并维持着生态系统的平衡。生态系统是一个庞大的组织体系，包含所在系统中

---

①蒋高明：《中国生态六讲》，中国科学技术出版社，2016 年，第 22 页。
②潘鸿、李思主编：《生态经济学》，吉林大学出版社，2010 年，第 90 页。

的所有生物与非生物。生态系统理论强调人与环境之间的互动关系，人的生活与生产皆会受到生态环境的影响和制约。大致可以将生态系统分为自然生态系统、社会生态系统及复合生态系统。本书重点关注自然生态系统中人与自然的互动关系。

自然生态系统主要包括森林、草原、荒漠、湿地、冻原等几个生态系统，是"一定空间中的生物群落与其环境组成的，没有或很少受人类活动直接干扰的统一体"。[1] 自然生态系统理论是生态学研究的核心理论之一。社会生态系统理论则着眼于人与环境之间的互动关系，包括微观层面上心理学研究中个体与其成长环境间的关系和宏观层面上生态学研究中人与其所处生态环境间的关系。在发展心理学中，生态系统理论是 1979 年尤瑞·布朗芬布伦纳（Urie Bronfenbrenner）在其出版的《人类发展生态学》一书中首次提出来的。布朗芬布伦纳是人类学家和生态心理学家，他认为环境对于个体行为、心理发展有重要的影响。[2] 在生态系统理论中，生态指的是有机体或个人正在经历着的，或与个体有着直接或间接联系的环境。系统指的是由相互作用和相互依赖的若干要素组成的具有特定功能的有机整体，这个整体本身又是它从属的一个更大系统的组成部分。生态系统理论着重考察个体行为与环境的交互关系，把个体生存成长于其中的环境看作是一种生态系统，强调生态环境对于分析和了解个体行为的重要性，注重人与环境间各系统的相互作用及其对人类行为的重大影响。[3] 相比较自然生态系统，社会生态系统则更能体现系统中人的主体性和能动性以及政治、经济和文化因素的存在[4]。而"社会—经济—自然"复合生态系统则是自然生态系统与社会生态系统的结合，它由马世俊于 1981 年首次提出。马世俊认为，粮食、能源、资源及环境等这类问题是社会问题、经济问题及自然生态问题等综合形成的复杂问题，它们之间并非孤立存在。[5] 赵景柱认为，复合生态系统是人类赖以生存和发展的复杂系统，它是社会子系统、经济子系统

①李克让等：《中国自然生态系统对气候变化的脆弱性评估》，《地理研究》2005 年第 5 期。
②沈雪梅主编：《学前儿童心理发展分析与指导》，复旦大学出版社，2014 年，第 182—183 页。
③杨柳：《美国残疾人教育研究》，人民出版社，2014 年，第 78 页。
④马道明：《社会生态系统与自然生态系统的相似性与差异性探析》，《东岳论丛》2011 年第 11 期。
⑤褚祝杰：《生态文明背景下的黑龙江省低碳型生态城市发展机制研究》，清华大学出版社，2013 年，第 47—48 页。

及自然子系统耦合而成的复合系统。[1]

第一节　乡村生态系统的多样性

在我国约 960 万平方公里的陆地国土面积中，涵盖了各类生态系统，区域间的生态环境差异性显著。2015 年发布的《全国生态功能区划（修编版）》将我国生态系统划分为森林、灌丛、草地、湿地、荒漠、农田、城镇等七大陆地生态系统。由于我国生态资源主要集中于乡村场域之内，因此可以认为除了城镇生态系统以外，大部分生态系统都处于各个乡村社区之中。根据我国现有的村级土地制度安排，乡村社区中的耕地、林地、牧地也已经基本分到户，由农户家庭联产承包经营。根据我国第三次农业普查数据显示，我国 2016 年实际经营的土地利用情况，如下表所示。

表 2-1　2016 年实际经营的土地利用情况[2]

单位：千公顷

类型	范围				
	全国	东部地区	中部地区	西部地区	东北地区
耕地面积	134922	26184	30512	50408	27818
林地面积	203046	25821	33947	106908	36370
牧草地（草场）面积	224388	942	104	221805	1537

资料来源：国家统计局《第三次全国农业普查主要数据公报》。

根据 2015 年《全国生态功能区划（修编版）》资料显示[3]，我国陆地各类生态系统的具体面积、占比以及分布情况，如下表所示。

---

①赵景柱：《社会—经济—自然复合生态系统持续发展评价指标的理论研究》，《生态学报》1995 年第3 期。

②实际经营的林地面积，不含未纳入生态公益林补偿面积的生态林、防护林。

③环境保护部、中国科学院：《全国生态功能区划（修编版）》，2015 年，第 9—11 页。

表 2-2　我国陆地生态系统面积、占比与分布情况

生态系统类型	面积（万平方公里）	占比	分布
森林生态系统	190.8	20.2%	分布在我国湿润、半湿润地区，其中东北、西南与东南地区森林面积较大
灌丛生态系统	69.2	7.3%	阔叶灌丛集中分布于华北及西北山地，以及云贵高原和青藏高原等地，针叶灌丛主要分布于川藏交界高海拔地区及青藏高原，稀疏灌丛多见于塔克拉玛干、腾格里等荒漠地区
草地生态系统	283.7	30.0%	温带草甸主要分布于内蒙古东部，高寒草甸主要分布在青藏高原东部，温带草原主要分布于内蒙古高原、黄土高原北部和松嫩平原西部，温带荒漠草原主要分布在内蒙古西部与新疆北部，高寒草原与高寒荒漠草原主要分布在青藏高原西部与西北部，草丛主要分布在我国东部湿润地区
湿地生态系统	35.6	3.7%	沼泽湿地为 15.2 万平方公里，河流湿地为 6.5 万平方公里，湖泊湿地为 13.9 万平方公里
荒漠生态系统	127.7	13.5%	包括沙漠、戈壁、荒漠裸岩等类型，主要分布在我国的西北干旱区和青藏高原北部，降水稀少、蒸发强烈、极端干旱的地区
农田生态系统	181.6	19.2%	主要分布在东北平原、华北平原、长江中下游平原、珠江三角洲、四川盆地等区域
城镇生态系统	25.4	2.7%	主要分布在中东部的京津冀、长江三角洲、珠江三角洲、辽东南、胶东半岛、成渝地区、长江中游等地区

资料来源：根据我国 2015 年《全国生态功能区划（修编版）》中的数据整理。

　　根据上表所示，我国陆地生态系统中草地生态系统、森林生态系统、农田生态系统面积依次位居前三，荒漠生态系统、灌丛生态系统、湿地生态系统、城镇生态系统等面积依序次之。前三个生态系统面积排序与我国当前所经营的土地面积基本一致，是农民赖以获得农业经营性收入的主要生态资源，同时也担负着生态调节、产品提供与人居保障等三大功能。上述七类生态系

统中，荒漠生态系统是我国生态治理实践中的重点对象。接下来将对森林、农田、草地及荒漠这四类生态系统作更为详细的阐释。

一、森林生态系统

森林生态系统所对应的土地类型为林地，林地包含有林地与无林地。森林覆盖率是衡量一个地区生态环境质量的关键指标之一，并且很多时候，人们在评判一个国家或地区的生态环境质量时，往往单一地将森林覆盖率作为衡量标准。这缘于森林生态系统具有的涵养水源、保持水土、防风固沙、净化空气等重要功能，是保障生态安全、供给水源和食物、稳定气候、确保经济产出的基础。

据国家统计局年度数据显示，我国 2009 年至 2017 年林业数据保持不变，全国林业用地面积为 31259 万公顷，森林面积为 20768.73 万公顷，人工林面积为 6933.38 万公顷，活立木总蓄积量为 164.33 亿立方米，森林蓄积量为 151.37 亿立方米。根据我国 2014 年至 2018 年开展的第九次全国森林资源清查数据显示，我国各项森林资源指标都有所提升，体现出我国在十八大以来生态文明建设的显著成效。第九次全国及各省（自治区、直辖市）森林资源清查数据如下表所示。

表 2-3　2014—2018 年第九次全国森林资源清查数据

统计单位	森林覆盖率		林地面积	森林面积	森林蓄积量	天然林面积	人工林面积
	%	序号	万公顷	万公顷	万立方米	万公顷	万公顷
全国	22.96	—	32368.55	22044.62	1756023	14041.52	8003.1
福建	66.8	1	924.4	811.58	72937.63	425.99	385.59
江西	61.16	2	1079.9	1021.02	50665.83	652.32	368.7
广西	60.17	3	1629.5	1429.65	67752.45	696.12	733.53
浙江	59.43	4	659.77	604.99	28114.67	360.34	244.65
海南	57.36	5	217.5	194.49	15340.15	54.09	140.4

（续表）

统计单位	森林覆盖率		林地面积	森林面积	森林蓄积量	天然林面积	人工林面积
	%	序号	万公顷	万公顷	万立方米	万公顷	万公顷
云南	55.04	6	2599.44	2106.16	197265.84	1598.48	507.68
广东	53.52	7	1080.29	945.98	46755.09	330.47	615.51
湖南	49.69	8	1257.59	1052.58	40715.73	551.07	501.51
黑龙江	43.78	9	2453.77	1990.46	184704.09	1747.2	243.26
北京	43.77	10	107.1	71.82	2437.36	28.34	43.48
贵州	43.77	11	927.96	771.03	39182.9	455.58	315.45
重庆	43.11	12	421.71	354.97	20678.18	259.04	95.93
陕西	43.06	13	1236.79	886.84	47866.7	576.31	310.53
吉林	41.49	14	904.79	784.87	101295.77	608.93	175.94
湖北	39.61	15	876.09	736.27	36507.91	538.85	197.42
辽宁	39.24	16	735.92	571.83	29749.18	256.51	315.32
四川	38.03	17	2454.52	1839.77	186099	1337.55	502.22
安徽	28.65	18	449.33	395.85	22186.55	162.94	232.91
河北	26.78	19	775.64	502.69	13737.98	239.15	263.54
河南	24.14	20	520.74	403.18	20719.12	157.4	245.78
内蒙古	22.1	21	4499.17	2614.85	152704.12	2014.84	600.01
山西	20.5	22	787.25	321.09	12923.37	153.46	167.63
山东	17.51	23	349.34	266.51	9161.49	10.4	256.11
江苏	15.2	24	174.98	155.99	7044.48	5.16	150.83

（续表）

统计单位	森林覆盖率		林地面积	森林面积	森林蓄积量	天然林面积	人工林面积
	%	序号	万公顷	万公顷	万立方米	万公顷	万公顷
上海	14.04	25	10.19	8.9	449.59	0	8.9
宁夏	12.63	26	179.52	65.6	835.18	22.05	43.55
西藏	12.14	27	1798.19	1490.99	228254.42	1483.15	7.84
天津	12.07	28	20.39	13.64	460.27	0.66	12.98
甘肃	11.33	29	1046.35	509.73	25188.89	383.17	126.56
青海	5.82	30	819.16	419.75	4864.15	400.65	19.1
新疆	4.87	31	1371.26	802.23	39221.5	680.81	121.42
台湾①	60.71	—	—	219.71	50203.4	173.75	45.96
香港②	25.05	—	—	2.77	—	—	2.77
澳门③	30	—	—	0.09	—	—	0.09

资料来源：国家林业和草原局编：《中国森林资源报告（2014—2018）》，中国林业出版社，2019年，第248—250、253—258页。

上表根据我国各省（自治区、直辖市）的森林覆盖率进行排序，可以直观地了解到我国各地区森林生态资源分布状况以及各地整体生态环境状况。由于我国各省市的区域面积不同，随之影响到各省市林地面积与森林面积，因而以森林覆盖率为衡量指标来评价各省市森林生态状况相对合理。根据上表数据可知，华东地区的福建、江西及浙江三省和华南地区的广西、海南两省，位居我国森林覆盖率排名前五位。西北地区的甘肃、青海、新

①台湾省数据来源于《台湾地区第四次森林资源调查统计资料（2013年）》。
②香港特别行政区数据来源于《中国统计年鉴—2018》。
③澳门特别行政区数据来源于《澳门统计年鉴（2011）》。

疆处于我国森林覆盖率排名最末。整体而言，我国东部及南部沿海地区的森林生态状况为优，中部与北部地区的森林生态状况处于中等，而西北地区的森林生态状况则相对较为恶劣。不同区域的森林生态资源状况呈现出显著差异性。而本书所选取的样本省（自治区）——福建省、浙江省、贵州省、内蒙古自治区、甘肃省的森林生态资源状况亦呈现出显著的差异性。

现对本书所涉及五省（自治区）的森林生态系统情况进行简要分析。从森林覆盖率来看，全国平均森林覆盖率为22.96％，样本五省的森林覆盖率依次为：福建省66.8％、浙江省59.43％、贵州省43.77％、内蒙古自治区22.1％、甘肃省11.33％。森林覆盖率是一个地区森林面积所占该区划总面积的比例。森林覆盖率常被用于体现一个地区的生态环境质量，因此森林覆盖率可以在一定程度上代表该地区的生态环境质量。

从林地面积来看，内蒙古自治区的林地面积为4499.17万公顷，是我国林地面积最大的省份。甘肃省林地面积为1046.35万公顷，位居样本五省林地面积的第二位。然而这两省的森林覆盖率排位却在样本五省的后位。从"森林面积"占"林地面积"比例来看，全国面积占比为68.11％、福建省为87.80％、浙江省为91.70％、贵州省为83.09％、内蒙古自治区为58.12％、甘肃省为48.72％。从五省森林面积占比的排序来看，就不难理解内蒙古自治区与甘肃省森林生态资源状况相对较差的原因所在。而福建省与浙江省的森林面积占林地面积的比例较高，森林资源保护程度较好，因此这两个省份的乡村生态资源较为丰富。贵州省在这五个省份中处于中间位置，虽然该省份的森林面积占比显著高于全国平均水平，但贵州省为我国土地石漠化集中区域，整体上生态环境质量与生态资源要弱于福建省与浙江省。

二、农田生态系统

农田生态系统所对应的土地类型为耕地。耕地是我国乡村农业赖以生存的生产资料，尤其是在传统农耕社会，乡村经济基本为农业经济，农民对土地的依赖程度极高。费孝通先生在《江村经济》一书中就阐明，农民家庭不到万不得已之时，是不会将自己赖以生存的土地（主要指耕地）用于抵押出售。① 在"重农抑商"的农耕社会时期，土地是产生经济效益的唯一来源。正如威廉·配第（William Petty）所认为的"劳动是财富之父，土地是财富之母"。虽然我国古有"靠山吃山，靠海吃海"的说法，但粮食生产主要依赖于耕地产出。因此无论是山区、沿海还是草原地区的乡村，都保有一定面积的耕地。土地是农民的命根子，农民与土地是绝对依赖的关系。民间对土地一直保有敬畏之情，土地崇拜在民间普遍存在。如我国大部分乡村都建有土地庙，祭拜土地爷，沿海地区祭拜海神妈祖，草原牧区有牲畜崇拜、林区猎人对山神的崇拜等。②

农耕社会时期，正因为农民对土地依赖程度极大，导致传统乡村场域中的矛盾与冲突大多因土地而起。不仅仅是我们国家，世界诸国皆是如此。如欧洲中世纪的"圈地运动"，为欧洲资本家积累财富和剥削底层农民创造了条件。强权下的土地私有化导致农民失去赖以生存的命根子，从而沦为社会底层，过着颠沛流离的生活。在我国传统社会时期，土地私有化与土地兼并导致阶层分化、阶级矛盾日益突出。1930 年 10 月，毛泽东在江西省兴国县调查时发现，当地土地分配关系如下表所示。

表 2-4　1930 年兴国县土地分配关系

乡村阶层类别	土地占有比例	阶层人口比例
地主	40%	1%
公堂	10%	—
富农	30%	5%
中农	15%	20%
贫农	5%	60%

资料来源：根据毛泽东《兴国调查》报告中的数据整理③。

---

① 费孝通：《江村经济》，北京大学出版社，2016 年，第 95 页。
② 李培林：《村落的终结——羊城村的故事》，商务印书馆，2004 年，第 17 页。
③ 毛泽东：《毛泽东农村调查文集》，人民出版社，1982 年，第 199—200 页。

从上表可以清晰地了解到，传统乡村社会对阶级划分的主要依据就是土地。土地分配不均是导致严重的阶级矛盾的主要缘由。毛泽东正是基于当时我国人口主要集中在乡村，且乡村人地分配不均这一国情实际而提出"农村包围城市"的革命策略，为尽可能争取农民作为革命主力军，选择在农村开展土地革命。

改革开放之后，以安徽凤阳小岗村为先，我国逐步试点并推行家庭联产承包责任制，并逐渐形成以家庭承包经营为基础、统分结合的双层经营体制。乡村土地所有权为集体所有，承包经营权以家庭为单位分到户。2015 年我国实有耕地面积为 134998.70 千公顷[①]。1 公顷折合 15 亩地，也就是 2015 年我国实有耕地面积为 20.2498 亿亩。据国家统计局数据显示，我国家庭人均土地面积如下表。

表 2-5　农村居民家庭土地经营情况

单位：亩/人

指标	年度				
	2012 年	2011 年	2010 年	2009 年	2008 年
耕地面积	2.34	2.3	2.28	2.26	2.18
山地面积	0.48	0.49	0.35	0.34	0.33
园地面积	0.1	0.11	0.11	0.1	0.1
养殖水面面积	0.04	0.04	0.04	0.04	0.04

数据来源：国家统计局年度数据。

依上表数据显示，我国农村家庭人均耕地面积基本维持在 2.3 亩左右，人均家庭园地面积维持在 0.1 亩，人均养殖水面面积维持在 0.04 亩。其中，人均山地面积呈逐年略有上升的发展趋势。

与此同时，我国在改革开放的进程中，农民对土地经济的依赖性逐渐降低。大量农村人口外出务工，农民家庭经济收入结构逐渐呈现非农化。随着我国城镇化的发展，乡村人口比例逐渐下降，乡村人口所占比重从 1978 年的

---

①数据来源：中华人民共和国农业农村部，中国农业统计资料，土地及耕地情况。

82.7％下降至 2019 年的 39.4％。2011 年我国乡村人口占比为 48.7％，首次低于城镇人口。[①] 乡村经济的非农化与人口的城镇化，对传统乡村紧张的人地关系起到解绑的作用。但由于人口的大量外出，也导致乡村土地普遍出现抛荒现象。在此背景下，乡村逐步向集约化、规模化和机械化经营方式转变，传统农业也逐步向现代农业过渡。在这一发展进程中，人与农田生态系统中各要素之间的互动关系也随之发生了变化。

三、草地生态系统

草地生态系统是我国陆地面积最大的生态系统，其所对应的土地类型为草地。草地生态系统主要集中于我国的牧区，我国有 268 个牧区半牧区县（旗、市），草地是牧区人民赖以生存的主要生产资料。我国《草原法》关于草原的定义更为广泛，认为草原包括天然草原与人工草地，天然草原包括草地、草山和草坡，人工草地包括改良草地和退耕草地。草地生态系统发挥着水源涵养的关键性作用，草原是我国诸多河流的发源地。

据国家统计局数据，我国草原面积情况如下表。

表 2-6　2012—2017 年我国草原面积

单位：千公顷

指标	年度				
	2017 年	2015 年	2014 年	2013 年	2012 年
草原总面积	392832.67	392832.67	392832.67	392832.67	392832.67
可利用草原面积	—	—	—	330995.42	330995.42
累计种草保留面积	19035.97	20561.99	23083.6	20867.09	19812.61
当年新增种草面积	6119.06	6526.67	7569.87	6915.29	6945.12

数据来源：国家统计局年度数据"草原建设利用"。

从以上数据可知，我国草原面积处于稳定状态，近五年面积一直维持

---

① 国家统计局农村社会经济调查司编：《中国农村统计年鉴—2020》，中国统计出版社，2020 年，第 31 页。

在 392832.67 千公顷，2013 年以前的可利用草原面积也一直维持在 330995.42 千公顷。草原面积约占我国陆地面积的 40.9%，占全球草原面积的 12%，位列世界第一。我国有四大草原：内蒙古呼伦贝尔大草原、内蒙古锡林郭勒大草原、新疆伊犁草原、西藏那曲高寒草原。草原面积相较我国 134998.70 千公顷的耕地面积，约为其三倍之多；相较我国 207687.3 千公顷的森林面积，约为其两倍之多。

对于草原的认识，我们往往想象为"天苍苍，野茫茫。风吹草低见牛羊"的和谐之景。然而，本书团队在实践调研中发现，我国草原地区的荒漠化与沙化现象非常严重。虽然我国是草原面积最大的国家，但与此同时我国也是土地荒漠化与土地沙化最严重的国家之一。在草原地区的乡村生态振兴实践中，牧区荒漠化与沙化治理是关键。

四、荒漠生态系统

荒漠生态系统所对应的土地类型为荒漠化土地。我国荒漠生态系统的面积在我国陆地生态系统中排第四位。土地荒漠化缘于地区常年降雨量少和土壤蒸发强，导致地区极端干旱，而形成沙漠、戈壁、荒漠裸岩等类型的荒漠生态形态。我国荒漠生态系统主要集中在西北区域，包括新疆、西藏、宁夏、甘肃、青海等省份。其中新疆的土地荒漠化最为严重，"新疆的沙化土地面积有 74.67 万平方公里，占到全区国土总面积的 44.84%，也占到全国沙化土地面积的 43.13%。新疆可治理沙化土地面积 24 万平方公里"[1]。

甘肃省也是我国土地荒漠化非常严重的地区之一。根据 2016 年 6 月公布的《甘肃省第五次荒漠化和沙化监测情况公报》[2] 数据显示："甘肃省荒漠化土地面积 1950.20 万公顷，与 2009 年第四期监测结果相比，荒漠化土地总面积减少 19.14 万公顷。全省荒漠化土地面积总体呈减少趋势，程度呈减轻趋势，土地荒漠化扩展的态势得到了进一步遏制。甘肃省沙化土地面积 1217.02 万公顷，与 2009 年第四期监测结果相比，沙化土地总面积减少 7.42 万公顷。全省沙化土地面积呈减少趋势，程度呈减轻趋势，沙化土地

①于惠如：《新疆启动第五次荒漠化和沙化监测》，国务院新闻办公室网站，2014 年 6 月 12 日，http://www.scio.gov.cn/ztk/dtzt/2014/31055/31066/Document/1373240/1373240.htm，2019 年 3 月 6 日查阅。

②甘肃省林业厅：《甘肃省第五次荒漠化和沙化监测情况公报》，《甘肃日报》2016 年 6 月 16 日（第 15 版）。

总体上处于逆转趋势。"甘肃省土地荒漠化类型及程度分布如下表所示。

表 2-7　甘肃省荒漠化类型与程度分布情况

分类	荒漠化类型/程度	面积（万公顷）	占荒漠化总面积比例（%）
气候类型区荒漠化	干旱区荒漠化	1018.20	52.2
	半干旱区荒漠化	669.58	34.3
	亚湿润干旱区荒漠化	262.41	13.5
荒漠化类型	风蚀荒漠化	1584.42	81.2
	水蚀荒漠化	278.93	14.3
	盐渍化荒漠化	71.83	3.7
	冻融荒漠化	15.03	0.8
荒漠化程度	轻度荒漠化	325.82	16.7
	中度荒漠化	657.72	33.7
	重度荒漠化	303.28	15.6
	极重度荒漠化	663.38	34.0

数据来源：《甘肃省第五次荒漠化和沙化监测情况公报》。

荒漠化的防治一直以来均被列为我国重点建设工程项目。根据时任国家林业局局长的张建龙在国务院新闻发布会上关于我国第五次荒漠化和沙化土地监测情况的讲话[1]来看，"截至 2014 年，全国荒漠化土地面积 261.16 万平方公里，占国土面积的 27.20%；沙化土地面积 172.12 万平方公里，占国土面积的 17.93%；有明显沙化趋势的土地面积 30.03 万平方公里，占国土面积的 3.12%。实际有效治理的沙化土地面积 20.37 万平方公里，占沙化土地面积的 11.8%"。张建龙在发布会上也表明，这一数据相比较 2009 年第四次监测数据，我国土地荒漠化和沙化的防治工作已经取得了明显的

---

[1]《第五次全国荒漠化和沙化土地监测情况》，中国林业网，2015 年 12 月 29 日，http://www.forest-ry.gov.cn/gzsl/2734/content-831567.html，2019 年 3 月 6 日查阅。

成效，呈现出面积持续减少、程度继续减轻、植被状况进一步好转、风沙天气减少和林产业快速发展等五个方面的特征。"荒漠化土地面积由 262.37万平方公里减少到 261.16 万平方公里，净减少 12120 平方公里，年均减少2424 平方公里；沙化土地由 173.11 万平方公里减少到 172.12 万平方公里，净减少 9902 平方公里，年均减少 1980 平方公里，与第四次监测期内的年均减少 1717 平方公里相比，减少的幅度有所增加，也就是前五年每年减少的沙化面积是 1717 平方公里，现在年均减少 1980 平方公里，明显减少速度在增加。我国荒漠化土地和沙化土地面积自 2004 年出现缩减以来，已经连续10 年保持了'双缩减'。"

虽然我国土地荒漠化和沙化的趋势已经整体遏制住了，但是我国荒漠化和沙化的土地面积却依然很大。据上述公布的第五次荒漠化和沙化监测情况来看，荒漠化面积约占我国国土面积的 27%，沙化面积约占我国国土面积的 18%。土地荒漠化和沙化治理是我国生态文明建设与乡村生态振兴实践中必须要面对的一项挑战。

第二节　乡村生态环境的差异性

我国地域辽阔，各个地区的乡村社区所处生态系统类型也存在显著的差异性。总体来看，处于农田生态系统和森林生态系统的乡村社区相对来说较多，但也有诸多乡村处于草地、荒漠、灌丛、湿地等生态系统之中。从传统意义上来说，森林覆盖率一般是衡量一个地区生态环境质量的关键性指标。草原地区则以其草地质量作为衡量标准。总而言之，植被覆盖率是衡量一个地区生态质量的关键。

2004 年我国环境监测总站以生物丰度指数、植被覆盖指数、水网密度指数、土地退化指数以及污染负荷指数等五个环境指标，对我国各省份（不包括台湾、香港、澳门地区）的环境质量指数（EQI）进行排序，结果呈现如下。

表 2-8　全国各省份（直辖市、自治区）生态环境质量排序^①

等级	省份	环境质量指数（EQI）	生物丰度指数	植被覆盖指数	水网密度指数	土地退化指数	污染负荷指数
优	海南	92.66	100.00	88.93	81.47	97.32	99.08
	浙江	87.67	80.70	100.00	80.39	92.81	94.41
	福建	86.99	83.74	98.01	75.60	90.59	97.75
	广东	86.56	82.81	95.75	74.92	95.42	95.20
	云南	81.40	96.86	96.11	44.47	86.81	89.85
	广西	80.20	83.44	90.09	53.38	96.64	93.07
	湖南	79.98	77.62	91.59	62.27	90.43	92.42
	江西	79.28	68.38	93.16	71.80	83.20	97.03
良	湖北	64.65	46.20	67.07	61.69	82.37	96.00
	贵州	62.37	65.64	61.10	40.88	82.53	78.55
	安徽	62.04	28.25	55.97	73.77	95.06	96.66
	四川	59.07	52.45	63.42	38.61	77.84	93.18
	黑龙江	56.65	37.37	78.26	25.47	90.81	98.02
	吉林	55.43	37.81	72.76	24.81	91.82	95.62
一般	上海	54.70	23.42	29.07	97.45	97.50	28.73
	江苏	53.27	10.63	33.83	80.01	97.42	86.96
	重庆	51.12	43.99	53.95	46.37	54.99	72.95
	辽宁	49.96	29.76	57.91	29.16	89.18	87.82

---

①中国环境监测总站：《中国生态环境质量评价研究》，中国环境科学出版社，2004年，第31—32页。

（续表）

等级	省份	环境质量指数（EQI）	生物丰度指数	植被覆盖指数	水网密度指数	土地退化指数	污染负荷指数
一般	辽宁	49.96	29.76	57.91	29.16	89.18	87.82
	北京	48.52	35.16	52.37	28.11	93.53	64.40
	天津	46.52	10.08	26.83	67.42	96.84	67.50
	山东	44.83	23.41	24.10	50.01	79.82	85.10
	河南	43.03	15.19	35.03	33.02	94.59	90.19
	河北	41.35	23.30	37.68	21.23	88.08	83.06
	陕西	39.68	25.78	45.69	25.47	47.99	92.40
	内蒙古	36.28	24.69	50.28	9.70	44.06	97.82
	西藏	35.07	25.37	24.36	30.66	32.90	99.89
较差	青海	31.11	3.55	19.07	19.38	55.96	99.87
	山西	30.12	20.38	29.89	12.61	57.74	62.15
	甘肃	25.69	14.91	24.23	12.90	22.68	97.47
	宁夏	25.67	10.66	23.27	13.28	58.97	56.55
	新疆	20.03	8.62	14.88	10.97	12.11	99.02
全国		44.06	28.40	46.12	31.88	58.78	95.32

　　结合本书五个样本省来看，福建省和浙江省的生态环境质量等级为"优"，贵州省的生态环境质量为"良"，内蒙古自治区的生态环境质量为"一般"，甘肃省的生态环境质量为"较差"。这五省的生态环境质量与前文所述基本保持一致性。

一、乡村生态系统类型差异性

因地制宜和因情施策是实施乡村生态振兴实践的关键原则。前文介绍了我国陆地上的四大生态系统，每个生态系统中人与自然的关系都呈现出显著的差异性。与此同时，每个生态系统在不同地区所呈现出的生态面貌也有较大的差异性。总体来看，我国乡村生态系统差异化呈现出两个方面的特征。

一是，不同地区的同类生态系统呈现不同的生态风貌。例如，西北地区的林地与南方地区的林地，虽然二者在生态属性上都属于林地，但西北地区森林的郁闭度整体上要低于南方地区。本书团队在甘肃省实地调研时，发现当地的"耕地"与"林地"难以清晰地分辨。因此，团队初到甘肃进行调研之时，往往困惑于"何处为林地、何处为耕地"。问及当地林业部门人员之时，则发现所到之处大部分为林地。而这一地区所谓的"林地"大多是光秃秃的山头，并且部分坡度较大的地块上还种植了玉米等粮食作物。我国西北地区的土地，由于长期干旱缺水，土地荒漠化非常严重。在干旱地区植树造林，不仅成本非常之高，且成活率低，容易陷入"越旱—越荒—越旱"的生态恶性循环之中。关于同类生态系统却拥有不同的生态面貌，可以从下页的两幅图直观地了解到。

这两幅图是本书团队在福建省和甘肃省两地调研时所拍摄的两个乡村。这两个乡村皆地处森林生态系统之中，村庄皆背靠高山。但两者存在以下几个方面的明显差异：其一，第一幅图乡村社区中农民的房屋建设相邻相近，村庄整体上更为紧凑，而第二幅图乡村社区中农民的房屋散落分布在山腰与山脚下，村庄整体上较为分散；其二，第一幅图村庄建设在山谷的平地上，第二幅图的村庄建设在山坡上；其三，第一幅图的林地呈现出绿水青山之景，森林覆盖率高、林地郁闭度高且林木蓄积量高，而第二幅图村庄的林地只有若隐若现的些许植被覆盖，能看到裸露的黄土，植被覆盖率低；其四，第一幅图中的林地和耕地两类地形肉眼可直接区分，而第二幅图由于林地植被稀薄，难以直接区分是林地还是旱地。

山区村的生态环境差异性（组图）

二是，同一地区存在诸多不同类型的生态系统。在我国乡村社区中，往往不只存在一个生态系统，一般存在两个生态系统。森林生态系统与农田生态系统同时出现在一个乡村社区之中是最常见的，且较多出现在我国山区村。比较常见的是，较大区域内多种生态系统类型同时存在。如我国内蒙古地区包含了草地生态系统、森林生态系统、荒漠生态系统、湿地生态系统等多个类型的生态系统。本书调研组曾在内蒙古达拉特旗和呼伦贝尔市两个地区开展实地调研，这两个地区虽处于同一自治区，但是生态风貌完全不同。达拉特旗的土地沙化与荒漠化现象严重，多处于荒漠生态系统，而呼伦贝尔以草地生态系统为主。内蒙古自治区属于高原地区，平均海拔在1000米左右，且为我国少数民族聚集地。相比较我国其他大部分省份，内蒙古自治区属于生态、文化、组织等皆有自我特色的地区。而地区特色又源于其生态的独特性，因此在乡村生态振兴的过程中，必须结合当地的生态状况与区域文化特点来开展实践。

二、乡村生态资源禀赋差异性

乡村生态资源禀赋是乡村生态经济发展的根基，主要包含立地条件、植被资源、生态景观资源以及生态环境衍生物等因素。正所谓"靠山吃山，靠海吃海"，地处何种生态系统类型则依靠何种生态系统的资源优势来发展乡村生态经济。地处南方山区森林生态系统中的乡村以发展林业经济为主，地处北方平原地区农田生态系统中的乡村以农耕为主，地处牧区草地生态系统中的乡村以畜牧业为主，地处荒漠生态系统中的乡村则需与沙土相抗衡。乡村生态振兴是一个相对笼统的概念，在具体的实践过程中需要因地制宜。

耕地一直以来都是我国农业经济的核心生产资料。传统农耕社会时期，农民绝对依赖于农业生产来维持家庭生计，生态资源禀赋中的立地条件是决定村民生活状况的核心因素。正如我国常用"鱼米之乡"来形容富庶的江南地区，缘于当地土壤肥沃而造就百姓的安居乐业。而我国贫困地区则大多集中在土地贫瘠的偏远山区。因此在农耕社会中，平原地区的耕地产出高于山区耕地产出。

然而生态资源禀赋与乡村经济之间的绝对关系，只能用于解释传统农耕时期的农业经济发展。在改革开放期间，我国部分地区因生态资源匮乏而促使他们"穷则思变"，抓住了改革红利。反而土地平坦、人民安居乐业的平原地区，却安于现状、故步自封。如我国的福建省和浙江省，这两个省份皆为山区省，平坦的耕地面积少。改革开放前期，闽浙两省的贫困率非常高。正是在这样的背景下，为了生存，两个省份抓住刚刚萌发起来的市场经济红利期，涌现出了一大批走街串巷的小商贩。

正如近年来被广泛关注的"莆田系"。单纯从莆田人的发家史来看，人们不禁会感叹被称为"东方犹太人"的莆田人的商业头脑和毅力。同样，浙江人也有着类似的经历。如早期在义乌地区出现的"敲糖帮"，也是小有名气。《义乌县志》中对这一群体的经营买卖就有所记载，人们在农闲时期会肩挑"糖担"、手摇拨浪鼓，上门换取鸡鸭鹅毛、废铜烂铁，再转卖来换取中间的差价。他们所卖的"糖"是自家产的红糖饼，成本相对较低。以小本买卖获得第一桶金，随后逐渐将"小买卖"做成"大生意"，从而摆脱了世代农业生态资源匮乏的束缚。而今，福建与浙江两省居民的物质生活水平得到了质的提升。从我国人均 GDP 排名来看，除北京、上海两个直辖市外，两省的 GDP 排名近年来基本在前五名。随着人们对美好生态生活环境需求的日渐凸显，福建与浙江两省良好的生态环境又成为生态产业发展的资本。如今这两省不仅省域经济发展迅速，居民物质经济富足，还拥有美好的生态环境，实现了经济、社会和生态的"三赢"。

关于乡村生态资源，本书将其分为三个层次：生态资源丰富型乡村、生态资源普通型乡村以及生态资源枯竭型乡村。在乡村生态振兴实践中，生态资源丰富型乡村以生态资源保护为主，兼顾生态产业化发展；生态资源普通型乡村以保护现有生态资源为主，兼顾产业生态化发展；生态资源枯竭型乡村则主要以生态治理与恢复为主。

第三节　乡村生态文化与生态变迁：以朱坊村为例

本书试图以一种生态文化视角来呈现我国乡村生态在现代化发展中的变迁。回溯我国乡村从"农耕文明"向"工业文明"的历史演进过程中，乡村人居环境与生态经济的变化。传统的乡村社区受地理位置的阻隔与自给自足的经济形态影响，大多处于相对封闭的状态，对外界市场的依赖程度较低。我国乡村社区基本属于熟人社区，并且有许多村落属于宗族村、同姓村，以地缘或血缘为纽带，紧紧地将乡村居民团结在一起。

改革开放以后，随着城乡之间的互动屏障被打破，农民工大量涌向城镇地区，乡村人口结构发生了巨大的变迁。在城镇化、现代化、工业化的思想渗透下，乡村居民的生产生活方式也发生了巨大的变化，同时影响着乡村生态环境的整体面貌。本书将以福建省闽西北的朱坊村为案例，从人居环境与生态经济两个维度呈现乡村社会变迁中的生态变迁。

朱坊村是福建省闽西北地区的一个普通的自然村，是宗族村和单姓村（约有三四户它姓）。据该村族谱记载："宗族先祖为三乙公，字次甲，生于宋靖康元年（1126），公赋性英敏，知书达理，崇尚孝、礼、义，建勇尚武，威义倜傥，为人豪直。周郡（邵武）李纲公爱惜三乙公之俱才，举荐为京城都管。宋靖康元年，金兵侵攻京城开封，三乙公身先士卒，揭战宣德门，后因金兵强势难抵，二帝及宫眷官宦等均为金邦劫掠，各地勤王诸军解体孤立无援，三乙公在国破君辱敌猖无援的困境中，迫不得已只好暂避锋芒，选择着芒鞋布衣携妻带子漂泊至闽延平府将乐县安仁乡元洋村的墨斗垣深山峡谷中搭棚栖身，垦荒耕作自食其力，期待复土报国时机，岂料宋康王赵构南渡临安定都称帝后，偏安一隅，不思收复故土，重用奸邪秦桧，陷害忠良，抗金名将岳飞、韩世忠、李纲均被陷害排斥，三乙公欲图报效无门，只好永隐山林。故自开基始祖三乙公南宋入闽至今，已历经宋、元、明、清、民国及新中国近九百年历史。"

从上述记载可以获悉，朱坊村开基始祖三乙公是为躲避战乱而从北方南迁，定居于闽西北山区。后通过开垦荒地、农业耕种来维持生计与子孙繁衍。三乙公共生五子——泗一、泗二、泗三、泗四、泗五，子孙后代迁居本县诸地，人口繁盛。其中，朱坊村村民为其子泗五迁居繁衍所传后代，现唯有朱坊村保有宗族祠堂。该宗祠为清代建筑，至今已有200多年的历史。在革命时期还曾成为临时红军医院，用于安置受伤的游击队队员。宗族祠堂是宗族文化的物化象征，也是举行各类宗族活动的必选之地。

朱坊村作为宗族村落，村民之间不仅具有地缘上的联结，更具有血缘上的关联。在传统的家族文化中，但凡谁家举行婚丧嫁娶等仪式，全村村民都将出力。但随着乡村人口增多且外出人口增多，婚丧嫁娶等仪式逐渐演变为只请同村同房①的人帮忙。近年来，随着人们物质生活水平得到较大的提升，宗族文化作为一项精神文明的体现，逐渐被人们所重视。朱坊村中断多年的宗族活动，近年来恢复并热闹起来。最具代表性的宗族活动是清明节"吃青"

---

①宗族村落中的"房"一般是由该村祖先所生下一代数量决定。如朱坊村是由祖先三乙公所生第五子（泗五）所繁衍的后代，泗五育有四子，因此朱坊村分为四房。

的祭祖活动，这是朱坊村自古传承下来的。它不仅具有祭祖和加强宗族内部团结等作用，更重要的是该日是一年一次的宗族内新增子孙登记之日。以前这一宗族活动主要由本村及周边几个村落的宗族子孙共同举办，2018年的清明祭祖活动，其他县市区的宗氏子孙也纷纷前来参加。

朱坊村所拥有的林地与耕地资源，也是从祖上继承下来的，在族谱上皆有山林、田土及祖坟等土地四至的详细记载。本书团队在翻阅其他宗族村的族谱时，发现我国其他宗族族谱上都详细记载了该宗族的发展历史，及其所拥有的自然资源。朱坊村地处山区，村庄坐落于山谷之中，四面环山，生态环境极佳。村庄的河流系统主要由村口的一条大河、村内的数条小溪以及几口水井所组成。在自来水尚未贯通到各家各户之时，村中的水井是村民日常饮用水的唯一来源。几口井水源源不断的水井，为村民日常生活提供充足的饮用水源。河流与小溪是村民日常洗米、洗衣、洗菜之地。在依山傍水的村落生态环境下，村民们维持着安稳祥和的生活状态。几百年间，世代村民皆勤勤恳恳地从事农业耕种。

20世纪80年代末，邻村的村民开始探寻到沪经商的发展路径，并获得不错的经济收入。由此带动朱坊村在内的周围村镇的村民大量外出经商，到沪经商成为当地村民的路径依赖。乡村人口的大量外流，也逐渐揭开了乡村社区变迁的序幕。本书团队于2018年12月底在该村进行实地调研，与朱坊村村干部 Z. Q. L. 进行了详细的人口测算，计算结果为：朱坊村留村村民（包括到县城居住）有63户190人，整家外出人口有43户195人。并且外出人口主要为村中的劳动力，留村的基本上为老人和小孩。在乡村社区变迁中，朱坊村生态层面的变迁可以从乡村人居环境与乡村生态经济两个方面来论述。

一、乡村人居环境变迁

朱坊村是一个世代依靠农耕为生的村落。在传统农耕时期，几乎每家每户都建有一栋俗称"猪栏"的小房子。"猪栏"顾名思义，主要是用于养猪，同时兼顾饲养其他牲畜和供人上厕所。传统乡村房屋内部并没有设置独立的厕所或浴室，为方便夜间如厕，一般会在相对隐秘的角落放置一个尿桶，收集人的尿液、粪便为田间菜地施肥所用。"猪栏"独立于农民的住房之外，用于收集牲畜及人的尿液和粪便。

右图为笔者在朱坊村邻村所拍摄的一张"猪栏"的照片。图中的"猪栏"已不再用于养猪，但从图片中，我们仍可以清晰地看到"猪栏"的整体结构。"猪栏"底部会挖一个大池子，并用木板盖起来，留一个小坑供人们上厕所。底部的大池子，相当于天然的沤肥池，人与饲养动物的粪便全部都排放于此，合并发酵。发酵后成为有机肥，农民定期将其挑去田间地头给农作物施肥。在农药化肥尚未在乡村普及使用之时，有机肥是提高农作物产量的关键。人与动物的尿液、

被停用的乡村"猪栏"

粪便都被视为"珍宝"，会被完全利用。传统农业对人畜粪便的充分利用，促使人与自然之间形成了一个完整的、闭合的有机循环系统。因而那时的溪水非常干净、清澈、无污染，农民耕作时口渴了可以直接捧起溪水来喝。

在物资匮乏的年代，人们对于食物是无比珍惜的，但日常生活中总会产生一些食物残渣。如何充分利用这些剩余的食物与油水？我们发现，早期的农户家里基本上都有养猪，养猪这一行为可以理解为农民将日常剩余的食物和油水以某种形式"储存"在猪身上。最后，通过杀年猪以供应家庭对肉的需求，或是通过卖猪以获得经济收益。农户家里喂猪的泔水，基本上是家庭日常洗碗、刷锅的水，这些也被很好地利用起来。如此看来，传统乡村内部已经形成一个完整的物质循环利用与消解的生态循环系统。

生活用水方面，早期朱坊村主要的饮水水源为村中的一口水井，朝暮之时便可看见来来往往挑水的人。朱坊村的村民们一直保留大年三十当天洗净井池，大年初一凌晨挑"新水"的习俗，寓意着辞旧迎新，也是对自然的馈赠表达感恩之情。朱坊村内部有一条水量较大的溪流，上游供人们淘米洗菜，中游供人们洗衣服，下游供人们洗尿桶或农业器具。溪水的水

量因季节变化而变化，但常年涓涓不息。人们一般会将一些生活垃圾倒在溪流的最下游，并随着流动的溪水冲走。农耕时期的生活垃圾一般是一些比较简单的尘土等，溪水一般可以将其冲走。即使有部分冲不走，也会在每次雨后被冲刷干净，所以溪流基本上能够维持干净。村庄外也有一条河流，是村民洗衣服、洗菜、夏天洗澡的地方。在自来水尚未通及家家户户之时，溪水、河流、井水等水源维持着人们日常生活用水之需。

20世纪90年代初期，随着大量村民外出经商，在村人口迅速减少，留守乡村的基本为老人与小孩。第一代外出上海经商的村民多以"夫妻档"的形式经营小食杂店，此时在上海经营小食杂店对文化水平和经商技巧没有太多要求。而近10年来，随着上海对经商环境与城市面貌的整治，对营商环境有了更高的要求。第二代在外经商的农民工多以经营连锁超市为主，这就要求他们具备一定的文化知识和掌握些许电脑操作技巧。

朱坊村村民近30年外出经商的经历也着实给外出村民带来颇丰的经济收入。从村民的住房情况来看，21世纪以来村民们陆续盖起了新房。截至2020年年底，农民家庭基本上都盖起了三层左右的新房，还有许多村民在县城或市区购买了商品房。目前乡村社区保留有三代房屋，它们在建筑结构上有鲜明的差异性：第一代房屋大多以泥木混合结构为主，第二代房屋主要为砖木结构或砖瓦结构，第三代房屋则是由水泥、钢筋、砖等搭建起来的。在空间结构上，三者也存在区别：一是在楼层方面，传统房屋基本上仅有一到两层，而新建房屋一般有三至四层；二是房屋内部排水系统与厕所配备方面的差别，传统房屋的排水非常简陋，基本上只在厨房的墙体上挖一个小洞向外排放厨房污水，而新建房屋建有相对完善的管道排水系统。朱坊村的村民参照城市房屋建筑结构，开始在房屋内部建内嵌的卫生间，并且有完善的厨房与厕所的排污管道。但乡村并没有相应的污水处理设施，因此村民们唯一能排放污水的地方就是门口的小溪。

21世纪初，朱坊村村委开始组织村民修建自来水管道。由村民集体筹资与村民出工等形式进行，实现了自来水管家家通。自此，结束了村民挑水喝的生活状态，人们也结束了对公共水井与溪流的依赖。而这种依赖的消失带来的是对公共生态资源保护的缺失，并加速了乡村生态环境的恶化。水井因失去其保障村民饮水水源的作用而长满青苔和水藻，溪水因失去其洗菜、洗衣服的作用，而变成了生活污水排放之地。并且，随着生活水平的提高，人们购买的塑料、玻璃及其他材料的产品越来越多，村民每日的生活垃圾也越来越多。这些生活垃圾依旧如往常一样被扔进溪流中，日积月累，村中的溪流成为垃圾的聚集地，原本可以用来淘米、洗菜、洗衣的溪水变成了臭水沟。

近几年，随着"美丽乡村"和"农村人居环境整治行动"的提出，政府部门开始重视乡村人居环境治理。乡村垃圾治理和污水治理是改善乡村人居环境的重点。在垃圾治理方面，朱坊村已经建成垃圾集中堆放点。该村在精准扶贫阶段，聘请乡村贫困户为保洁员，定期处理集中堆放的垃圾。村民对于垃圾集中堆放这一行为，刚开始并不习惯，他们认为垃圾堆在池中会更臭，因而仍有部分村民依旧将垃圾倒进溪中。而随后村民发现垃圾池有人定期清理，并不会导致垃圾长期堆积而腐烂发臭等问题，并且垃圾池设立在村口，该地为村民经常聚集的地方，村民因担心受到舆论压力而逐渐规范起来。实施一两年后，村民们也就逐渐习惯将生活垃圾统一堆放在垃圾池中。2018年，该村所在乡政府还向每户村民家庭发放垃圾桶，培养村民养成收集垃圾和统一清倒垃圾的习惯。在乡村污水处理方面，2016年由当地县政府出资招标聘请第三方建设乡村污水处理系统。小型村落的污水处理，主要是给每家每户发放化粪桶埋于地下，用于卫生间污水处理。卫生间污水在化粪桶中发酵后排出，在一定程度上能够实现清洁无害化。大的乡村集镇，则要求建立污水处理厂，污水统一排进处理厂，经处理达到标准再排放出去。

乡村人居环境的整治主要包含两个方面：一是乡村生态硬件基础设施的建立，二是对村民生活习惯与理念的引导。朱坊村中大部分年轻人和劳动力都已外出，留守在村的村民多为年龄较大的老人，因此对于"文明行为"概念的理解和接受会更加缓慢，需要基层人员的引导和宣传，甚至出台一些奖惩机制来激励他们行为的形成。

二、乡村生态经济变迁

朱坊村地处山区，村庄四周山林环绕，乡村整体生态环境质量甚佳，生态资源也非常丰富。朱坊村祖辈世代以耕田为生，以种植水稻为主。由于村庄地处山区，平旷的土地较少，村里的耕地多以梯田为主。村里质量最好的耕地是村口那一大片的耕地，不仅地势平坦、土壤肥沃、水源充足、产量高，而且距离村庄近、交通便利。改革开放初期施行家庭联产承包责任制分田到户之时，考虑到村中田的"肥"与"瘦"及其粮食产量的不同，经商议之后，决定根据家庭人口与土地产量进行分配。村民们世世代代生于斯、长于斯、耕于斯，山产和田产皆为祖先所流传下来的，因此村民们对土地产量和耕作习性了如指掌。

早期的耕作模式为双季稻种植，但由于当时水稻品种以及耕种条件较差，土地产出有限。而在有限的土地上，迎来了新中国成立之后的乡村人口迅速膨胀。据本书团队对当前村中20世纪五六十年代出生的人口进行估算，基本上每家每户一般都有五六个小孩（存活下来的）。土地有限与人口的快速增加，促使乡村进入农业"内卷化"发展状态。彼时的村民，为维持家庭温饱，会在一些旱地上种植大片的地瓜来弥补粮食的不足。

后来随着水稻品种的改良和水稻种植技术的提高，水稻产量也随之提高。在20世纪80年代左右，我国开始实行计划生育，抑制了人口爆发式的增长。朱坊村村民们的日子也逐渐好转，温饱问题得到解决。然而，种植水稻的比较收益并不乐观。因此，许多农户开始利用家庭承包的责任田去探索经济效益更高的农作物。如有村民尝试种植槟榔芋或其他蔬菜品种，也有村民尝试种植杉木苗或其他苗木花卉。真正大规模种植非粮食作物并且获得较高收益的是种植烟叶。

从20世纪八九十年代开始，朱坊村政府引导村民们种植烟叶，进入水稻和烟叶轮种的农业发展阶段。由于烟叶种植收益非常可观，因此当时大部分村民都建起烤烟房，加入种烟的行列。那时已经有部分村民开始外出经商，将土地流转给别的村民来耕种。但大部分村民本性相对保守，家庭存款不多，因没有本钱而不敢贸然离开世代耕种的土地。此时，唯一能增加家庭收入的途径就是种植烟叶。种植烟叶的比较收益较高，每年烤烟的收益从最初的几千到现在的几万块，这是同样面积水稻的种植收益所难以企及的。但是，种植烟叶的辛苦程度与其收益是成正比的。种植烟叶需从秋天的水稻收割之后开始整畦、盖薄膜、种植烟苗等，这些需要在年前全部完成。年后开始将烟苗种到田里，随后施肥、除草、喷农药等。六月份则开始采摘烟叶和烤制烟叶。采摘烟叶期间，凌晨四五点农民便开始下地采摘烟叶，然后将烟叶用人工挑或板车运送至烤烟房的集中处理区域。一般女性负责采摘，男性负责运送。由于烟叶含油量很高，又需要趁天亮之前快速采摘完，因此烟农们采摘结束之后都筋疲力尽，全身是烟油。烟农们会几家联合起来相互帮忙。

挑回来的烟叶，首先需要"绑烟"。绑烟是用绳子将烟叶两片一小组背靠背地捆绑在竹质或木质的棍子上。此时需要两个人相互配合，一个人拾烟叶、一个人绑烟叶。拾烟叶的活一般会分配给家里的小孩。从采摘到完成烟叶的捆绑，基本上就到了夜里十点多，当晚还需将捆绑好的烟叶上架至烤烟房内，一般所有工作完成后就到深夜了。而后便是在烤烟房内烤制烟叶。传统烤烟房的燃料是煤炭，农民为节省成本，会购买散煤，然后自己加工成煤球，晒干后使用。烤烟时需要有人 24 小时看着温度计，根据烤烟房内的温度来控制火力，以保证烤制出来的烟叶成色好，价钱更高，这项工作一般由男性完成。烤制完成后，需要将烤烟房内的烟叶卸出来，此时便会发动家里的小孩一起将烟叶拿回去。随后，挑选烟叶的活，则由妇女来完成。最后，将烟叶统一运送至收购点出售。

一次烤烟，需要历经采摘、运送、绑烟、上烤房、烤制、下烤房、分拣等工序。从前文的过程展现可以看出，这些工作是由家庭中的男性、女性及孩子分工合作完成的。虽然烟叶种植的比较收益高，但与其所付出的劳动量是成正比的。然而，相比较外出经商的农民，农业经营性收入仍旧低于外出经商所得，而且农业经营受自然灾害的影响非常大。据了解，2010 年朱坊村曾遭遇一次冰雹，刚长出来的烟叶苗和其他农作物被毁坏大半。而此时，大部分留守农村的农民基本上已经在种烟叶的十余年间，改善了家庭生活，并存有一笔资金。2010 年，朱坊村及附近村庄的村民外出务工或经商的人显著增加，乡村土地流转面积增加，农民家庭的经济收入结构整体上向"非农化"转变。

林业方面，虽然朱坊村地处山区，林地资源丰富，但受山区交通条件差、木材运输成本高、林木生长周期长且风险高的限制，林业长期被视为副业。传统的林业经济主要以砍树卖树为主要途径。朱坊村早期林地为集体管理，后期才分山到户。20 世纪 90 年代末，朱坊村所在行政村将 1706 亩优质林木抵押给县里的林业公司，用以抵销银行贷款。因此，即使分山到户也仅仅是"名义"上的分山，其林地经营权和林木所有权依旧在林业公司手中。唯有等到该片林地采伐之后，才能将林地经营权归还给农户。

林木对于大部分村民而言，其最主要的功能是供应柴薪。村民家里都使用土灶，以木材为燃料。早期电磁炉、电饭煲等厨房电器尚未普及，所有农民家里都依赖柴薪为燃料，其用量不容小觑。柴火可分为"实柴"和"虚柴"，前者耐烧且释放出的热能更多，更受村民们的喜爱。然而"实柴"所对应的是天然林的林木，其木质密度大、生长速度极慢，生态价值非常高且有很强的水源涵养和水土保持作用。我国于1998年便开启了天然林保护工程的试点。农民对"实柴"的偏好，对我国天然林资源保护构成了威胁。随着朱坊村外出经商人口越来越多，以及近年来电磁炉、电热水壶、热水器等家用电器的兴起和普及，村民们对于柴薪的需求量大幅度减少，当地生态环境日渐变佳。据当地村民所言，现在每年春天都有大批的白鹭栖息于村口河边的树林里。

总体来看，朱坊村的人居环境与生态资源会随着乡村的变迁而变化。如乡村人居环境会伴随农业经营方式与农民生活习惯的变化而发生根本性的变化。乡村生态资源状况与乡村经济结构、人口外迁、生活用具等因素存在相关性。也就是说，乡村生态资源状况与农民生产生活之间是存在密切联系的。据本书团队多年的调查发现，朱坊村并非个案，这类情况在我国具有普遍性。本书以朱坊村为个案，目的在于整体性地呈现一个村庄的社会变迁与其生态变迁之间的关联性，并由此将本书的研究引向一个纵向的、历史的、发展的生态文化视角，来剖析当前的乡村生态振兴实践。

第二章 乡村人居环境治理

乡村人居环境主要指的是乡村社区内部村民居住的空间环境，是与村民日常生活息息相关的村庄环境。吴良镛先生是我国人居环境学科的开拓者，他将"人居环境"定义为"人类的聚居生活的地方，与人类生存活动密切相关的地表空间，它是人类在大自然中赖以生存的基地，是人类利用自然、改造自然的主要场所"。人居环境包含几个方面的要素：以"人"为核心、以"人类居住"需求为目的、以大自然为基础、担当人与自然的中介、内容复杂、人与人居环境间互为耦合关系等，包括自然系统、人类系统、社会系统、居住系统以及支撑系统等五大系统。[①] 乡村人居环境治理是指对当前我国乡村人居环境中出现的各类问题进行整治与改善，促进乡村人居环境的宜居性。

以"生态宜居"为总要求的乡村生态振兴实践，首要关注的是人居环境的宜居性，即"生态—生活"维度上的宜居性。针对当前我国乡村人居环境中普遍出现的"垃圾围村"、生活污水乱排放、农业面源污染等生态问题，2018 年 2 月，中共中央办公厅、国务院办公厅印发了《农村人居环境整治三年行动方案》。方案要求全国各地以建设美丽宜居村庄为导向，以乡村垃圾、污水治理和村容村貌提升为主攻方向，以乡村生活垃圾治理、厕所粪污治理、乡村生活污水治理、提升村容村貌、加强村庄规划管理以及完善建设和管护机制等六项为重点实施任务，循序渐进地开展人居环境治理工程。该方案以"因地制宜、分类指导"为原则，强调要根据乡村社会经济等总体发展状况因

---

① 吴良镛：《人居环境科学导论》，中国建筑工业出版社，2001 年，第 38—46 页。

地制宜地设计与之相适应的人居环境治理目标。

乡村人居环境整治既需要因地制宜，也需要量力而行。按照我国片区分布及其发展情况，实践目标可分为三类：东部或中西部城市近郊有基础、有条件的地区，人居环境质量全面提升，基本实现乡村生活垃圾处置体系全覆盖，基本完成乡村户用厕所无害化改造，厕所粪污基本得到处理或资源化利用，乡村生活污水治理率明显提高，村容村貌显著提升，管护长效机制初步建立；中西部有较好基础、基本具备条件的地区，人居环境质量较大提升，力争实现90%左右的村庄生活垃圾得到治理，卫生厕所普及率达85%左右，生活污水乱排放得到管控，村内道路通行条件明显改善；地处偏远、经济欠发达的地区，在优先保障农民基本生活条件的基础上，实现人居环境干净整洁的基本要求。

从我国各地区乡村人居环境治理的历史经验来看，浙江省处于领先水平。2018年9月，浙江省荣获联合国最高环境荣誉——"地球卫士"奖。浙江省是我国民营企业最为发达且经济发展速度位居前列的省份，该奖项的颁布意味着地区经济发展与环境保护并非对立的关系，而是可以并驾齐驱，同谋发展。浙江省之所以能获此殊荣，离不开"千村示范、万村整治"工程（可简称为"千万工程"）的具体实践。习近平在浙江省任职期间就着重强调浙江省的生态文明建设。在习近平提出的"八八战略"规划中就着重强调要发挥浙江省的生态优势，着力打造"绿色浙江"，并提出"绿水青山就是金山银山"的绿色经济发展理念。"千万工程"便是习近平浙江生态文明建设思想在乡村的延续和发展。

本书调研组曾多次在浙江省调研，了解到浙江省是一个民营企业非常发达的地区，且乡村中的民营企业发展也非常活跃，因而浙江省诸多乡村社区内在经济实力强大。浙江省生态系统分布为"七山一水二分田"的格局，林多田少致使早期的浙江省贫困问题非常严重。浙江省是抓住我国改革开放红利期而顺势发展起来的省份。与江苏和广东不同的是，浙江一带是以个体私营资本为核心发展民营经济，并逐渐形成具有自身特色的"温州模式"。[①] 然而，早期引进的企业大多是高利润、高污染的产业。例如，浙江省浦江县的水晶产业，该产业是浦江的王牌产业，是当地村民经济收益的主要来源。浦江最有名的一个水晶加工村是大畈乡的清溪村，该村村民大多以家庭作坊的形式从事水晶加工，鼎盛时期"全村385户人家有300多户加工水晶，外来人口一度达到2000人"。该村磨制的水晶项链曾一度占据义乌市场的60%以上。[②] 当时浦江的水晶产业大多以家庭作坊的形式进行，一个家庭夫妻两人依靠磨水晶年收入可以达到十几万元不等。其经济收入是十分可观的，由此导致该地区的土地几乎无人耕种，全民皆在家"磨水晶"的状况。然而家庭作坊缺乏相应的污水处理设施和科学环保意识，磨制水晶的污水直接排放到乡村河流之中，导致原本清澈的乡村河流，逐渐成为"牛奶河"，水污染十分严重，甚至威胁村民的身体健康。

2013年开始，浙江省强力推进水晶产业的整改工作。"以水环境整治倒逼产业转型升级"来推进这场轰轰烈烈的水晶产业转型升级，结合"五水共治""三改一拆"等组合拳，依法关停两万多家水晶加工户。水晶产业整改并非将这一产业彻底拔出，而是对产业进行了升级和规范化整改，其中关键是对产业污水进行了严格整治。引进先进的污水处理设备，将磨制水晶后浓白的污水沉淀过滤处理，努力实现"零污染"生产。经过多年的整改，如今的浦江水晶已经重新登陆市场，依旧是地区的王牌支柱产业。产业升级和整改非但没有打压该地方性产业，反而进一步提升了产品品质和市场竞争力。据统计，2013年以前的浦江水晶产值为50多亿元，税收3000多万元。整改升级以后，2016年的产值突破90亿元，税收达2亿元。[③] 如今的浦江，既实现了产业经济的发展，又恢复了乡村应有的绿水青山。乡村人居环境得到了质的提升，为浙江省获"地球卫士"奖作出了巨大的贡献。

我国针对乡村人居环境的整改，提出了"三清一改"的实践策略。"三

①夏永祥：《"苏南模式"中集体经济的改革与嬗变：以苏州市为例》，《苏州大学学报》2014年第1期，第101—106页。

②史春波、沈志成：《政府铁腕整治环境污染　浦江水晶，沉寂五年再闪亮》，浙江新闻，2015年11月9日，http://zjnews.zjol.com.cn/system/2015/11/09/020905188.shtml，2019年3月23日查阅。

③《浦江水晶"耀"世　县域经济优势产业转型样板》，北京晨报，2017年10月18日，http://baijiahao.baidu.com/s？id=1581576930721775089&wfr=spider&for=pc，2019年3月23日查阅。

清"指的是乡村的生活垃圾、畜禽废弃物以及沟壑的污染物的清理；"一改"是乡村厕所改造，包括旱厕改造和公厕改造。

第一节　乡村垃圾处理："无处安放"到"集中分类处理"

我国乡村生产生活垃圾类型主要包括粪便、厨余、橡胶、塑料等。据统计，我国乡村垃圾中，瓜果、菜叶等厨余垃圾占 37.83％，人畜粪便、燃料灰烬等生活垃圾占 26.49％，橡胶、塑料、纺织品等可回收垃圾占 30.66％。[1] 从历史视角来考察我国乡村人居环境中的垃圾问题，似乎是近几十年来才呈现并逐渐锐化的一个问题。也就是说，乡村人居环境问题与乡村自身的变迁是具备相关性的。我国传统农耕时期的乡村社区基本不存在乡村垃圾等问题：一方面缘于农民家庭所产生的厨余垃圾与生活垃圾基本上可以被转化为农业肥料而被降解与吸收，并由此来维系乡村土壤的肥力；另一方面缘于橡胶、塑料、玻璃等制品是近几十年才开始在乡村地区广泛使用。如下图中村口与林间无处安放的乡村垃圾主要为塑料、金属及玻璃等制品的垃圾。

无处安放的乡村垃圾（图片为笔者 2019 年年初在福建省邵武市某山村所拍摄）（组图）

而今，随着交通工具的便捷、互联网购物的便利，大量外来物品涌入乡村，并导致乡村垃圾负荷严重超出乡村社区可负荷与消解的阈值。尤其

---

①《浅谈严峻形势下农村垃圾处理现状及对策》，环保网，2018 年 5 月 2 日，http://hbw.chinaenvironment.com/zxxwlb/index_56_100957.html，2019 年 4 月 6 日查阅。

是一些难以被降解且有毒有害的化学品的传入，对乡村环境造成严重的污染。与此同时，在城镇建设进程中，乡村环境基础设施建设相对迟滞。试想城镇地区没有垃圾箱、没有排污管道，会变成何种境地？乡村地区与城镇地区的生活垃圾已经逐渐趋同，但乡村地区的环境基础设施建设远远滞后于城镇地区，因而导致如上图所示那般，垃圾无处安放或"垃圾围村"等现象出现。

一、乡村垃圾的缘起与变迁

乡村垃圾产生于村民们的日常生活之中，然而垃圾的产生及界定会随乡村生活方式的变迁而发生变化。其中，对垃圾的界定随着乡村社区对某些事物的功能性认定而发生变化。正如上文已经提及的乡村污粪问题，传统农耕时期粪便是作为提升农业生产力的有机肥而存在的，人们将其视为宝贵的资源。而今，由于化肥的便捷性、高效性，促使其很快在我国乡村被普及性使用。化肥取代了农家肥，也剥夺了农家肥在乡村中的功能性，进而导致人畜粪便在乡村中成为污秽的垃圾。除此之外，随着村民生活方式的变迁，乡村垃圾的种类也日益变得复杂。传统乡村大多处于自给自足的小农经济社会形态，人们日常使用的物品大多源于自然，产生的生活垃圾种类多为尘土及一些厨余垃圾等。这些垃圾本就是自然界中的一部分，可通过降解回归到自然当中去，成为有机肥，起到增强土壤肥力的作用，对环境并不会造成任何的破坏和污染。正如我们所熟知的诗句所言"化作春泥更护花"，字面含义就是指凋零的落叶及花朵腐烂后会成为有机肥，滋润着后续花朵的盛开。然而当前的乡村垃圾早已不只是往日的枯枝烂叶，现代化进程中大量各类制品的商品涌入乡村场域，乡村垃圾的种类也随之变得复杂起来。如各类塑料制品、玻璃制品、混合材料制品或化学制品等等，这些材料大多数极难降解，对生态环境破坏极大。

1. 消费习惯与生活垃圾："菜篮子"变成"塑料袋"

随着农民经济收入的提高以及对物质生活要求的提高，到城镇购物或在互联网上购物已经成为农民日常消费行为的一个重要组成部分。随着社会现代化程度的不断提高，村民们的消费习惯、消费结构及消费偏好已经出现了巨大的变化。

传统乡村社区维持着自然经济形态，农民家庭男女分工合作、男耕女织的"小农经济＋家庭手工业"模式维系着自给自足的生活形态。当然，仅仅依靠家庭自给自足生活是难以维系的，仍需要一定的外部商品支持。而村民与外来商品接触的唯一渠道便是乡村集市。一定范围内的多个乡村社区会自发形成一个中心集市（也可称为"圩市"），主要用于供当地农民出售家庭多余农产品和购买无法自给自足的商品。美国学者施坚雅就曾对我国四川地区的乡村集市进行了实地调查与深入研究。他认为，乡村集市是用于交易农产品的小市，也可称为"菜市"。我国乡村社区有"聚居型村庄"和"分散型村庄"两种类型，聚居型村庄在我国大部分地区比较常见，而分散型村庄在四川盆地较为多见，他们将"小商店"称为"幺店"。在四川的村庄中零星存在的幺店就是供应人们日常生活所需的"杂货店"。施坚雅在其《中国农村的市场和社会结构》一书中呈现了我国传统乡村市场的普遍性以及"村庄"与"市场"之间的结构模式。施坚雅认为，我国在传统农耕阶段的后期，市场普遍且广泛分布于我国各个地区的乡村场域，并且通过估算后得出"实际上每个农村家庭至少可以进入一个市场。市场无论是作为在村社中得不到的必要商品和劳务的来源，还是作为地方产品的出口，都被认为是不可缺少的"。施坚雅还推断出：以集市为中心，集市服务辐射到的周边乡村社区，往往接近"正六边形"的形态。①

　　据笔者在诸多乡村实地调研中了解到，许多地方的乡村集市都有固定的举行日期。较为常见的是每隔五日一次，如逢日期中的"1、6"或"3、8"等号数为赶圩或赶集之日。由于交通不甚发达且家庭经济贫困，人们不一定每次赶集都去，但大多村民会将家庭在一定时间内的所需物品在圩市购买妥当。在塑料袋尚未被使用之前，商贩往往会使用棕榈叶等来打包食品，并且村民去赶圩时往往会自带菜篮子，用于装购买来的物品。而后，随着塑料袋的广泛使用，乡村集市上的外来商贩会为顾客提供塑料袋，而本地农民出售农产品则一般不提供塑料袋，即使提供也是"二手塑料袋"。至今乡村中仍有许多老人保有收集、清洗塑料袋，反复使用直至破损的习惯。

---

①［美］施坚雅：《中国农村的市场和社会结构》，史建云、徐秀丽译，中国社会科学出版社，1998年，第5—11、21页。

据笔者近年来实地考察发现，随着农民大量外出务工经商，如今的乡村圩市已不复从前那般热闹。以往的乡村圩市，周边村庄的村民大多会集聚于此。赶圩对于乡村小孩而言是极为期盼之事，赶圩日不仅能看到诸多新奇事物，还能收获不少美食，并且小孩往往可以向家长索要一些零花钱。因此，传统圩市上往往会看到许多小孩穿梭于人群之间，热闹非凡。而今，乡村圩市逐渐被乡镇中雨后春笋般冒出的大商店、大超市等替代。以往圩市才会出现的商品，如今随时可以从邻近的乡镇商店中购买到。圩市功能被逐渐削弱，村民们对赶集的期待也不复往日。随着互联网购物的兴起，网购在乡村也不再是稀罕之事，乡村市场逐渐向外拓展，在电商平台支持下，已拓宽至全国乃至全世界。在这一过程中，我国乡村垃圾的种类也随之增多，乡村垃圾问题成为人们美好生活的一大阻碍。"垃圾靠风刮，污水靠蒸发，家里现代化，屋外脏乱差"很好地呈现出现代化进程中乡村垃圾问题凸显的现状。

　　随着乡村消费结构的变化，随之而来的是乡村生活垃圾种类增多与生态负担加重。乡村生活垃圾种类中，塑料制品首当其冲成为乡村人居环境问题的首位。乡村缺乏相应的白色垃圾处理机制，并且人们对塑料垃圾的认识不够，因而早期乡村往往采用就地焚烧的方式来处理这一类垃圾，或是直接丢弃在河道中随河流冲走，或直接乱扔而掩埋进土壤之中，由此导致乡村塑料垃圾随处可见。不仅如此，许多乡村所使用的塑料袋大多为劣质产品，其内含诸多对人体有害的重金属等。掩埋或焚烧之后，会污染土壤或地下水。在这样的土壤中种植出的农产品存在重金属超标的风险，从而对人体健康造成威胁。

　　2. 生活结构与生活垃圾："猪食"变成"厨余"

　　传统农耕时期，大多数农民家庭往往一边耕种农作物以供家庭粮食所需，一边饲养家禽或家畜以供家庭肉类所需。家家户户基本上会养两头或两头以上的猪，用家中的残羹剩饭（泔水）来喂养。在物资匮乏的年代，人们对自然的馈赠保持着敬畏之心，剩余的食物和油水绝不能浪费，老一辈农民甚至认为"浪费米粒会遭天谴"。这些足以证明先辈们对食物的感恩和珍惜之情。每一粒粮食都出自农民辛勤的劳作，因此农民也充分珍惜自己辛苦劳作后的产物。正如我们儿童时期就学习的诗词——"谁知盘中餐，粒粒皆辛苦"。喂猪是充分利用残羹剩饭的绝佳方式。从另一种视角来看，用残羹剩饭喂养家畜是将不能食用的食物换一种方式储蓄在家畜身上，年底杀猪或卖猪以获得储蓄后的相应报酬。

出于对食物的崇拜、感恩以及珍惜之情，传统农民家庭基本上会养猪，家庭中剩余的食物和油水可以得到充分利用。彼时，每家每户都有一至两个"泔水桶"，用于收集家中的泔水。洗洁精等产品在那时并未被使用，农民家庭在刷洗碗筷时会保留第一遍的洗碗水，这也是泔水的主要来源。即使个别家庭不养猪，也会将泔水送给有养猪的邻居或亲戚。这就成为傍晚村中的一道风景：炊烟袅袅的村中，部分村民挑着泔水桶到别家收集泔水，或挑着泔水去喂猪。乡村作为熟人社区，邻里互助也很是经常，一些农户看傍晚时分泔水还没人来挑，料想应该是忙于农活，便会将泔水提至邻居家里。作为赠送泔水的回报，年底杀年猪时，养猪人家定会请吃杀猪饭或是切一大块上好的猪肉赠予以表感谢之情。如此，养猪这一行为不仅仅是单纯的饲养家畜本身了，它包含了农民对自然的敬畏之情、熟人社区中的邻里互助之情等。

然而这一切，随着乡村人口外出务工经商而逐渐发生了变化。由于非农经济收益往往高于农业经营性收入，许多农民渐渐离乡离土。即使是留守在村的村民也与传统乡村生活方式渐行渐远。乡村生活方式、人口结构等都发生了重大变化。老人、妇女、小孩成为留守乡村的主要群体，无力承担繁重的农活，农田抛荒或流转现象非常普遍。如今仍然坚持耕种的主要是留守在村 50 岁以上的这部分人群。五六十岁的人群在乡村社区的劳动力人口结构中属于相对"年轻"的群体。但村民们大多也仅是种植口粮，耕种面积相对较少。村民耕种面积的缩小以及粮食价格的提高导致养猪成本的上升，影响着村民们的养猪意愿。笔者在与村民们的访谈中了解到，如今大多数村民都不愿意养猪，缘于养猪不仅成本高，而且需要耗费大量的精力，整体计算下来并不划算。还有些农户则认为，如果家中养猪的话，那么人便会被"捆绑"在猪的身上，而无法自由地外出。养猪需要每日供应其吃食，不似养的宠物可以带走，时间上就难以自由。如此耗费人力、物力及时间，只为年底吃上一口土猪肉，实属不划算，因此大部分村民都打消了养猪的念头。

猪不养了，农民家中剩余的泔水往何处倒呢？村中零星的一两头猪无法消耗整村村民家中的泔水。因此，以往被视为珍宝的泔水，如今成为厨余垃圾和生活污水。无处安放的厨余垃圾和生活污水被直接排入溪流河道之中，原本清澈干净的溪流逐渐成为排放生活污水的臭水沟。

3. 农业现代化与生产垃圾："科学"变成"负担"

传统农耕时期，牲畜与人畜粪便是提升农业耕种效率的重要元素。农民以农耕为生，并且将家庭所有的劳动力投入在"一亩三分地"中。农业的产出便是家庭一年的收入。学者黄宗智在对长江三角洲小农家庭的农业生产研究中，提出了"农业内卷化"这一概念。而所谓的"农业内卷化"源于传统农耕时期，农民可选择的就业方式极少，农民与土地紧紧地捆绑在一起。而随着家庭人口的不断增加，家庭所拥有的耕地面积却不变，因此导致人们逐渐"内卷"于这"一亩三分地"之中。为实现土地产出的最大化以喂养不断增加的家庭人口，人们往往将更多的精力投入农耕之中，如此也就呈现出我国"精耕细作"的农耕形态。当农业生产效率达到一定高度之时，农民便考虑发展农副产业，比如养蚕、缫丝等。农业生产会随着人口增加（劳动力的不断投入）呈现出几种态势的发展：第一阶段，随着劳动力投入的增加而促使农业产出的显著增加，可称之为"单纯的密集化"；第二阶段，随着劳动力继续投入至有限的土地中，则会呈现以单位劳动日边际报酬递减为代价换取单位面积劳动力投入的增加，即呈现农业"过密化"，也可称之为"内卷化"。[①]

除了上述增加劳动力投入能够提升农业产出效率之外，提升农业生产力与生产效率的方式，还包括增强土壤肥力、牲畜的使用以及对农耕用具的改良等方式。增强土壤肥力主要依靠有机肥的施用。牲畜在传统农耕中是非常重要的生产资料，借助农业用具则可以极大地增加生产效率。农业工具的使用体现出农耕社会时期人们逐渐开始掌握依靠发明或改良农业用具以提高农业生产力的实践智慧，其中最具代表性的就是"犁"的发明与改良。牲畜的使用，在我国南方主要以饲养牛来犁地，北方大部分地区会饲养驴或马来驮物品或研磨谷物，西北荒漠地区还会使用骆驼来运输物品。

---

① 黄宗智：《长江三角洲小农家庭与乡村发展》，牛津大学出版社（中国），1994年，第30页。

一般来说，用于提升农业生产力的牲畜，并不是每家每户都会饲养。比如，我国南方乡村社区饲养的牛，一般一个自然村只有一两户农户家里饲养。到了犁田的季节，牛主人便会被各家各户请去帮忙犁地，并支付牛主人酬金及供应饭食。

随着农业技术的现代化，农业机械与农业化学品的使用，在提升乡村生产力的同时，也促使一系列农业生产垃圾及生产污染问题的进一步凸显。虽然在乡村劳动力外流背景下，农业步入规模化、机械化经营是必然选择，但与此同时所带来的农药、化肥、薄膜等的使用，却成为乡村生态环境难以负担之重。化肥替代人畜粪便以促进农业生产力的提升，同时也导致乡村生活污水的产生与土壤重金属含量超标；农药的使用降低了农作物遭遇病虫害的风险，同时也促使农业污染的产生；大棚和薄膜的使用抵御了气候的影响并打破农产品耕作季节的限制，同时也导致农业生产垃圾的产生。

改革开放以来，我国乡村农业现代化步伐处于加速阶段。而今，积累了几十年的农业生产垃圾，尤其是塑料薄膜、农药瓶等这些难以被自然所降解的垃圾，堆积在乡间的田埂上或河道边。许多农民直接将农业生产垃圾投入河流之中，随河流冲走，导致河道堵塞与污染加重。因此，在乡村生态振兴实践中，农业生产垃圾与污染治理尤为迫切。

二、乡村垃圾治理实践：以浙江省为例

近年来，随着人民对美好生态环境需求的凸显与国家对生态文明建设的高度重视，各地基于自身发展状况制定了相应的人居环境治理规划。从当前来看，我国区域间的乡村垃圾治理实践进度不一，整体上呈现出地方经济发展与乡村垃圾治理进度呈正比的发展态势。这主要缘于工业经济越发达，该地区的生态环境问题越严重，生态治理需求越紧迫。

现阶段，我国城市居民垃圾投放正处于"垃圾集中投放"向"垃圾分类投放"的过渡阶段。当前，全国诸多大城市正如火如荼地开展实践。而乡村垃圾处理现阶段基本还处于集中投放与处理阶段。虽然近年来受城市垃圾分类及乡村人居环境整治思潮的影响，我国各地乡村逐渐完善垃圾分类的基础设施，但垃圾分类观念却并未深入村民心中，乡村垃圾分类的推行徒流于形式。当然我国也有部分地区的乡村正强力推行乡村垃圾分类并有所成效，但也仅限于乡村垃圾治理实践起步早、地方经济较为发达的地区。如浙江省在

2014 年便开始在乡村实施垃圾分类，从最初的 46 个建制村开始试点，然后逐步延伸到省域范围内（包括自然村在内）的所有村庄。

从全国整体形势来看，浙江省的垃圾处理走在了全国前列。浙江省是我国民营企业非常发达的省份，不仅省域经济实力位居全国前列，该省份的人均收入也是稳居前列。2018 年浙江省的国内生产总值为 56197 亿元，位居全国第四。2018 年浙江省人均可支配收入就已经达到 45840 元，其中城镇居民的人均可支配收入为 55574 元，农村居民人均可支配收入为 27302 元。而 2018 年我国城镇居民人均可支配收入为 39251 元，农村居民人均可支配收入为 14617 元。浙江省的城镇居民人均可支配收入高出全国平均线 16323 元，农村居民人均可支配收入高出全国平均线 12685 元。而据笔者在浙江省绍兴市、金华市、丽水市等的城镇及乡村地区调研时所观察，浙江省的城乡居民人均可支配收入或高于其所公布的数据。笔者在绍兴市上虞区调研期间发现，乡村的民营企业年产值上亿很是常见。浙江省是依靠个体私营经济发展起来的，前期出现了很多家庭作坊式的小企业，营收相当可观。与此同时，也导致浙江省生态环境的日渐恶化，其中垃圾问题也非常突出。

我国第一个"美丽乡村"是浙江省的安吉县。2008 年浙江省安吉县便提出要建设"中国美丽乡村"的计划，并出台了《建设"中国美丽乡村"行动纲要》。2013 年年底，全县已成功创建美丽乡村 179 个，覆盖面达到 95.7%，成为我国美丽乡村建设的首个样本。[①] 美丽乡村的建设主要包括乡村垃圾治理、"五水共治"、"三改一拆"等。

2014 年浙江省出台了《中共浙江省委关于建设美丽浙江创造美好生活的决定》，为推进生态文明建设背景下的美丽浙江开始布局。从前文关于浙江省人均可支配收入数据可知，该省人民的物质生活水平已然得到较高水准的提升，人们对于美好生活的需要也更加凸显。2014 年浙江省开始实施乡村垃圾分类实践，从最初 46 个试点建制村扩展到 2018 年一万多个建制

---

①杜宇、陈雯瑾：《中国美丽乡村幸福指数首次发布　浙江安吉成为首个样本》，中央政府门户网站，2014 年 11 月 15 日，http://www.gov.cn/xinwen/2014-11/15/content_2779346.htm，2019 年 4 月 10 日查阅。

村，覆盖全省 41% 的村庄。乡村垃圾分类处理流程主要是按照"农户分类—分类收集—定点投放—分拣清运处理—回收利用"的流程进行，形成"农民可接受、财力可承受、面上可推广、发展可持续"的乡村垃圾分类处理实践模式。自 2014 年开始推广乡村垃圾分类实践以来，该省各地也在积极探索具有自身特色且可推广、可复制的垃圾分类地方实践经验。2016 年 8 月 26 日印发了《浙江省人民政府办公厅关于开展打造整洁田园建设美丽农业行动的通知》，开始针对农田"脏乱差"问题进行整治。其中实践的第一步就是田园环境整洁化，即对农业产业垃圾进行清理，重点对田间地头、公路铁路沿线及沟渠水岸等区域农业生产残留下来的秸秆、农膜或农产品包装物等垃圾进行处理。

1. 遂昌县垃圾分类实践：减量化、资源化

遂昌县在 2010 年便开始尝试通过垃圾收集转运来实现城乡垃圾一体化清运与集中填埋的垃圾治理实践。2014 年首个出台了《农村垃圾分类管理规范》，明确了乡村垃圾定义、分类处理要求以及组织管理规范等内容，为县域范围内实施乡村垃圾处理实践做了首个制度性的规范。根据这一管理规范要求，遂昌县对乡村垃圾按照"有机垃圾资源再生、可回收垃圾组织清卖、建筑垃圾低畦填埋备用、有害垃圾定点投放有偿回收"的原则进行分类处置，以实现垃圾资源化和减量化的处置目标。遂昌县在乡村生活垃圾分类处理上实行"四分四定"制度，"四分"指的是分类投放、分类收集、分类运输、分类处理，"四定"指的是定点投放、定时收集、定车运输、定位处理，并将其纳入村规民约。2017 年，该县在前期实践经验的基础上，开始全面且深入地推行乡村垃圾分类处理。自 2014 年以来，遂昌县便一直在探索和完善各类乡村垃圾分类处理模式——"有偿回收，源头追溯，变废为宝"，以实现乡村垃圾减量化和资源化。

2018 年遂昌县以乡村振兴战略为引领，以改善乡村居住环境和实现美丽乡村为目标，开展乡村环境治理实践。根据该县 2018 年政府工作报告数据显示，该县在 2018 年共投资 7291 万元用于乡镇生态环境整治，完成了 10 个乡镇的整治任务，其中 5 个乡镇入选省级样板，成功打造 4 个省级美丽宜居示范村，获"全省小城镇环境综合整治先进县"称号。在巩固和深化"千万工程"的实践中，新改建乡村及景区厕所 496 座，创建垃圾分类处理示范乡镇 2 个、示范村 21 个，乡村生活垃圾集中处理率达 100％。遂昌县入选为 2018 年度全省乡村生活垃圾分类处理工作优胜县。2018 年遂昌县开展"净土行动"，对农业生产垃圾进行全面治理，从几个方面开展实践：一是减少农药化肥用量，完成减量 615.4 吨；二是对农业垃圾进行回收处理，共回收包装废弃物 20.5 吨，回收率达 99％；三是加强"全域两禁"和秸秆禁烧的管控，实现县区空气质量优良率达 98.9％。

乡村垃圾分类处理关键在于从源头上培养村民垃圾分类意识和习惯。从分发不同颜色对应不同类型垃圾的垃圾桶开始，引导村民逐渐养成垃圾分类习惯。如遂昌县柘岱口乡有红、黄、绿三种颜色的垃圾桶：红色垃圾桶用于收集有毒有害的垃圾，放置在回收中心，有偿收集有毒有害的垃圾；黄色垃圾桶用于收集有机垃圾；绿色垃圾桶用于收集其他生活垃圾。乡里向每个家庭发放黄色和绿色两种颜色的垃圾桶，用于家庭垃圾的收集和分类。一般来说，村民会将可回收的垃圾储存起来，比如空瓶、纸盒等，会有人定期到村里收购。而不可回收垃圾则由村民初步分类并投放至村中垃圾回收点。

"有偿回收"模式是针对有毒有害的垃圾实施有偿回收，设立定点计件有毒有害垃圾点。根据《遂昌县 2018 年度农村生活垃圾分类处理工作实施方案》对于垃圾分类的定义来看，有毒有害物品主要是指重金属、有毒物质和对环境造成现实危害或者潜在危害的废弃物，包括电池、荧光灯管、灯泡、水银温度计、油漆桶、家电、过期药品、过期化妆品等。这些生活垃圾如若随意丢弃，乡村土壤与水质会受到重金属或有毒物质的污染，对村民的身体健康产生威胁，需要实施特别管制。想要有效地回收有毒有害垃圾，单纯靠村民自身的自觉性是难以实现的，前期尤其需要实行一些激励机制来引导村民习惯的养成。遂昌县在乡或村中设立有毒有害垃圾回收点，村民可以将家中有毒有害垃圾送达垃圾回收点，并换取相应的现金或日用品奖励。目前遂昌县还在苏村试点开设"垃圾兑换超市"，不仅限于有毒有害垃圾，其他可回收的生活垃圾皆可有偿回收。村民通过扫描二维码，然后将垃圾分类放置在自动回收机中，机器能够自动计算出相应的积分，积分可换取相应分值的生活用品，如洗洁精、肥皂、调味酱、饮料等。

"源头追溯"模式，是对垃圾桶进行"二维码编码"，推行垃圾"身份证"制度，实现垃圾可溯源。这一模式主要是依靠智能技术，将垃圾分类做智能化的识别、收集和回馈。垃圾桶上的二维码编码，通过"垃圾超市""二维码扫描""有机垃圾处理远程 App"等智能软件的支持与操作，便可实现智能化垃圾管理。"2018 年遂昌县乡村垃圾分类村庄数达 134 个，占全县所有行政村数的 67%。建成乡村垃圾资源化处理站 19 个，覆盖约 113 个村，建成垃圾超市 5 个，建成 3 个垃圾分类示范乡镇和 21 个示范村。同时逐步推进垃圾分类运维企业化管理，推行垃圾'身份证'制度，对农户垃圾桶进行'二维码编码'，并通过'垃圾超市''积分换商品''二维码扫描评分'系统以及'保洁员考核''有机垃圾处理远程 App'管理系统等，实现乡村生活垃圾分类运维管理规范化和长效化。目前，该县北界镇苏村村已建设该管理系统，并投入运行。2019 年 3 月，通过'政府花钱买垃圾'，创新有毒有害垃圾回收机制，全县共建设有毒有害垃圾存放点 110 余个。"①

"变废为宝"模式，是将可利用的乡村生活垃圾资源化。2018 年遂昌县又将 13 个乡 28 个村纳入生活垃圾资源化处理模式，这 28 个乡村共有 8279 户 23318 人，其中 16 个村实施"还山还田"，12 个村实施"微生物发酵堆肥"（具体可见下表）。由此，遂昌县生活垃圾分类处理村覆盖率提高至 15% 以上。根据《遂昌县 2018 年度农村生活垃圾分类处理工作实施方案》可知，该县将乡村生活垃圾分为可腐烂（堆肥）垃圾和不可腐烂（堆肥）垃圾，其中不可腐烂垃圾投放至有偿回收点，可腐烂垃圾则可以通过微生物发酵资源化处置技术、太阳能堆肥处置技术或还山还田等方式，实现"变废为宝"的垃圾资源化转变。

---

①遂昌《"五化"同步推进农村环境综合整治》，遂昌县环保局，2019 年 3 月 11 日，http：//www. suichang. gov. cn/zwgk/bmzfxxgk/002662737/05/0502/201903/t20190311＿3650888. html，2019 年 4 月 12 日查阅。

表 3-1 遂昌县 2018 年农村生活垃圾分类处理村

序号	乡镇	村名	户数	人数	处理模式
1	妙高街道	余家村	164	377	还山还田
2		东红村	50	108	还山还田
3		井东村	357	867	还山还田
4	云峰街道	门阵村	328	805	还山还田
5	新路湾镇	小马埠村	347	924	微生物发酵堆肥
6		蕉川村	910	2189	微生物发酵堆肥
7	北界镇	登埠村	307	954	微生物发酵堆肥
8		王坞村	324	928	微生物发酵堆肥
9	金竹镇	百胜村	320	795	还山还田
10	王村口镇	对正村	266	700	微生物发酵堆肥
11		山前村	325	886	微生物发酵堆肥
12	黄沙腰镇	大熟村	365	1045	还山还田
13		上定村	583	1696	还山还田
14		邵村	412	1233	还山还田
15	濂竹乡	黄石玄村	132	350	还山还田
16		柘坑村	87	279	还山还田
17	高坪乡	石坪村	312	953	微生物发酵堆肥
18		淡竹村	191	528	微生物发酵堆肥
19	湖山乡	福罗淤村	258	813	还山还田
20		坪峰村	170	553	还山还田
21		长安村	500	1600	还山还田
22	焦滩乡	前山村	277	836	微生物发酵堆肥

（续表）

序号	乡镇	村名	户数	人数	处理模式
23	龙洋乡	黄赤村	165	571	微生物发酵堆肥
24	龙洋乡	西滩村	123	370	微生物发酵堆肥
25		埠头洋村	336	948	微生物发酵堆肥
26	西畈乡	上西坑村	152	455	还山还田
27	西畈乡	独坑村	139	468	还山还田
28		湖岱口村	379	1087	还山还田
合计	13个乡镇	28个村	8279	23318	16个村实施"还山还田"，12个村实施"微生物发酵堆肥"

2015 年，遂昌县垵口乡花费 30 余万元引进了全县首台生活垃圾资源化处理设备。通过该设备的处理，部分可堆肥的生活垃圾变成可利用的有机肥。设备引进首月，该县便将 1500 公斤的生活垃圾变成 500 公斤的有机肥。该乡还将有机肥进行简易包装后对外出售，实现垃圾资源化与资金化转变。乡里还引导村民将有机垃圾凭编码投入垃圾箱内，以每桶合格有机垃圾计 1 分为标准，村民可以凭借这些积分兑换有机肥，用于家中农作物、花卉等的施肥。

2. 天台县垃圾分类实践：生态化

浙江省天台县是一个山区县，县域范围内丘陵地带占比 81％，生态环境资源非常丰富。天台县的县域经济在浙江省全省排名中处于靠后的位置，县外出人口比例较高，全县现有人口约 60 万，外出经商人口占总人口的三分之一以上。虽然在经济发展层面，天台县相比较本省其他县市区相差甚远，但就发展速度而言，整体经济增长速度则较快。尤其是近年来随着天台县对县域生态环境整治后，开始发展生态旅游业，促进了地方生态旅游业的蓬勃发展，不仅恢复了往日的"绿水青山"，还收获了"金山银山"。

在实地调研中，有村民描述：前些年，许多外出经商的人回乡过年，大多都不愿意回家居住，主要是觉得乡村的居住环境非常差，到处都是垃圾、臭水沟，他们更愿意住在县城的酒店里。过年期间，县城酒店价格上浮很多，但仍旧处于日日爆满的状态。近年来，随着县里倡导村民搞"垃圾革命"，乡村的居住环境改善非常多，回乡过年的人们也渐渐愿意回到村里居住。

天台县以丘陵地带为主，县区境内有两大山脉——天台山脉和大雷山脉，森林覆盖率高，自然资源禀赋好，县区内有十三大景区，近几年天台县试图以"文旅兴县"为口号来促进县域经济发展。良好的旅游环境与舒适的生态旅游环境是分不开的，要达到舒适首要在于环境的干净整洁，因而垃圾治理是发展文旅业和招商引资的前提。

2018 年天台县约 90% 的行政村被纳入"垃圾革命"队伍之中，通过近几年的环境治理，形成了"崭新的村落，敞亮的庭院，整洁的村道"的美丽乡村新景象。[①] 天台县的雷峰乡是最早开始探索乡村垃圾分类的乡镇，该乡在 2007 年开始着手垃圾分类治理，刚开始主要以"统一收集、集中分拣"的模式开展。随着垃圾分类实践的推进，雷峰乡的垃圾分类逐渐形成具有地方特色的实践模式。雷峰乡的垃圾分类实践与上述天台县的垃圾分类模式相似，但是具体实践又有所不同。雷峰乡也向村民发放不同颜色的垃圾桶。村卫生保洁员每日进行清倒并将垃圾运往附近的垃圾处理站。垃圾分类管理实践，主要从以下几个方面着手。

组织管理方面，实施"网格管理＋垃圾溯源"。雷峰乡对各村划分区块进行网格化管理。对村庄的区块进行一级编码，农户进行二级编码，如此形成"区块＋农户""一级编码＋二级编码"的网格化管理制度。保洁员在每日垃圾收集时可对农户的垃圾分类情况进行检查并记录，部分垃圾分类不到位或错误的农户便会有网格员入户进行指导和督促，引导农户正确进行垃圾分类。

人员组织调动方面，实行"党员引领＋巾帼先行"。雷峰乡要求党员以身作则，引领群众积极参与垃圾分类实践，起示范带头作用。垃圾分类不规范首先从党员干部队伍里面抓典型，党员干部还要责任包干，对所包干的农户家庭进行积极的引导和督促。同时建立"乡党委成员＋村委干部"责任制，乡、村党组织成员对村内垃圾分类负责。妇女一般是承担家务活

---

① 《浙江天台：生态处理走出"垃圾围村"阴影》，天台新闻网，2010 年 12 月 20 日，http://ttnews. zjol.com.cn/ttxw/system/2010/12/20/013059441.shtml，2019 年 4 月 13 日查阅。

的主要家庭成员，是家庭垃圾分类的主要实践者。雷峰乡基于此开展了"垃圾分类入万家，巾帼先行美雷峰"的活动，意在肯定妇女在垃圾分类实践中的贡献，并鼓励妇女积极践行垃圾分类。部分村庄还成立了"女子先锋队"，如黄家塘村成立了一支 20 人组成的女子先锋队，对村民进行垃圾分类方面的宣传和劝导。

激励机制方面，实行"绩效挂钩＋点赞制度"。首先，将各村各区的垃圾分类情况与各村主职干部、保洁分拣员的绩效报酬以及评奖评优等相挂钩。建立"一周一督查、一月一排名、一季一通报"的监察机制，并将相应的监察结果公布在乡里的公开栏中，对每季度进入前三名的村庄奖励 2000 元。其次，每村还建立"点赞制度"，对积极参与垃圾分类并做得好的村民进行"点赞"，并公布于"点赞台"。农户在获得 20 个"赞"以后，可以凭积分兑换洗洁精等生活用品。

第二节　乡村厕所革命："传统茅厕"到"新型厕所"

我国自古就有"厕"的概念，古时厕所常被称为"茅厕""茅房"，上厕所称为"如厕""解手"等。对于上厕所这件事历史上的描述是较为隐晦的，而上厕所又是人们日常生活中极其重要的行为之一。正所谓"人有三急"——尿急、便急和屁急。传统农耕时期，厕所的功能不仅限于供人、牲畜排泄所用，还具有储存农家有机肥、堆放农具、饲养家畜等多项功能。

在传统农耕实践中，人畜的粪便尿液作为农家有机肥是增强土壤肥力的关键。对农民而言，粪便尿液极其宝贵，因此农耕文明时期农民会将人畜的粪便尿液收集起来用于堆肥。随着农业现代化的推进，乡村农业更多地依赖于化学肥料。因化学肥料的有效性与便捷性，促使化肥被广泛使用，基本替代了传统的农家肥。由此导致原本用于施肥的人畜粪便成为乡村难以处理的污秽之物。在农耕文明向工业文明跨越的进程中，人们对厕所文化的态度也发生了改变，并且外国人对于我国厕所的态度也成为推动我国厕所革命的一大推力。[①]

---

① 周星、周超：《"厕所革命"在中国的缘起、现状与言说》，《中原文化研究》2018 年第 1 期。

传统的乡村公厕　　　　　　　　　　传统的农家茅房

　　以上图片为本书团队在福建省闽西北实践调研中所拍摄。左图为我国前一阶段的乡村公厕，右图为我国乡村传统农家厕所。图片中的公厕与农家厕所皆为旱厕，环境简陋，夏天会滋生很多的蛆。

　　当前，城市厕所改革已经基本完成，而乡村厕所一直是乡村治理中"老大难"的问题。习近平也曾多次对乡村"厕所革命"作出指示，他指出："厕所问题不是小事情，是城乡文明建设的重要方面，不但景区、城市要抓，农村也要抓，要把这项工作作为乡村振兴战略的一项具体工作来推进，努力补齐这块影响群众生活品质的短板。"[①]　"厕所革命"是"三清一改"中的"一改"，是针对乡村传统的旱厕和公厕进行改造。在乡村人居环境整治中，"厕所革命"是推进乡村整体环境卫生、污水处理等问题的重要实践之一。

一、传统农耕视野中的厕所文化

　　传统农耕时期，人们对于厕所及其可能产生的健康问题并未有很好的认识。正如前文关于我国闽西北朱坊村的案例所述，传统的房屋结构中并不会内嵌一个厕所或浴室于其中，但会在房屋的某个角落里放置尿桶，用于收集人的尿液。在化肥尚未普及之前，农民主要以粪便和尿液作为有机

---

　　①《习近平：坚持不懈推进"厕所革命"　努力补齐影响群众生活品质短板》，中国政府网，2017 年 11 月 28 日，http：//www.gov.cn/xinwen/2017－11/28/content＿5242720.htm，2019 年 3 月 25 日查阅。

肥，俗话说"庄稼一枝花，全靠肥当家"。农家肥能够增加土壤肥力、促进土质疏松，对农作物的生长有着很好的促进作用。因此，传统农耕时期人畜粪便是非常宝贵的资源。

正是因为大多数农作物都需要有机肥来提高土壤肥力，在很长一段时间里，人畜粪便甚至成为稀有资源。农民除了收集自家人与家禽的粪便之外，还需要外出"拾粪"才能满足农作物所需的有机肥。陕西民歌中有一首《拾粪歌》，歌中唱道："左手提笼右拿锨，出了城门端朝南，十字路口四面瞅，哪里有粪哪里走。"歌谣形象生动地唱出了早期人们外出拾粪的场景。通常来说，由于拾粪简单且轻松，对体力和力气没有要求，因此该任务一般会分配给家中的小孩来完成。农耕时期，我国乡村社区文盲率很高，大多数农民家庭孩子众多，难以支付所有小孩的学费，因此农家小孩大多没有上学的机会，并且在重男轻女的封建思想下，上学机会一般是留给家中的男孩。农家小孩从小就要帮助家里干一些力所能及的农活，如放牛、拾粪、割猪草、喂猪等。传统农村家庭内部是有明确分工的，其中农业生产主要由家中的壮劳力来承担，农副业或家庭手工业则由妇女、儿童来承担。在农闲时期，家中大人也会外出拾粪。

农耕时期，传统的茅房与猪圈是合并在一起的，形成"猪圈—茅厕"综合体，有些地方将其称为"猪栏"。我国传统房屋结构中没有厕所或浴室，厕所独立于房屋之外，一般会盖在距离农民房屋不远处。据笔者调研所了解，早期的农民认为在房屋中盖厕所是非常不吉利且不卫生的。笔者认为，过去人们将厕所独立于房屋之外，还缘于我国传统社会时期还不具备在房屋内部修建自来水管与排污管道的条件。即使在房屋内建造一间厕所，也只能是旱厕，而非水厕。

"猪圈—茅房"综合体具备多功能性，不仅供人们如厕所用，还用于养猪或饲养其他牲畜、堆放农具或化肥等。其中养猪是其最重要的功能，因而早期农民称其为"猪栏"[①]。传统农耕时期，基本上每家每户都会盖一间"猪栏"。由于"猪栏"具备多项功能，因此猪栏、猪圈、茅房等称呼被混合使

---

① 我国福建闽西北地区将"猪圈—茅房"综合体称为"猪栏"，"猪栏"一词是根据当地方言直译过来的。"猪栏"指的是"猪圈"，主要指饲养猪的场所。

用，不同地区叫法不一。本书为统一称呼，将其统一称为"茅厕"。茅厕指的就是农村的厕所，与本文所述的"猪圈—茅房"综合体具有同等含义。茅厕的内部结构如下图所示，其中一半左右的面积会被隔出围成猪圈，用于养猪；另一半面积会被挖一个大坑用于囤积人畜粪便，上方用木板盖起来。图中还可清晰地看到有很多的农用工具堆积其中。

传统"猪圈—茅房"综合体（组图）

上述两图皆为笔者于 2020 年在福建省闽西北农村地区所拍摄，为南方乡村典型的"猪圈—茅房"综合体。左图的茅厕已经闲置，仅用于堆放农业用具、有机肥及一些闲置物品等。右图的茅厕仍用于养猪，猪圈上方用木板隔起，用于堆放农业用具。如今，我国乡村新建房屋基本上盖有独立的卫生间，因此传统的乡村茅厕已经基本失去其原本的用途。据笔者近年来在农村实地调研观察，我国乡村茅厕一半以上已经被拆除，剩下的茅厕大部分处于闲置状态，仍处于使用状态的茅厕也仅用于养猪。

传统茅厕还有一项非常重要的功能，就是收集有机肥与沤肥。以现代人的视角来看待茅厕，必然会给它贴上脏乱差、不卫生、臭气熏天等标签。然而从农耕时期农民的视角来看待茅厕，则侧重于其功能性。正由于这一时期人们对有机肥的极度依赖，往往会弱化或忽略其"脏""臭""不卫生"等特性。反观传统农耕时期的有机农业与茅厕文化之间的关联性，可以发现二者相互配合，促进了乡村生态环境的有机循环。人们所食用的食物源于自然界的动植物，一部分被人体所吸收，一部分则通过排泄的方式将其排出体外，并转化为有机肥回馈于自然界，如此便形成一个能量守恒与生态系统的闭环。乡村茅厕在这一"有机循环"过程中，通过收集与发酵有机肥，为有机肥的施用作准备，因而担负着"中转站"的功能。

乡村生态环境的有机循环是维系我国"永续农业"、人与自然长期和谐共存的基本条件。农业有机肥的施用，是我国农民世世代代传承下来的，极大地体现出我国农民的生态智慧。如"土壤肥力递减理论"发现者李比希就曾称赞我国农民在农耕实践中保持土壤肥力的智慧。20世纪初，美国著名土壤学家富兰克林·H.金（F. H. King）曾到中日朝三国实地考察农业发展，他由衷地对中国农民进行夸赞。他说道："我们将要共同探讨的农耕活动是一个充满活力的、拥有5亿人口的民族的伟大创举。他们4000年来不断积累农耕经验，并且这个势头还将保持下去。这群人有很高的道德修养，足够聪明，他们正在苏醒……"①

二、乡村厕所文化变迁与"厕所革命"

我国乡村厕所文化会随着乡村社区整体性变迁与发展而发生变化。促使乡村厕所文化变迁的因素，可归纳为以下几点。

一是乡村农业现代化发展。城乡居民关于厕所文化的认知有着显著的差异性。正如前文所述，传统农耕时期乡村茅厕发挥着维系乡村生态有机循环发展的中转作用，将农民日常生活与农业耕种关联在一起。由于传统农业对农家肥有着极强的依赖性，农民关于人畜粪便的认识更多是从其功能性出发，将其视为农业生产资料的重要组成部分。而人畜粪便对于城市居民而言，毫无利用价值，其在城市人居环境与卫生健康方面为负向功能。随着乡村农业现代化发展，人畜粪便的肥料功能逐渐被化学肥料所代替，在这个过程中人畜粪便在乡村人居环境与卫生健康方面的负向作用也逐渐凸显。与此同时，我们也需要认识到，化肥虽然显著提升了我国农业生产效率，但化肥的滥用也导致我国乡村土壤板结与环境污染等问题的产生。在农业现代化发展进程中，化肥对有机肥的替代性使用，打破了我国几千

①［美］富兰克林·H.金：《四千年农夫：中国、朝鲜和日本的永续农业》，程存旺、石嫣译，东方出版社，2011年，第1—2页。

年来的乡村生态有机循环，也打破了乡村人与自然和谐相处的局面。

二是住房结构的变化。受到城镇住房结构的影响，乡村住房也随之发生变化。传统的农民住房没有独立的厕所，茅厕独立于住房之外。受城镇住房结构的影响，乡村后期建造的房屋基本上带有独立的厕所或浴室。从实地调研中发现，如今房屋内嵌厕所已然成为住房标配。许多乡村早期建造的无厕所房屋，近年来村民们也都纷纷改建厕所。虽然乡村房屋结构仿照城市商品房，但乡村却没有城镇那样完善的污水处理系统。由此，也导致我国乡村厕所污水和厨房污水都只能排进溪流之中。人畜粪便施于农田菜园是肥料，但排进溪流中便成为污染物，并导致河流水体污染严重。住房结构的改变也促使人们对传统茅厕的依赖性减少，加上农民养猪意愿的降低，乡村茅厕逐渐丧失其功能性。原本与村民生产生活密切相关的乡村茅厕，将逐渐消失在农村社区之中。

三是从乡村自身产业发展的角度来看，脏乱差的乡村人居环境已不能满足人们对乡村美好生态环境的期许与需求。我国最早关于乡村厕所的讨论源于对乡村景区厕所问题的关注。近年来，随着人们对美好生态环境的追求与向往，乡村旅游业随之蓬勃发展，为乡村产业经济发展带来了新契机。然而乡村基础设施落后是阻碍乡村第三产业发展的关键因素之一，也是时常备受诟病的一个方面。很多城镇居民习惯了城镇地区的卫生厕所，难以接受乡村的旱厕。因此，乡村景区厕所改革是发展乡村旅游业的首要关键。从近年来的实地调研可以发现，我国大部分地区的乡村景区厕所已基本达到了改革目标。

综上所述，我国传统乡村厕所文化是建立在其功能性价值之上的。而在乡村社会变迁中，乡村传统茅厕的功能性逐渐被化肥与新建房屋的独立厕所所替代，功能性丧失是导致乡村厕所文化变迁的核心因素。而今，人们更关注乡村厕所所引发的环境污染问题。

世界厕所组织指出："一个干净和安全的厕所确保了健康、尊严和福祉——然而世界上40％的人口没有厕所。"2018年印度上映了一部名为《厕所英雄》的电影，影片揭示了印度乡村居民在厕所问题上依旧保持着迂腐保守的观念，对于在家中建厕所这件事难以接受。印度村民们上厕所基本上是在露天或草丛中解决。然而这对于印度女性而言，是一件极其不方便的事情。

《厕所英雄》是由真实事件改编而成。印度政府为促进乡村厕所建设，在印度乡村广泛播放该电影，引发印度乡村"厕所革命"的兴起。

2014 年 11 月 5 日，全国爱国卫生运动委员会（以下简称"爱卫会"）印发了《关于进一步推进农村改厕工作》的通知，对我国乡村厕所改革的情况与目标做了进一步的澄清。该通知认为，乡村厕改对改善乡村生产生活条件、促进乡村文明进步、实现乡村小康目标、提高人民健康水平以及促进乡村经济发展有着重要意义。通知中还列举了世界卫生组织报告的一项数据，即"全球因缺乏厕所等基本卫生设施引发肠道疾病，每年造成约 150 万未满 5 岁的儿童死亡"。不可否认，我国乡村厕所问题确实在人居环境、河流污染、疾病传播等方面产生诸多负面影响。因此，为了创造洁净健康的宜居环境，在我国乡村（尤其是偏远乡村）开展"厕所革命"势在必行。

2015 年 4 月 6 日，国家旅游局办公室印发了《全国旅游厕所建设管理三年行动计划》，对我国旅游景区厕所整改工作做了三年（2015—2017）的工作计划，任务要求三年内完成下列目标：全国共新建、改扩建旅游厕所 5.7 万座，其中新建 3.3 万座，改扩建 2.4 万座，并实现"数量充足、干净无味、实用免费、管理有效"。2018 年 1 月 2 日，中共中央国务院在《关于实施乡村振兴战略的意见》中指出，要"坚持不懈推进乡村'厕所革命'，大力开展乡村户用卫生厕所建设和改造，同步实施粪污治理，加快实现乡村无害化卫生厕所全覆盖，努力补齐影响农民群众生活品质的短板"。在乡村振兴战略规划的引领下，我国对乡村人居环境的改革做了具体的实践方案。

2018 年 2 月，中共中央办公厅、国务院办公厅印发了《农村人居环境整治三年行动方案》，要求我国因地制宜且合理地开展改厕实践，推进厕所革命。对我国不同地区"厕所革命"实现目标做了进一步要求：东部和中西部城市近郊区要基本完成乡村户用厕所无害化改造，厕所粪污基本得到处理或资源化利用；中西部有较好基础、基本具备条件的地区卫生厕所普及率达 85% 左右；而地处偏远、经济欠发达等地区对厕所并没有做硬性要求，但要实现人居环境干净整洁的基本要求。对于不同地区的厕所粪污治理，要结合本地实际情况，开展相应的处理粪污的实践模式。"东部地区、中西部城市近郊区以及其他环境容量较小地区村庄，加快推进户用卫生厕所建设和改造，同步实施厕所粪污治理。其他地区要按照群众接受、经济适用、维护方便、不污染公共水体的要求，普及不同水平的卫生厕所。引导乡村新建住房配套建设无害化卫生厕所，人口规模较大村庄配套建设公共厕所。加强改厕与乡村生活污水治理的有效衔接。鼓励各地结合实际，将厕所粪污、畜禽养殖废弃物一并处理并资源化利用。"

国家关于"厕所革命"的实践方案能够有效促进地方厕改实践的推进，着力改变乡村生活污水的处理，改变原先污水横流的状况。同时地方因地制宜地推出厕改污水治理模式，并加强技术指导和技术支撑，促进乡村厕所改造与污水治理同步进行，实现乡村无害化厕所的建设，从而补齐民生生活质量短板。考虑到不同地区的农民经济实力状况，地方政府对乡村厕所改革实践予以相应的政策补贴。部分省份（市）厕改的补贴政策如下表所示。

表 3-2　2018 年农村厕所补贴标准[①]

省份（市）	农村改厕计划	补贴标准
山东省	农村厕所改造补贴每家每户至少 1000 元。2018 年，补贴金额将会有所提升，对于已经完成厕所改造的农户最高可补贴 4000 元	1000 元 ≤ 补贴标准 ≤ 4000 元
西安市	西安市将用 3 年时间，在灞桥区、阎良区、临潼区、长安区、高陵区、鄠邑区、蓝田县、周至县，以及西成新区和国际港务区等地推行农村无害化户厕 50 万座	每座补助 2000 元，建设管理费每座补助 60 元
江西省	农村厕所改造户均补助 1200 元，以建设和完善"两池一洗"（化粪池、便池、冲洗设施）为主要内容	1200 元
安徽省	2018 年计划完成 50 万户农村厕所改造，到 2020 年计划完成 240 万户农村厕所改造；在完成厕所改建后，建立一户一档，实行"先建后补"	根据花销标准统一补贴
海南省	普通农户改造厕所不低于 1600 元/户，贫困户不低于 3200 元/户	普通农户 ≥ 1600 元，贫困户 ≥ 3200 元

①《2018 年农村改厕补贴新鲜出炉，目前每户最高可达到 4000 元》，住宅在线网，2018 年 10 月 30 日，https://www.zhuzhai.com/news/read－7590.html，2019 年 4 月 5 日查阅。

三、"厕所革命"的地方实践

据统计，我国 2017 年乡村厕所普及率已经达到 80.3％，但是无害化处理却只有 60.5％。[①] 可见"厕所改革"并不仅仅是帮助村民安装抽水马桶与化粪池这么简单，仍需继续完善乡村污水排放系统。乡村推行"厕所革命"的意义不仅仅在于保障乡村居民有一个干净整洁的厕所环境，更重要的是推进乡村污水治理与保障村民饮水安全。

从我国第三次农业普查数据来看，我国"已经完成或部分完成改厕"的村占全国村落的 53.5％，其中东部地区为 64.5％，中部地区为 49.1％，西部地区为 49.1％，东北地区为 23.7％。从该数据来看，我国东部地区的厕所改革进度最快，其次是中西部地区，东北地区排在最末。从不同地区的厕所类型来看，我国东部地区水资源相对较为丰富，旱厕向水冲式厕所改革相对更为容易，而中西部和东北地区因地处干旱地区，水资源较匮乏，因而旱厕改革难以真正落实。下面两幅图为我国山西省吕梁地区的窑洞及旱厕。吕梁地处我国山西省中部地区，地处黄土高原，常年干旱缺水。因此当地农户家中的厕所依旧为旱厕，在"厕所革命"实践中，基于地方实际难以推行旱厕改革。

山西省吕梁地区的窑洞与露天旱厕（组图）

以上两图为本书团队成员 2018 年在山西省吕梁地区所拍摄，左图为农

---

①《用钉钉子精神补齐民生短板——习近平总书记倡导推进"厕所革命"引起热烈反响》，新华网，2017 年 11 月 28 日，http://www.xinhuanet.com//politics/2017−11/28/c_1122025986.htm，2019 年 4 月 5 日查阅。

户家新建的窑洞，右图为该农户家的简易露天旱厕。

因此在"厕所革命"实践中，需要考虑不同地区的地理环境和资源条件而制定出适宜的实践方案。下文将对我国陕西与福建两省的"厕所革命"实践做具体的分析。

1. 陕西省旱厕革命实践

陕西省是我国干旱相对严重的地区，特别是陕西北部缺水尤甚。而乡村旱厕改革与水资源是紧密相连的。陕西省每年的降水量少，人民生活用水非常紧张，因此要在陕西乡村推行厕所改革其难度较大，主要的阻碍因素为"缺水"。

2003年陕西省爱卫办发布了《陕西省2003—2005年农村改水改厕工作实施意见》，该意见围绕该省乡村用水用厕问题进行规划部署。该意见中的数据表明，陕西省乡村人口有2771.25万，农户695.52万。截至2001年年底，陕西省乡村累计改水受益人口1793.55万，其中自来水受益人口952.87万，普及率为34.38%；累计农户改厕263.27万户，卫生厕所普及率为37.85%，与全国爱卫会提出的"十五"期末全国乡村自来水普及率达60%、无害化卫生厕所普及率达55%的目标，分别相差25.62和17.15个百分点。因而，陕西省乡村改水改厕（以下简称"两改"）任务十分艰巨。意见要求在100户以上的乡村建设一个无公害的公厕，农户改厕76.5万户，普及率达到48.85%。从该意见可以了解到，当时陕西省尚有102个区县、280万乡村人口存在饮水困难，31个区县还存在饮用水氟含量过高的现象。如此来看，解决乡村饮水问题要比乡村旱厕改革问题更为棘手。乡村旱厕改革仍需要水资源作保障，否则旱厕改革寸步难行，因此乡村改水与改厕应是并行的。方案中关于乡村厕所建造的模式有"猪—厕—沼"三位一体模式卫生厕所，将人与牲畜的粪便发酵成沼气，实现资源的循环利用。基于本省水资源有限的现实状况，方案中并未提及水冲式厕所，而是要求乡村厕所建造条件设定为"无蝇、无蛆、无臭"。然而由于社会经济发展有限，陕西省乡村旱厕并未得到很大程度的改善，乡村厕所依旧以旱厕为主。

乡村旱厕问题无法寻得好的解决路径，对于乡村人民生活环境和生活健康而言始终是民生桎梏和难题。众所周知，乡村旱厕在夏天的时候会散发出十分难闻的气味，并且周围会有很多蛆和苍蝇，严重影响乡村人居生活环境。乡村长期使用旱厕，污水会逐渐渗透到土壤里面，导致地下水被污染。干旱地区的乡村主要通过打井来获得水源，长期使用旱厕则很可能使饮用水源被污染，进而威胁到村民的身体健康。因此在我国干旱地区开展旱厕改革，需要同时突破缺水与旱厕改革两个方面的阻碍。

十八大以来，陕西省再次掀起"厕所革命"。这次实践的推进考虑到大部分乡村缺水的事实，推广出一款"节水厕所"。这款厕所的地下部分是全封闭式的，不会造成粪液渗透，也不会有蛆在其中繁殖，并且用水少，能够较好地解决干旱地区厕改难题。在厕改实践中地方政府予以相应的政策补贴，省、市、县给每个开展厕改的农户补贴800元左右，农民个人只需花500～600元便可以完成厕所改革。随着人们看到新型厕所确实提高了家庭的整体生活品质，逐渐有越来越多的农户自愿加入厕改的行列当中。据统计，截至2014年年底，陕西省乡村已建成卫生厕所361.18万户，卫生厕所普及率提高到51.48%，其中建成无害化卫生厕所303.31万户，粪便无害化处理率由41.9%提高到42.88%，肠道传染病发病率由2010年的30.25/10万下降到2014年的19.50/10万。[1]

为实现2020年建成全面小康社会的奋斗目标，我国关于乡村厕改实践的目标是到2020年全国85%的乡村厕所实现无害化改建。陕西省依据此目标细分为三步走。根据《陕西省农村人居环境整治三年（2018—2020年）行动方案》，2018年乡村无害化卫生厕所普及率提高到45%，40%以上的行政村生活污水得到有效治理；2019年乡村无害化卫生厕所普及率提高到65%以上，70%的行政村生活污水得到有效治理；2020年乡村无害化卫生厕所户数累计超过600万户、普及率接近85%，并实现粪污处理或资源化利用，乡村生活污水基本得到有效治理，生活污水乱排放得到管控，长效管护机制初步建立。

2016年陕西省人民政府在《关于加快全省改善农村人居环境工作的意见》中表明要在乡村推广以双瓮漏斗式、三格化粪池式、完整下水道水冲式三类为重点的乡村户厕改造，力争2020年乡村卫生厕所普及率达85%，

---

[1] 吴超、雷浩：《农村"如厕"难？陕西将掀起一场"旱厕"革命》，人民网，2015年11月20日，http：//sn. people. com. cn/n/2015/1120/c226647－27144054. html，2019年4月5日查阅。

基本消除旱厕。计划2016—2020年期间，省财政整合中央资金每年计划支持乡村人居环境建设资金不少于6亿元，并且要求市县配套资金不少于中央和省下拨资金合计的20%。

陕西省西安市围绕"品质西安""幸福新农村建设"的发展目标，为提升西安市乡村人居环境质量开展乡村无害化厕所改革。2017年西安市出台了《2017年度西安市农村改厕项目实施方案》，方案计划2017年西安市共完成乡村新建无害化厕所1000座，并且明确2017年农户厕改每座资金补助标准为：省级补助600元，市级补助不低于100元，县级补助不低于50元，合计每座补助不低于750元。其中县级补助按照每座50元的标准，配套用于技术培训、健康教育、中期评估、基线调查、效果评价、技术指导、信息化建设、项目验收、设备购置等费用。

2017年西安市蓝田县根据省市要求，因地制宜地开展本县乡村厕所改造，以"双瓮式、三格式、完整下水道水冲式"三类为主，计划2017年厕改1000户（见"蓝田县农村改厕任务分解表"）。该县规定农户厕改项目验收合格以后可获得400元的项目资金补助。该县主要以政府部门为主导，集中连片、整村推进式规模化、标准化、统一化地开展厕改实践。同时要求项目实施单位对每个改厕户进行实名登记（见"蓝田县农村改厕项目统计表"），并在改厕户门前钉上"卫生厕所示范户"门牌（见"蓝田县农户改厕登记卡"），确保姓名、编号、身份证号码与实际统一。

表3-3　蓝田县农村改厕任务分解表

镇名	任务数（套）
蓝关街办	100
三里镇	100
厚镇	100
华胥镇	100
焦岱镇	100
小寨镇	100
汤峪镇	100

（续表）

镇名	任务数（套）
三官庙镇	50
玉山镇	50
普化镇	50
九间房镇	50
灞源镇	50
葛牌镇	50
合计	1000

表 3-4　蓝田县农村改厕项目统计表

_____县_____镇_____村（行政村）

编号	户主姓名	身份证号码	改厕类型	户厕牌号	建成时间	联系电话	户主签名

农户改厕登记卡

编号：_____　_____县（区）_____镇_____村_____组

户主姓名：_____　身份证号码：_____

改厕类型：_____　建成时间：_____年___月___日

村委会填卡人：_____（章）　改厕户主：_____（手印）

填卡时间：_____年___月___日

（正面）

填卡要求：1. 此卡由村委会组织统一填写，以村（行政村）为单位，按照改厕门牌编号，改厕户签字，村委会盖章，不得漏填、虚填。2. 填写字迹工整、清晰。3. 此卡一式两份，分别由乡镇和县（区）农村改厕项目执行单位收集存档。

陕西省 2017 年农村改水改厕项目办制

（背面）

蓝田县农户改厕登记卡

2018 年西安市出台《西安市农村无害化户厕提升改造三年行动计划方案（2018—2020 年）》，将乡村无害化厕所改革作为改善乡村人居环境、创建幸福新农村建设和推进乡村振兴战略的主要实践之一。主要针对西安市灞桥区、阎良区、临潼区、长安区、高陵区、鄠邑区、蓝田县、周至县，以及西咸新区和国际港务区等乡村厕所进行无害化改革。经调查，其中八个涉农县（不含开发区）涉及 119 个镇街、86.55 万户，已经实现无害化厕所改造的有 35.66 万户，约占 41%。因此，在 2018 年至 2020 年的三年中，乡村厕所改造主要围绕剩余的 50 余万户的厕所进行改造，计划 2018 年改造 15 万座，2019 年改造 20 万座，2020 年改造 15 万座。结合地方实际，主要推广"完整上下水道水冲式、三格化粪池、双瓮漏斗式、三联通沼气池式、粪尿分集式"五类无害化卫生户厕，要求每座补助 2000 元，并配备 60 元的管理经费，市区按照 7∶3 的比例进行分担。2018 年的补助标准相比 2017 年的 750 元提高了 1250 元。

2. 福建省厕所改革实践

福建省为山区省，全省的森林覆盖率达 66.80%，位居全国首位。相比较前文中干旱的陕西省，福建省的水资源则较为丰富，可以基本上实现"旱厕"改"水厕"。福建省水系非常发达，是诸多饮水水源的发源地，因此水源保护非常重要。福建省乡村厕所革命与污水治理是齐头并进的。

福建省以"新建、提档、升级"为重点，乡村厕所革命遵循"新建一批、改建一批、提升一批"的实践指南，探索建立以政府、村集体、村民等各方为责任主体，实现共谋、共建、共管、共评、共享的长效管护机制，以达到乡村人居环境品质的提升。福建省计划到 2020 年，实现福州、厦门、漳州、泉州、莆田、平潭综合实验区等 6 个地区的乡村卫生厕所全覆盖，并且实现南平、三明、龙岩、宁德等 4 个地区的乡村卫生厕基本覆盖。与此同时，同步推进厕所粪污治理实践。

福建省在 2018 年下发了 2.03 亿元用于保障全省"厕所革命"的顺利进行。首先，用于支持城镇公厕建设的资金为 9077 万元，其中城镇公厕改建新建每座补助 5 万元、乡村公厕新建改建每座补助 4 万元。2018 年全省新改建城乡村公厕 2100 座，其中城市 700 座、乡镇 400 座、乡村 1000 座。其次，用于支持旅游公厕建设的资金为 2241 万元，其中新建公厕每座补助 6 万元，改扩建公厕每座补助 3 万元，4A 级以上旅游景区建设第三卫生间每座补助 2 万元，2018 年新改扩建旅游厕所 717 座，其中有 220 座旅游厕所属于 23 个省级扶贫开发重点县，65 座属于 4A 级以上旅游景区第三卫生间。最后，用于支持乡村农户厕所改造和污水治理的资金为 8940 万元，按照每户 600 元的标准，补助农户新建改造三格化粪池。2018 年，全省改造乡村户厕 14.9 万户。

2018 年，在继续推进"千村整治、百村示范"美丽乡村建设工程实践中，要完成几个方面的实践目标：基本实现全省乡镇和村庄生活垃圾得到有效治理；完成 100 个以上乡镇污水处理设施建设；新建改造 400 座乡镇公厕、1000 座以上乡村公厕，村庄新建改造三格化粪池 35 万户以上，完成乡村户用厕所无害化改造 15 万户等。其中有条件的城镇周边村庄的生活污水应通过管网纳入城镇污水处理厂统一处理；人口集中和生态敏感地区的村庄采用化粪池加无动力或微动力集中式处理；人口较少的村庄和分散的农户可采用自建标准三格（四格）化粪池就地分散处理方式，尾水排入山体、林地、农田消纳吸收利用。县（市、区）对乡镇及村庄生活污水处理要分区域、分类型确定技术路线，分年度实施。抓好安溪、将乐、永春 3 个全国乡村生活污水治理示范县建设，及时总结经验、全面推广。加强乡村水环境整治，统筹推进万里安全生态水系建设等项目，将乡村水环境治理纳入河（湖）长制管理。以房前屋后河塘沟渠为重点，实施清淤疏浚，采取综合措施恢复水生态，逐步消除乡村黑臭水体。农业面源污染防治模式和运行机制基本建立，农业面源污染加剧的趋势得到有效遏制。

第三节 乡村河道治理："无人管"到"河长制"

乡村河道问题是乡村厕所问题与垃圾问题的延伸。当前我国乡村河流主要面临着乡村生活污水排放、垃圾倾倒、农业面源污染以及乡村工业污水直接排放等问题。

一、农耕社会视野中的溪流

"依水而栖"是我国大多数村落的分布形态。水源对于乡村社区而言尤为重要，不仅关乎人们生活用水问题，还关乎农民的农耕收益。水是人们日常生产生活中不可或缺的资源。不同地区依据水源的多寡来安排种植农作物的品种，如水资源丰富的南方多为水田，以水稻种植为主；西北干旱地区多为旱地，以小麦、玉米种植为主。在封建社会，皇帝会在干旱之年到皇家寺庙进行祈福求雨，以求得上天的雨露恩赐与风调雨顺。在民间，河流中水量充沛与否直接关系着当年庄稼能否丰收。正因为水源对于人们生活生产的重要性，在乡村时常能看到河流、小溪以及泉眼等水源边有人祈福祭祀，体现了人们对自然的敬畏之情。

传统农耕时期，自来水管尚未通到每家每户，村民们以挑水来维持家庭用水。朝暮之时，可以看到村民们挑着木桶去溪流边、河边或水井旁打水。而人们日常洗衣、洗菜、淘米等都是在附近的溪流之中完成。夏日，村里劳作一天的男性会带上家里的小孩到附近的河里洗澡游泳，无比欢快。在水系发达的江南水乡，河流不仅仅是人们日常洗衣、洗菜等的生活水源，还是人们日常出行和货物运输的重要渠道。我国江浙一带水系发达，乌篷船是江南水乡村民的重要交通工具。

河流不仅是人们日常生活用水的水源，还在灌溉农田、运输农业产品和促进对外贸易等方面起着重要的作用。在传统农耕生产实践中，农田灌溉至关重要。在漫长的农耕文明探索时期，农业灌溉技术的探索与改良是促进农业向好发展的关键性因素。从"大禹治水"到"都江堰水利工程"再到现代的"三峡水利工程"，我国人民一直都在试图掌控河流这一自然力量，以服务和提升人类社会生产力。在农业灌溉技术上，我国人民在夏商时期便懂得开凿沟渠引水灌溉；在东汉时期还发明了"水车"，充分借助水的动力势能来实现农田灌溉，以节省人力。

中国传统文化认为，有水则有灵气，水是福所倚、财所倚的象征。正如《水龙经》中所言"穴虽在山，祸福在水"。当前我们所看到的一些古代建筑，往往在房屋前会有一汪水池，水池不仅仅能够防御木板结构的房屋发生火灾，更重要的是具有吉祥兴旺之意，古有"水聚旺乡，财结水聚，屋前有塘，不怕五王"一说。

在中国传统文化中还有"山水比德"之说。如老子在《道德经》中说道："上善若水，水善利万物而不争，处众人之所恶，故几于道。"《淮南子·原道训》曾言："上天则为雨露，下地则为润泽；万物弗得不生，百事不得不成。大包群生，而无好憎；泽及蚑蛲，而不求报。富赡天下而不既；德施百姓而不费。"正所谓"海纳百川"，水被认为具有无私奉献、有容乃大、与世无争等品格，因此老子认为水"故几于道"。

二、河流治理与"河长制"：以浙江省为例

从上述关于农耕时期河流之于农民生产生活的意义以及其文化寓意的阐述中，可以很清晰地感受到那时乡村河流的干净与清澈。河水甚至可以作为生活饮用水，人们日常生活对河水的依赖程度也非常之高。正因如此，那时的人们也善于保护溪流中的水源。

随着自来水在乡村的普及，人们逐渐从依赖河流转变成依赖自来水。早期，乡村的小溪小河会被自上而下地围成一级级的小水潭，上游供人们洗菜、淘米所用，中游供人们洗衣服所用，下游则是用于清洗农具、尿桶等。随着自来水通进每家每户，溪流逐渐成为人们排放生活污水的地方，而非清洗之地。上文已经对乡村厕所污水、生活垃圾以及农业污染物等乱排放现象作了阐述，这些污水和垃圾最终的汇合点便是大的河流之中。

河流失管与河流污染问题日渐激化与凸显，乡村河流治理已然成为不可忽视的民生问题。如近些年全国多个"癌症村"接连曝光，这些村庄的共性就在于生态环境受到严重污染，包括垃圾乱堆乱放、农药化肥过量使用以及化工企业污水乱排放等。环境的污染容易导致饮用水源受到污染，人们长期饮用受污染的水会导致各类健康问题。无论是环境遭到严重破坏的"癌症村"，还是环境污染正在加重的普通村落，癌症早已广泛蔓延至乡村地区，并且近些年愈发明显。当务之急，便是对乡村河流的治理与水源的保护，保证农民饮水安全和食物安全。

"河长制"是"自下而上"的一项从"地方实践"到"国家顶层设计"的制度设计。河长制最早于 2003 年由浙江省长兴县开始探索。而后，2007年，与长兴县同处太湖岸边的江苏省无锡市为治理太湖大面积蓝藻暴发问题也启动河长制。从"长兴创新"到"无锡试水"，地方实践经验为国家全面推行河长制贡献了地方智慧。2016 年 12 月 11 日，中共中央办公厅、国务院办公厅印发了《关于全面推行河长制的意见》，意见要求建立"省、市、县、乡四级河长体系"，并且明确"到 2018 年年底前全面建立河长制"的任务目标。2018 年 7 月 17 日，在北京举行全面建立河长制的新闻发布会上表明：截至 2018 年 6 月底，全国 31 个省（自治区、直辖市）已全面建立河长制，共明确省、市、县、乡四级河长 30 多万名，另有 29 个省份设立村级河长 76 万多名，打通了河长制"最后一公里"。[①] 全国 31 个省份（含新疆生产建设兵团）共明确省级河湖长 402 名，其中，59 名省级党政主要负责人担任总河湖长，12 名省级党政主要负责人兼任主要河湖的河湖长。[②]

由于我国各省市县的地方河流湖泊状况不尽相同，甚至可以说是区别甚大，因此需要因地制宜地施行河长责任制。《关于全面推行河长制的意见》明确提出要"坚持问题导向、因地制宜"的基本原则，强调要"立足不同地区不同河湖实际，统筹上下游、左右岸，实行一河一策、一湖一策，解决好河湖管理保护的突出问题"。基于此原则，本书将着重介绍浙江省的河长制地方实践经验。河长制起始于浙江省，且浙江省长期走在全国的前列，已经形成较为完善的河流治理经验。浙江省为"江南水乡"之腹地，水系非常发达，河流治理需求大、任务重。

1. 长兴县河长制的创新实践

据长兴县 2017 年建立的河长制展览馆所列出的数据显示，长兴县县域范围内河湖交织密布，是非常典型的江南水乡之景。县区内有泗安溪、合

---

①《我国全面建立河长制》，新华网，2018 年 7 月 18 日，http：//www.xinhuanet.com/gongyi/2018-07/18/c_129915746.htm，2019 年 4 月 15 日查阅。

②水利部：《省级河长名单》，中华人民共和国水利部网站，2017 年 12 月 31 日，http：//www.mwr.gov.cn/ztpd/gzzt/hzz/gzjz/zztx/201807/t20180713_1042911.html，2019 年 4 月 15 日查阅。

溪和乌溪等大大小小河道 547 条，总长 1659 公里；共有大小水库 35 座，山塘 386 座，湖漾池塘 9435 个，水域面积 88.88 平方公里，水面率达 6.21%。

2003 年长兴县参考路长制，探索建立河长制，县委办公室印发了第一份关于河长制的文件——《关于调整城区环境卫生责任区和路长地段、建立里弄长制和河长制并进一步明确工作职责的通知》。2013 年长兴县印发《关于开展"让长兴的水秀起来"水环境综合治理三年行动方案（2013—2015）》和《长兴县全面实行"河长制"实施方案》的通知。

长兴县河长制的建立属于环境问题"倒逼型"，早期由于经济快速发展带来严重的生态环境问题。长兴县水系非常发达，溪流之水便是人们日常生活用水之源。在自来水尚未普及之时，村民家中都有一口大缸，人们从河里将水挑回倒入水缸中，沉淀后便作为生活用水，因而河水保护成为人们日常共识。但随着长兴县经济快速发展及自来水的普及，人们对于河水的保护意识慢慢弱化，生活垃圾随意倾倒、生活污水的排放以及河水清洁疏忽等等，致使淤泥堆积、河床抬高、污水横流。

2003 年，长兴县为争创"国家卫生城市"称号，根据卫生责任区划分为片区、道路和街道，并依此设立片长、路长和里弄长进行承包责任制，清洁效果非常显著。长兴县根据陆地上的各类"长"的实践经验，创新出管理溪流的河长制。河长制是其他实践经验探索的延伸与发展，事实证明其具备可操作性和可复制性。长兴县在推出河长制之后，河流从"无人管辖"到"河长责任制"，河水逐渐恢复清澈。

2013 年，受浙江省省域范围内"五水共治"以及"全面实行河长制"的倡导，长兴县河长制步入全面实行之轨。河长制从"城市社区"向"乡村社区"全面延伸，逐步建立县、镇、村三级河长全面负责制度。2013 年长兴县开展"让长兴的水秀起来"的水环境三年综合治理行动，以期实现近期"洁"、中期"清"、长期"净"的目标，并提出"到 2014 年年底全面消灭垃圾河，到 2016 年年底基本消灭黑河、臭河"的总体目标。2014 年长兴县打出"水面'靓'、河道'深'、河流'接'、水污'禁'和河岸'美'"的组合拳，完成 13 条共 33.35 公里的垃圾河、黑臭河整治工作，2016 年 1

月获得"省级清三河达标县"称号。[1]

作为河长制的发源地，十几年来长兴县坚持制度与实践探索，为建立可持续的水环境治理提出"河长制、河长治、河长兴"的口号。引导多元主体共同参与河长责任群体，如有"青年河长""巾帼河长""红领巾河长""企业河长"等。水环境敏感区域及重点区域，尤其是地处特殊区域的企业集群区块，需要加强水环境管理。如2017年12月长兴县南太湖产业集聚区长兴分区出台了全面实行河长制的实施方案。方案明确了要对区域内的所有河道以及微小水塘实施河长制，并实现"三洁三提高"——河岸整洁、河面清洁、河流畅洁和河道水质明显提高、岸绿化明显提高、截污能力明显提高。

2. 浙江省"五水共治"

自2003年浙江省长兴县河长制开启实践探索以来，2008年浙江省湖州、衢州、嘉兴、温州等地也陆续试点推行河长制。2013年浙江依据前期地方实践经验，以"五水共治"为抓手，开始全面推行河长制。同年，浙江省出台了《关于全面实施"河长制"进一步加强水环境治理工作的意见》，由此浙江省进入全域、全面推行河长制阶段，比国家全面推行河长制制度早三年。"五水共治"指治污水、防洪水、排涝水、保供水、抓节水这五项，是浙江省践行河长制高要求高标准的体现。浙江省提前全面实施河长制与"五水共治"的治水实践，与其自身发展有很大的相关性，或许可归纳为"败也经济，成也经济"。

"败也经济"体现在为追求经济利益而牺牲了生态环境，导致生态环境恶化。众所周知，新中国成立以来，在很长一段时间内处于物资极度匮乏的状态。改革开放之后，小商品加工作坊如雨后春笋般在全国兴起。由于当时社会物资匮乏、人们缺乏环保意识，为降低商品成本而使用劣质的原材料，并在生产过程中将污水直接排放至江河之中。这一期间，粗放式的工业发展对我国生态环境造成了严重的损害。近年来，我国提出供给侧结构性改革，促进市场的转型与升级，从"保量"向"保质"进行转变。市

场的转型，不仅促使当地生态环境有所改善，也为小商品市场打开了更大的市场空间。

浙江省拥有我国最大的小商品市场，"浙江制造"的小商品不仅在国内市场占据大半江山，而且在海外市场也有一席之地。浙江省的民营企业和民间资本非常发达，小商品市场大多是从家庭手工作坊逐渐发展起来的，正如前文所提及的浦江水晶企业，前期以追求经济利润为目标的生产，皆具有高污染和直排江河的特点。浙江义乌市是我国小商品市场聚集地，早期厂家为节省成本以获取更大的竞争优势，大多使用具有高污染性的劣质材料。民营企业对最大经济效益的追求、环保意识的缺乏以及监管部门的监管不善等，最终导致浙江省很多河流出现"黑河""牛奶河"等极度水污染的状况。

2013 年浙江省曾有一则"20 万元'悬赏'环保局局长下河游泳"的新闻轰动全国[1]。新闻源于一位网友发布的一则微博称：瑞安市仙降街道橡胶厂基地工业污染非常严重，污水直接排入河流，环保局局长要敢在河里游泳 20 分钟我拿出 20 万元。在以经济发展为目标的阶段，人们往往沉溺于高经济收入带来的喜悦中，却忽视经济发展已然给生态环境带来不可消解的重压。这则新闻瞬间引爆网络并快速获得大量网友以及公共部门的关注：一方面反映出河流污染已经严重阻碍人们对美好生活的追求和向往，并且人们已经开始意识到环境问题对自己生活产生的重要影响和威胁；另一方面也体现我国社会经济从"粗放式经济"向"绿色经济"转变的迫切性。

生态环境的恶化不仅仅是环境本身的问题，它还严重影响人们的日常生活及身体健康。浙江省省域范围内便有多个"癌症村"，大多是因为纺织企业、化工厂、制药厂等在污水处理不合格的情况下便将污水直接排入河内，导致水体污染。附近居民长期饮用受到污染的水源，从而导致大比例人口患癌而被称为"癌症村"。其中绍兴三江村最为人所熟知，这个村庄北边是绍兴滨海工业园区，集聚纺织、医药、石油化工、包装材料等类别的众多企业，企业为节省成本而将带有重金属或有毒的污水直接排放至河中，甚至为躲避

---

① 高意盈：《20 万元"悬赏"环保局长下河游泳为哪般》，人民网，2013 年 2 月 21 日，http://theory.people.com.cn/n/2013/0221/c40531-20552307.html，2019 年 4 月 15 日查阅。

监管部门的监督和查处，挖暗渠排放或深夜排放。从《中国"癌症村"地图》来看，我国"癌症村"主要集中在中东部沿海经济较发达地区。由此可见，经济发展与癌症暴发之间有着千丝万缕的联系。

"成也经济"可理解为因具备强大的经济实力，所以在经济转型和生态环境治理中占据强大优势。近几年，浙江省在生态文明建设上的投入非常之大，并且在美丽乡村建设、五水共治、垃圾分类等方面皆走在全国前列。生态环境治理不仅需要顶层设计的高位推动，也需要地方经济实力的支撑。虽然生态环境破坏始于地方工业产业的引进与不规范排污，但是从全局来看，不发达地区或国家的经济发展之路大多会从"粗放式经济发展"阶段走向"绿色经济发展"阶段。这一问题不仅仅发生在我们国家，欧美等发达国家在经济发展前期也是如此，如前文提及的英国伦敦烟雾事件。如何权衡"生态效益"与"经济效益"是一个国际性的话题。

但不可否认的是，以破坏生态环境为代价的经济发展着实产生了诸多不可逆转的生态危机问题，例如"癌症村"的暴发。而今，我国在改革开放的政策引领下，国家整体经济已经实现量与质的飞跃，社会主要矛盾也产生了变化，人们从"物质文化需要"向领域更为宽泛的"美好生活需要"转变，国家也在逐步从"工业文明"向"生态文明"迈进，从"粗放式经济发展"向"绿色发展"前进。而这些阶段的转变时机，与国家整体经济发展程度密切关联。因此也可以认为，生态文明建设是一个国家或地区经济发展到一定阶段的必然转向。

第三章／乡村村容村貌提升

　　村容村貌是一个乡村外显出来的"门面"。乡村垃圾整治与污水治理可以为村庄村民提供洁净、健康的内在生态生活环境。村容村貌的提升可以从外在的基础设施及公共服务入手，提升乡村生活的整体质量，亦是乡村人居环境整治的重要内容。从本书团队近年的调查研究来看，我国各地乡村在新农村建设、美丽乡村建设等政策引领下，在村容村貌的整治与提升工程方面，都有了显著的发展。在此基础上，许多乡村结合地方生态区位、民俗文化等特色发展乡村旅游业，促进乡村生活环境质量与产业经济的同步发展。比如，本书团队在浙江省浦江县民生村调研时，发现当地依托梯田景观与徽派建筑发展"梯田油菜花"，并且在农民房屋外墙上绘制 3D 彩图，吸引大量周边游客前往观赏与拍照。

　　乡村整体布局可以分为两类：一类是聚居型乡村，特点为乡村房屋建设相对集中在一个区域内，我国大多数乡村都为聚居型；另一类则是分散型乡村，特点为乡村房屋建设比较分散，在我国四川等地比较多见。这两类村庄的分布特点如下页两幅图所示。

　　从这两幅图中能够清晰地看到两个村庄房屋分布格局完全不同。第一幅图中的农房分布分散，散落分布在山脚、山坡及山顶各处。第二幅图中的农房分布密集，房屋皆建在山谷的平地上，集中分布在山谷之中。聚居型村落在我国比较常见，也是我国村落形态中的主要类型。

分散型村落
（本书团队 2017 年在甘肃省拍摄）

聚居型村落
（本书团队 2018 年在山西省调研时拍摄）

第一节　乡村住房改造："陈旧杂乱"到"整洁焕新"

从"新农村建设"到"美丽乡村建设"再到"乡村振兴战略",党和国家一直在向前推进乡村建设的步伐。自十六届五中全会提出"新农村建设"以来,我国开始进入城乡统筹发展和城市反哺乡村的乡村发展新格局。会议提出,新农村建设要按照"生产发展、生活富裕、乡风文明、村容整洁、管理民主"的要求进行。美丽乡村建设是新农村建设的升级版,是带有乡土情怀的乡村建设。2013 年习近平在湖北鄂州市长港镇峒山村考察时说,实现城乡一体化,建设美丽乡村,是要给乡亲们造福,不要把钱花在不必要的事情上,比如说"涂脂抹粉",房子外面刷层白灰,一白遮百丑。不能大拆大建,特别是古村落要保护好。[①] 乡村振兴战略要立足于乡村已有的建设基础之上,实现乡村全面振兴的乡村发展策略,短期目标是实现乡村全面建成小康社会,长期目标则是实现乡村政治、经济、文化、生态等各个方面的全面振兴与复兴。

一、美丽乡村视域下的乡村房屋改造

美丽乡村视域下的乡村房屋改造是依托美丽乡村建设工程而开展的危房改造、房屋外观提升及房屋修建等。美丽乡村建设是新农村建设的延续与升级,不单纯是国家对乡村统筹建设的再投入,而是更精准和更有选择性的投入。美丽乡村建设更加关注乡村人与自然、人与文化以及经济与文化等之间的关系,是从粗放式的乡村建设转而向因地制宜的精细化建设方向发展。"美丽乡村"从字面上来看,是指一个村庄看起来村容整洁、乡风文明。美丽乡村建设相比较新农村建设更加凸显乡村原有的乡土文化气息,尊重每个乡村在历史脉络中所内生出的文化格式的延续与保存。"文化格式"这一概念由费孝通先生所提出,他认为每一个乡村在其发展进程中都会形成各具特色的文化形态。乡村文化各展其美,将可造就出"各美其美,

---

[①]《习近平:建设美丽乡村不是"涂脂抹粉"》,人民网,2013 年 7 月 22 日,http://politics.people.com.cn/n/2013/0722/c1024-22284047.html,2019 年 4 月 15 日查阅。

美人之美，美美与共，天下大同"的文化振兴之景。① 而从我国近年来美丽乡村建设的实际状况来看，建设风格趋同性特征显著。正如学者朱冬亮与朱婷婷研究认为，当前我国在乡村公共文化基础设施供给方面主要以政府为主导的单一主体供给，导致供给产品的人为塑造共性因素过多，造成地方性和个性的相对缺失。②

从本书团队近几年在全国各地乡村的实地调研来看，我国美丽乡村建设的实施主要集中在两个方面：一是乡村人居环境的改善，二是乡村公共服务设施的完善。从已经受惠于美丽乡村建设工程的乡村社区来看，乡村整体基础服务设施建设确实有明显的提升，村民的生活质量得到了提高。美丽乡村建设对于促进乡村环境美化和村民幸福感提升等的作用是毋庸置疑的。但本书团队在广泛调研中发现，美丽乡村建设工程只在部分距离城镇较近的乡村或行政主村实施，并且省域之间也存在差异性。如浙江省在省域范围内全面推行"千村示范、万村整治"工程，美丽乡村建设惠及各个乡村社区，而其他省份的美丽乡村建设工程基本处于"样板工程"状态。这种省份间建设不均衡现象的出现，很大程度缘于省域经济发展的差异性。从我国近两年各省人均可支配收入情况来看，浙江省 2020 年和 2019 年的人均可支配收入分别为 52397 元和 49899 元，皆排在全国第三位，位居上海市与北京市之后。当物质生活水平达到一定高度之后，人们转而对生活质量有着更高的要求与追求。

被称为"美丽乡村样板"的浙江安吉县，改革开放后历经很长一段以"工业强县"为目标的工业化发展阶段。虽然实现了经济上的脱贫与致富，却也导致当地生态环境遭到严重的破坏。2001 年，安吉县开始确立"生态立县"的发展思路，通过对生态环境整治来实现生态振兴。2005 年，时任浙江省委书记的习近平在安吉县余村调研时提出了"绿水青山就是金山银山"的科学论断，从而坚定了安吉县"生态立县"的发展思想。2008 年浙江安吉县提出建设"中国美丽乡村"，并出台《建设"中国美丽乡村"行动

---

① 费孝通：《文化的生与死》，上海人民出版社，2009 年，第 185—186 页。

② 朱冬亮、朱婷婷：《乡村社区公共文化建设路径探析——以社区能力建设为视角》，《厦门大学学报（哲学社会科学版）》，2019 年第 3 期。

纲要》。2012 年安吉县获得"联合国人居奖",由此也成为我国"美丽乡村"的成功样板。

2003 年 6 月,在习近平同志的直接推动下,浙江启动"千村示范、万村整治"工程,开启了以改善乡村生态环境、提高农民生活质量为核心的村庄整治建设大行动。房屋改造与道路建设的出发点是保障村民生产生活的基本需要,其次才是对乡村村容村貌的改善。村容村貌的提升,不仅需要整齐的房屋、干净硬化的道路等"红花"来彰显,也需要完善的公共服务、基础设施等"绿叶"来映衬。唯有"红花"会显得单调,也容易被认为是面子工程,"红花"和"绿叶"的相互搭配,才能体现乡村社区休闲的生活环境与生态映衬之美。

继十八大报告将"生态文明建设"纳入我国"五位一体"发展总布局之后,我国逐渐将美丽乡村建设作为新农村建设的延续和发展而全面铺开。2014 年 2 月 24 日中国农业部科技教育司在第二届"中国美丽乡村·万峰林峰会"上发布我国"美丽乡村"的十大模式,分别为:产业发展型、生态保护型、城郊集约型、社会综治型、文化传承型、渔业开发型、草原牧场型、环境整治型、休闲旅游型和高效农业型。从这十大模式来看,"美丽乡村"中"美丽"的含义非常宽泛,它包含经济、生态、文化、社会等各方面的"美丽"。

在美丽乡村建设思路的引领下,浙江省于 2005 年开始试点"县市域总体规划",并于 2009 年 6 月 11 日出台了《关于加快农村住房改造建设的若干意见》。该意见立足于新乡村建设背景下的乡村房屋建设,着力解决乡村面临的"地从哪里来,房在哪里建,钱从哪里筹,人往哪里走"的现实问题。该意见期望在 2012 年,能够"基本完成乡村低保收入标准(2007 年)150% 以下乡村困难家庭危房改造任务"。同时,意见强调要因地制宜地实施住房改造:针对城镇规划建设用地的原乡村居民点,则按照城镇社区的要求进行改造建设;针对县市域规划为集聚发展的中心村、经济强村或大企业驻地村,则按照乡村社区建设标准进行统一规划、改造和建设;针对县市域规划的保留村,则根据基础设施等适度推行改造;对于县市域规划中不适宜居住的村,则制定优惠政策引导居民搬迁至城镇或中心村。在意见的全面推行下,金华市在 2009 年年底就启动危房改造建设村庄 324 个，在建农房 29535 户；衢州当年年底已经完成 3198 户，在建 13861 户。①

浙江临安市实行三种农房改造模式：一是"民建公助"模式，指的是农民自助进行修葺、改造或新建，政府给予相应的配套建设基础设施或资金补助；二是"二合一"模式，以宅基地换城镇公寓式住房与以承包地换城镇社保同步进行、一步到位；三是"二选一"模式，以宅基地换城镇公寓式住房与以承包地换城镇社保任选其一分步推进。2010 年，临安市完成乡村困难群众住房救助 320 户，其中新建 213 户、改建 96 户、修缮 6 户、置换 5 户；向乡村困难群众拨付补助资金 447.77 万元，完成住房改造面积约 4.8 万平方米；完成乡村住房改造建设 3179 户，其中，"民建公助"2353 户、"二合一"652 户、"二选一"174 户。② 2011 年，完成乡村困难群众住房救助 301 户，超额完成年度救助任务，其中，"五保"户 3 户、低保户 48 户、因灾倒房户 20 户、其他困难户 230 户（含残疾户 60 户），拨付补助资金 574.92 万元，改造面积 5.8 万平方米；完成乡村住房改造建设 4003 户，其中"民建公助"1123 户、"二合一"1349 户、"二选一"1531 户，改造面积 76.64 万平方米，超额完成年度计划任务。③ 2012 年，完成 340 户乡村困难群众住房救助工作，其中，低保户 48 户、灾倒户 4 户、其他困难户 288 户（含残疾户 36 户），全年拨付补助资金 474.52 万元，完成住房改造面积约 6.5 万平方米；完成乡村住房改造建设 3050 户，其中"民建公助"1273 户、"二合一"1180 户、"二选一"597 户，完成住房改造面积 60.92 万平方米。④

二、精准扶贫视域下的住房安全保障

保障贫困人口的住房安全，是精准扶贫的核心任务之一。2019 年习近平在"两不愁三保障"突出问题座谈会上指出："到 2020 年稳定实现农村贫困人口不愁吃、不愁穿，义务教育、基本医疗、住房安全有保障，是贫困

① 陈加元：《迈向新型城市化》，浙江人民出版社，2013 年，第 376—377 页。
② 黄文根、许宝文、陈强主编：《临安年鉴》，方志出版社，2011 年，第 190 页。
③ 临安市地方志编纂委员会编：《临安年鉴》，方志出版社，2012 年，第 194 页。
④ 临安市地方志编纂委员会编：《临安年鉴》，方志出版社，2013 年，第 302 页。

人口脱贫的基本要求和核心指标，直接关系攻坚战质量。"[1] "两不愁，三保障"所涉及的这五个方面是人民生活中最基础的部分，也是最需要得到保障的部分。精准扶贫的核心在于"精准"二字，政策实践层面强调"六个精准"——扶持对象精准、项目安排精准、资金使用精准、措施到户精准、因村派人精准以及脱贫成效精准。[2] 精准扶贫思想强调针对不同贫困地区与贫困户实施精准识别、精准帮扶和精准管理。[3] 将脱贫任务落实落细到群众日常生活的方方面面，符合精准扶贫的整体思路。

精准扶贫视域下保障贫困人口"住房安全"主要通过两个方面来开展实践：一种是针对部分生态环境恶劣而无法实现"一方水土，养活一方人"的地区，实施易地扶贫搬迁；另一种是针对生态环境尚好，但贫困家庭所居住的房屋为危房，而贫困户自身无力修建，则实施危房改造。同时对建档立卡贫困户居住面积有所规定，即人均住房面积不超过 25 平方米。接下来以内蒙古自治区精准扶贫视域下的危房改造与易地扶贫搬迁为例来进行论述。

内蒙古自治区于 2014 年 1 月 13 日在农牧区工作会议上提出"十个全覆盖"建设项目，并于当年在全区范围内的各嘎查[4]因地制宜地开展项目实践。"十个全覆盖"可以认为是内蒙古自治区关于落实中央精准扶贫政策的重要实践，它涵盖了危房改造、安全饮水、街巷硬化、电力村村通和农网改造、村村通广播电视通信工程、校舍建设及安全改造、标准化卫生室建设、文化室建设、便民连锁超市以及乡村牧区常住人口养老医疗低保等十个乡村建设项目。从十个方面的工程建设项目来看，一方面能够有效地落实住房、医疗和教育等"三保障"问题；另一方面能够有效地改善乡村落后的基础设施状况，从而满足人们对美好生活环境的需要。

内蒙古自治区因其地理环境和区位条件等因素制约，部分地区生态环境恶劣、社会经济发展状况也相对滞后。该项目预计投资 800 亿元，是内蒙

---

① 习近平：《在解决"两不愁三保障"突出问题座谈会上的讲话》，《求是》2019 年第 16 期。

② 汪三贵、刘未：《"六个精准"是精准扶贫的本质要求——习近平精准扶贫系列论述探析》，《毛泽东邓小平理论研究》2016 年第 1 期。

③ 王学权：《"十三五"时期扶贫新模式：实施精准扶贫》，《经济研究参考》2016 年第 7 期。

④ 在内蒙古，关于行政区域的叫法与汉语有所不同："旗"的汉语意思为"县"，"苏木"的汉语意思为"乡镇"，"嘎查"的汉语意思为"村"。

古自治区在乡村建设方面史无前例的一项巨大惠民工程。在具体的工程实践过程中，不同市旗间经济实力存在明显差异，导致工程实施过程中产生一系列问题，如工程款拖欠、豆腐渣工程以及面子工程等问题。本书团队分别于 2014 年和 2016 年期间在内蒙古自治区开展过实地调研，2016 年该项目已经基本得到落实。从实地调研来看，虽然该项目的实施对全区财政形成较大的压力，但对于地方村民而言，尤其是贫困村和贫困户，确实提升了他们的生活质量。

"十个全覆盖"工程的主要建设时间是 2014 年至 2016 年这三年，是在精准扶贫和美丽乡村建设这两项国家制度背景下提出的，目标是促进内蒙古地区全面小康社会的建成。三年的工程实施，总体上提高了全区乡村社区住房水平、生活基础设施完善水平以及公共服务设施水平。有数据显示，截至 2016 年，"十个全覆盖"工程涉及乡村牧区社区达 1000 个，试点村基本上满足村民的公共服务基本需求。其中"危房改造"项目惠及全区乡村 20 万户的牧区低保和"五保"对象等困难群众。[1] 从 10 项建设项目来看，各地区以"需求为本"的原则进行项目建设和资金分配。

本书团队于 2016 年在内蒙古拉达特旗开展调查研究实践，对该旗展旦召苏木天义昌村的"十个全覆盖"工程进行了详细调研。天义昌村位于展旦召苏木的中心，2006 年与相邻的和平村合并，是该苏木范围内最大的村庄。村域总面积为 60 平方公里，耕地面积有 48000 亩，其中水浇地有 23000 亩。该村村民主要从事种养业，种植业以种植玉米为主，养殖业以养羊为主，村中牲畜约有 15000 头（只），村民人均纯收入为 4300 元。全村现有生产合作社 19 个，总人口为 1206 户 3080 人，党员 67 人，其中妇女党员 15 名。全村共有贫困户 51 户 153 人，其中国家级贫困户 25 户 75 人，市级贫困户 26 户 78 人。通过对贫困户致贫原因进行分析，结合贫困户家庭资源禀赋开展精准帮扶计划——通过产业扶持带动脱贫 48 户，项目扶持带动脱贫 3 户。

2014 年，天义昌村为响应自治区的号召开始筹划"十个全覆盖"工程

---

①《以共享发展理念为突破推进"十三五"时期民政工作再上新台阶》，内蒙古自治区政府门户网站，2016 年 9 月 15 日，http://www.nmg.gov.cn/art/2016/9/15/art_4032_3496.html，2019 年 3 月 1 日查阅。

建设。工程建设规划为：实施危房改造 594 户，实施新建街巷硬化 4.95 公里，其中 42 条工字砖便道硬化已全部完成；新打深井一眼，铺设管网 15 公里，全村实现安全饮水覆盖；配广播村村响一个，实现广播电视通信全覆盖；新建标准化卫生室、文化室、便民连锁超市各一处并投入使用；实现户户通电；新建小广场 2 处，羽毛球场、篮球场、门球场各一处；养老、医疗、低保等社会保障基本实现全覆盖。截至 2016 年，天义昌村"十个全覆盖"工程建设情况如下表所示。

表 4-1　天义昌村"十个全覆盖"工程建设情况

项目	危房改造	街巷硬化	安全饮水	文化室	便民超市	环境卫生整治
工程量	594 户	1.4 公里	594 户	1 处	1 处	改造院围墙、棚圈等附属设施，清"五堆"、拆无人居住危旧房等
投资（万元）	3321.96	113.4	30	9	8	281
总投资（万元）	3763.36					

　　虽然"十个全覆盖"工程是面向多领域的建设工程，但据本书团队实地调研中所观察到的，该工程尤其在危房改造与基础设施建设这两个方面做出了巨大的贡献。天义昌村就是"十个全覆盖"工程实践中危房改造与搬迁扶贫相结合下新建的移民新村。在"十个全覆盖"工程的支持下，移民新村的基础服务设施相对完善，乡风文明得到了很大的提升，人们的生活面貌有了新的呈现，确实极大地提升了该村人民的幸福感。基础设施建设与组织服务建设等的完善，巩固了天义昌移民新村危房改造的成效。危房改造成效可以从以下四幅图中直观地感受到。

危房改造前的居民住房①

危房改造后的居民住房②

①②图片来源于:《王晓丽:"新村居民展笑颜"》,正北方网,2016 年 3 月 14 日,http://www.north news.cn/2016/0420/2151461.shtml,2019 年 4 月 16 日查阅。

新村村民及新建房屋①

新村内的绿化②

①②图片为本书团队 2016 年实地调查所拍摄，呈现出村庄设施完善与村民安居乐业之景。

该村因靠近黄河，每年春天黄河水渗透，导致民房地基不稳、墙体开裂，并因年久失修而成为危房。从这四幅图来看，第一幅图是村民原先居住的危房，房屋主要为土木结构，墙体开裂，底部开始瓦解，顶部也有开裂的痕迹。总体上来说，房屋已然摇摇欲坠，随时有坍塌的危险，居民的住房安全得不到保障。第二幅图为新村房屋刚建起来的样子，此时房前屋后及周边的基础设施尚未完善，但可以看到房屋整体的结构。新盖民房以"平房＋院子"的结构组成，房前屋后都留有一片空地，供村民们种植花果蔬菜。统一规划建设的房屋，内部规划更加合理，南北通透，房屋敞亮，能够缓解因河水渗透导致屋内湿气过重等问题。从第三幅图和第四幅图中可以看到，新村社区内部的基础设施已经得到完善，还有几个明显的变化：村民房前屋后的菜园及栅栏、道路硬化、垃圾箱、社区绿化、乡风文明展示墙等。第一幅图与后三幅图中村民的房屋状况及居住环境有着质的差别。

"十个全覆盖"工程，不仅保障了当地居民的住房安全，居住环境和质量也得到了全面提升。天义昌村是一个"危房改造＋易地搬迁"后的重组社区，也就意味着新村的整体组织架构、基础设施及村规民约需要重新建构。在新的乡村环境之中，人们一改往日"灰头土脸"的局面，新的生活在新的乡村社区中缓缓拉开序幕。正所谓"安居乐业"，唯有先"安居"才能更好地"乐业"。安定、美好的居住环境开启了人们奔赴美好生活的全新征程。

三、文化保护视域下的古民居修建

在村容村貌的提升实践中，对我国传统村落需要给予特殊的关照。正如本节伊始所提到的习近平总书记关于美丽乡村建设的思想中，就强调古村落需要善加保护，而不能大拆大建。传统古村落的房屋是传统文化的重要载体，是乡村的重要文化遗产。有学者对我国当前乡村传统文化保护与发展实践进行总结，认为包含两个方面的倾向：一种是侧重于保护和"严格的可持续"，奉行生态博物馆的发展模式；另一种是侧重于开发利用和"温和的可持续"，如发展乡村文化旅游。[①] 有学者将我国文化遗产在保护与开发双轨制并行下的五个基本实践模式总结为：博物馆式保护与产业开发

---

①张成渝：《村落文化景观保护与可持续发展的两种实践——解读生态博物馆和乡村旅游》，《同济大学学报（社会科学版）》，2011年第3期。

模式、大遗址保护与开发模式、文化遗产旅游开发模式、村落开发模式、城市历史街区开发模式。[1]

在具体的实践当中，我国传统村落古民居修建也存在诸多问题。一方面由于乡村人口大量外出，导致许多古民居年久失修或成为残垣断壁；另一方面由于传统古村落在旅游业的发展中被过度商业化开发与利用而导致被破坏。古文化遗产是不可再生资源，文物被破坏的同时是文化的丢失。在强调现代化与城镇化的发展背景下，传统村落将逐渐失去其原有的特色与风格，逐渐与其他村庄同质化。近年来，本书团队在福建、安徽、浙江等省份的多个传统村落开展过实地调研，发现商业化发展与古村落保护之间是呈反比的，商业化愈甚则古村落破坏愈严重。然而，古村落如缺乏商业资本的支撑，亦将难以维系。二者形成一种悖论。

本书团队近年来在福建省调研了几个尚未被过度商业开发的古村落，如将乐县良地村和屏南县漈头村。通过"修旧如旧"的方式对古民居进行修建，既解决了古民居年久失修的危房局面，又很好地保留了传统房屋的整体特色与风格。

本书团队所调研的漈头村，是一个有着千年历史的古村落，肇基于唐僖宗乾符三年（876），属古田县二十六都六保恩惠乡新俗里管辖，称龙漈上下境。当时的龙漈下境有宋、兰、梁等姓氏的人居住。宋姓曾建立祠堂，梁姓居住时曾盖起"梁亭"，后改称"凉亭"。后这些姓氏族人转迁他处，现漈头肇基族姓有黄姓和张姓。

有黄氏族谱记载，黄姓是世祖黄宜于北宋淳化四年（993）同兄黄研暨母刘氏由邵武迁至古田县漈川（即屏南县漈头村）而肇基。至景泰六年（1455）十七世祖黄文宾发奋图强成为中兴始祖，屏南各村黄姓几乎都由漈头迁出，至今仍在本村居住者不过五十余户。溪头张姓，从其家谱查证，系张氏第一百二十六世祖张谏（进士、官拜朝奉大夫）第八子礼知（官拜宣仪大夫）由屏南甘棠浙洋迁居恩山境（今代溪的恩洋村），至第一百三十二世祖张铭首生伦、仪二子。张伦入赘燕坑，张仪又传九世，至张仲真于

---

[1]傅才武、陈庚：《当代中国文化遗产的保护与开发模式》，《湖北大学学报（哲学社会科学版）》，2010年第4期。

明顺德年间，由恩山分支迁居二十六都六保龙漈上境开基，为漈头村张姓肇基始祖。又传十世至张志盛于清康熙九年（1670）由龙漈上境移居龙漈下境开基立祠，历十四世，子孙济济，瓜瓞绵绵，至今发展至五百余家。八家张姓与溪头张氏同祖同宗，系恩山境第一百三十二世祖张铭首长子伦入赘燕坑，后迁居南山硋窑、峰段又复迁硋窑。世祖张景明于明万历四十年（1612）由峰段移居漈头，继世祖志珠创立祠堂，后生齿日繁，派衍克昌，至今已有一百余户。

从族谱考证，漈头村肇基已有一千多年历史，屏南历史上长期属福州府古田县管辖。据《古田县志》《屏南县志》记载：清雍正十三年（1735）闽浙总督郝玉麟、古田知县朱岳楷奏请分县，清世宗旨准并赐名曰"屏南县"。漈头地理位置特殊，是旧县治双溪通往省城必经之道，经济发达，文人商贾聚集。民国初年，该村设立团总；民国三十二年（1943），漈头为第四区公所驻地，其他时期均属棠口区公所管辖；中华人民共和国成立后，漈头村仍属棠口乡管辖；1951年至1954年属第三区管辖（区公所设棠口）；1955年至1957年属棠口区公所管辖；1958年至1960年属先锋人民公社管辖（公社设棠口）；1961年至1983年属棠口人民公社管辖；1984年至今属棠口乡人民政府管辖。

基于上述对漈头村村史的梳理，可清晰地了解该村是一个历史悠久且文化积淀深厚的村落，其中宗族文化尤甚。从非物质文化方面来看，漈头村保留有大量的民间戏剧文化、饮食文化、武术文化等；从物质文化方面来看，漈头村保留有大量的古建筑、桥梁路亭、石坊、碑刻等。漈头村的文物古迹以地面古建筑为主，现有国家级文物保护单位一处，省级文物保护单位一处，县级文物保护单位四处和乡土建筑。详见下表。

表4-2　漈头村文物建筑与历史古建筑保护修建情况

序号	名称	年代	保护级别	保护措施	备注
1	百祥桥	宋代	Ⅰ	按原状整体维修	历史建筑
2	金造桥	民国	Ⅱ	日常维护、局部维修	古建筑

（续表）

序号	名称	年代	保护级别	保护措施	备注
3	清晏桥	清后期	II	按原状整体维修	历史建筑
4	石牌坊群	清中期	I	按原状整体维修	石牌坊
5	南洋路6号张氏老宅	清中期	II	按原状整体维修	历史建筑
6	南洋路7号张氏老宅	清中期	II	按原状整体维修	历史建筑
7	洋楼13号	民国中期	III	日常维护、局部维修	中西风格建筑
8	南洋路5号	清中期	III	局部维修	传统建筑
9	南洋路4号	清中期	I	按原状整体维修	传统建筑
10	南洋路3号	清早期	III	日常维护、局部维修	传统建筑
11	南洋路15号	清中期	II	按原状整体维修	传统建筑
12	南洋路17号	清中期	III	日常维护、局部维修	传统建筑
13	南洋路18号	民国	III	日常维护、局部维修	传统建筑
14	溪头张氏祠堂	清中期	II	按原状整体维修	历史建筑
15	潆水路49号	清后期	IV	整体加固、维修更新	传统建筑
16	潆水路47号	清后期	II	按原状整体维修	历史建筑
17	潆水路46号	清中期	III	日常维护、局部维修	传统建筑
18	潆水路45号	清中期	III	日常维护、局部维修	传统建筑

（续表）

序号	名称	年代	保护级别	保护措施	备注
19	潆水路 40 号	清中期	Ⅲ	日常维护、局部维修	传统建筑
20	后街军民联合办事处	民国	Ⅰ	按原状整体维修	民国建筑
21	八家庄楼	民国	Ⅱ	日常维护、局部维修	民国建筑
22	溪头庄楼	民国	Ⅱ	日常维护、局部维修	民国建筑
23	潆水路 35 号	清中期	Ⅲ	两座并联、局部维修	传统建筑
24	潆水路 34 号	清早期	Ⅰ	按原状整体维修	传统建筑
25	潆水路贤优老宅	清中期	Ⅰ	按原状整体维修	传统建筑
26	潆水路 33 号	清中期	Ⅱ	按原状整体维修	传统建筑
27	潆水路 28 号	民国中期	Ⅳ	整体加固、维修更新	传统建筑
28	潆水路 25 号	民国中期	Ⅳ	整体加固、维修更新	传统建筑
29	潆水路 24 号	民国	Ⅳ	整体加固、维修更新	传统建筑
30	蒲山路 17 号	清中期	Ⅲ	日常维护、局部维修	传统建筑
31	蒲山路 16 号	清中期	Ⅲ	日常维护、局部维修	传统建筑
32	蒲山路 15 号	清中期	Ⅲ	日常维护、局部维修	传统建筑
33	蒲山路 14 号	清中期	Ⅲ	日常维护、局部维修	传统建筑
34	蒲山路 12 号	清中期	Ⅲ	日常维护、局部维修	传统建筑

（续表）

序号	名称	年代	保护级别	保护措施	备注
35	蒲山路 11 号	清中期	Ⅲ	日常维护、局部维修	传统建筑
36	漈水路 14 号	清中期	Ⅲ	日常维护、局部维修	传统建筑
37	漈水路 12 号	清中期	Ⅲ	日常维护、局部维修	传统建筑
38	漈水路 11 号	清中期	Ⅲ	日常维护、局部维修	传统建筑
39	漈水路 9 号（两进厅）	清中期	Ⅲ	日常维护、局部维修	传统建筑
40	凉亭路 29 号	清中期	Ⅲ	日常维护、局部维修	传统建筑
41	凉亭路 13 号	清中期	Ⅲ	日常维护、局部维修	传统建筑
42	祥兴号老铺	清中期	Ⅱ	按原状整体维修	历史建筑
43	凉亭路 28 号	清中期	Ⅱ	按原状整体维修	历史建筑
44	凉亭路兴学弄 5 号（两进厅）	清中期	Ⅱ	按原状整体维修	传统建筑
45	凉亭	明代	Ⅱ	按原状整体维修	历史建筑
46	慈音寺	清早期	Ⅱ	按原状整体维修	历史建筑
47	黄童墓	明代	Ⅱ	按原状整体维修	古墓葬
48	太极墓	清中期	Ⅲ	按原状整体维修	古墓葬
49	张氏宗祠	明代	Ⅱ	按原状整体维修	历史建筑
50	凉亭路兴学弄 4 号	清中期	Ⅱ	按原状整体维修	传统建筑

（续表）

序号	名称	年代	保护级别	保护措施	备注
51	桥亭	清中期	Ⅱ	按原状整体维修	历史建筑
52	千年龙井	唐后期	Ⅰ	日常维护、局部维修	古建筑
53	凉亭路兴学弄1号	清早期	Ⅲ	日常维护、局部维修	传统建筑
54	明清老宅6号	明后期	Ⅱ	按原状整体维修	传统建筑
55	大勋墓	清中期	Ⅲ	按原状整体维修	古墓葬
56	铁头和尚墓	清中期	Ⅱ	按原状维修	古墓葬
57	步齐墓	清中期	Ⅲ	按原状维修	古墓葬

"修旧如旧"是当前我国各地古民居修缮的主流思路，对传统文化遗产更具保护意义。漈头村现今仍保存着为数众多的古街古巷、桥梁路亭、庙宇建筑、民居建筑、古遗址、古墓、古树木、古碑刻等文物古迹，此外还有古牌匾等相当数量的可移动文物。这些文物古迹的存在，彰显了该村落的历史文化底蕴与文化积淀，体现了该村乡村风貌的独特性。文化保护视域下的古民居改造，既要满足房屋居住、展览等现实功能，更要满足古民居作为物质类文化遗产的传承性。

第二节　乡村道路建设："泥水路"变"水泥路"

一、传统乡村道路与封闭型乡村社区

1. 交通闭塞与封闭型乡村社区

乡村道路是乡村各类要素之间互动交流的关键纽带，也是村容村貌质量提升的关键一环。顺畅的交通可以促进区域间的文明共享和经济贸易，

而阻塞的交通则会令区域间相互隔绝，致使区域成为一个个封闭的小社群。我国乡村道路硬化不过是近一二十年才逐渐全面普及开来的。在传统农耕社会时期，我国乡村社区的道路基本上为泥土路或石头路，外出也主要靠步行。道路阻且长，出一趟远门需要耗费人们大量的时间与精力。因此，古代人们用"路途颠簸""风尘仆仆""山高路远"等词汇来形容外出赶路，可见外出是一件考验体力和耐力的事情。在没有电子通信和现代化交通工具的年代，道路是联结人们与外界的唯一通道。

以往生活在偏远山区的村民们，他们所认识的"世界"仅仅是被山水所隔绝出的那一片天地，犹如"坐井观天"。因此，以前很多村民一生都从未走出过其所居住的乡村，对外面的世界与事物更是一无所知。正如陶渊明在《桃花源记》中所记载的，村民们"自云先世避秦时乱，率妻子邑人来此绝境，不复出焉，遂与外人间隔"，"问今是何世，乃不知有汉，无论魏晋。此人一一为具言所闻，皆叹惋"。乡村与外界在空间与时间上的隔绝，很大程度上缘于古代交通极其的不便利。

常言道"父母在，不远游"，便是源于长路漫漫、一别两宽，若家中有急事则难以及时赶回。因此古人将"不远游"视为一种为孝之道，即趁父母健在而常伴父母左右。如若遇到必须要出远门之事，比如古代考生参加科举考试，便需要提前好几个月出发，备足干粮与盘缠，才足以赶上这场决定自身前途命运的考试。旧时，人们习惯于将"赶"字用于路途中，如"赶路""赶考""赶马车"等，体现了人们希望通过加快脚步而尽快到达目的地那种心急如焚的感受。在道路崎岖难行、交通工具不发达等背景下，若不是非常重要之事，人们一般不会出远门。古有以"诗"以"词"达意，今有以"歌"抒情。可以发现，我国古代有非常多的诗词是用来抒发因与家人、友人或情人离别而产生的"离愁别绪"。正因为路途漫漫，情感丰富的诗人们往往将这些离愁寄托在"鸿雁""杨柳""月亮"等具体事物上。而在我国改革开放初期，集中出现了很多关于乡愁的歌曲，也是用于寄托远在他乡的游子的思乡之情。旧时的"千里之行"是一件需要耗费大量时间、体力和耐力之事，而今的"千里之行"，通过乘坐汽车、高铁或飞机等交通工具，只需几个小时的路程。

在地理位置上，我国大多数的乡村都远离城镇。少数城镇周边的乡村在城镇经济的带动下，商品经济较为发达，整体经济发展状况相对较好。而大部分远离城镇的乡村，因距离上的疏远与交通上的闭塞，导致整体的隔绝与疏离。人们对于距离的认识主要依据行程时间来判断，远离城镇的乡村，需要走上至少半天或一天的路程才能到达城镇所在地，并且山路崎岖，人们往往需要跋山涉水，往返城镇一趟实属不易。加上部分地区所处的地理环境相对恶劣，人们外出不仅仅要耗费大量的体力，甚至还可能有生命危险。古代山路不仅崎岖难行、路途漫漫，且山林中常有野兽出没，威胁人们的生命安全。这在一定程度上阻碍了乡村与外界之间的往来。即使是当前，我国仍有一些偏远山村外出仍需跋山涉水、绝壁攀岩或依靠绳索渡过江河，稍有不慎便可能有生命危险。

我国大多数乡村社区傍水而建，耕地与水源是构成农业生产的基础要素。地势选择上，平原地区是人们首选之地。因此，在古代我国北方平原地区是国家粮仓与经济的中心。正如本书第一章关于闽西北朱坊村的案例所示，该村先祖在宋朝因战乱而南迁并定居福建山区，这与宋朝以来客家人多次南迁具有相同的历史背景。福建在古代曾被称为"南夷"，即未开化之地，常被选作流放犯人之地。我国南方地处山区，山多、地少、土地贫瘠且交通闭塞，不太适宜发展农业，因此，在古代我国人口主要集中居住在北方平原地区。

马克思在分析英美对华贸易现象时，将我国乡村农民家庭经济总结为"小农业＋家庭工业"的经营模式。通俗来说，就是"男耕女织"的家庭分工合作模式。这种经济模式是构成我国乡村家庭"自给自足"自然经济的核心所在。它保障农民家庭的"食"与"衣"，其中"小农业"供应家庭生活所需粮食，而"家庭工业"则供应家庭生活所需布匹。因而，"自给自足"在这一家庭经济发展模式中得以实现。与此同时，降低了乡村对外界商品市场的依赖性，进一步促使乡村社区的自我封闭化。

封闭型乡村社区的一个重要特征就是"熟人社会"，村民们皆相知相熟、知根知底。我国传统村落基本上是以地缘和血缘为纽带而自然形成的。德国社会学家滕尼斯在《共同体与社会》一书中将社区称作"共同体"（community），认为社区是一个由血缘、地缘以及宗教等因素联结起来的共同体。①"熟人社会"是我国乡村社区的基本特征，基于血缘和地缘关系而联结起来的社区共同体。其中，由血缘关系联结而成的乡村社区为"宗族村"，基本上是单姓村，在南方较为多见。如朱坊村，该村属于宗族村落，是由先祖三乙公南迁闽西北山区定居后，其第五子世代繁衍后而形成的宗族村落。由于地处山区、交通闭塞，该支系子孙自定居朱坊村后，鲜有村民外迁。除个别因入赘或其他原因外迁至附近村落，大部分后代皆世代居住于本村，并逐渐从一户发展成为近两百人的宗族村落。改革开放之前，该村长期处于一个封闭型的乡村社区形态。

地缘关系是每一个乡村社区形成的基础，每一个乡村自其肇基以来，会逐渐形成明确的地域边界。本书团队在翻阅一些宗族族谱资料时，发现诸多族谱内皆有明确记载着宗族内部成员所共同拥有的耕地、林地及坟地等土地四至信息。当然，非宗族村的村民，对于本村土地四至也有着明确的认识。人们在村域范围内经营着属于自己的那份土地，安居乐业、邻里扶持、守望相助并团结一致。虽不一定有血缘关系，但是在地缘的联结下，人们早已凝聚成生活共同体。在日常生产生活中，或许难以感知村庄社区的内在凝聚力量，但在以村为单位的社区利益受到损害或与外界产生冲突时，如村中田产被外村侵占或者村中某户发生事故等，乡村内部便会团结起来一致对外。

乡村社区的封闭是一种相对的封闭。农民家庭难以实现完全的自给自足，比如农业工具、食盐等生产生活用品，农民家庭难以自主生产，需要依靠外部市场供应。因而，我国乡村在一定范围内会有一个乡村集市的存在。美国学者施坚雅在《中国农村的市场和社会结构》一书中，对我国乡村市场的集期、市场地理位置结构以及变迁等做了详细的论述与分析。他特别强调"相对原始状态的交通条件"对我国乡村市场集期安排与地点选择的影响性。他认为："无论人们怎样解释传统市场的周期性，交通水平都是一个决定性的变量。正是'距离的摩擦力'既限制了商号的需求区域，又限制了一个市场的下属区域。"我国在18世纪以前，大部分乡村的人口相

---

①［德］斐迪南·滕尼斯：《共同体与社会——纯粹社会学的基本概念》，林荣远译，商务印书馆，1999年，第65、95页。

对稀少，因此如果实行每日一市的话，就会需要一定的人流量，需要扩大市场的辐射范围，而在原始的交通条件下，便会导致"边缘地带的村民无法在一天之内往返赶集"①。因此，乡村集市位置的设定需要考虑集市的辐射范围、交通条件及其所需路程。

在传统农耕社会时期，"集市"可以认为是封闭的乡村社区与外界沟通联系的重要渠道，也是补充乡村物资不足的重要渠道。由于乡村集市的存在，农户通过家庭生产与集市便能基本满足日常生产生活所需，无须再跋山涉水到更远的地方采购，进一步巩固了乡村社区的封闭性。乡村集市上时常会有外来小商贩运来一些相对新奇的物品，集市显然充当了传统乡村村民认知外面世界的重要桥梁。集市既满足了人们对外界市场的些许好奇，同时也进一步稳固了乡村社区的自我封闭性。

2. 封闭型乡村社区的现代价值

大山大河是天然的屏障，阻隔"村与村""村与城镇"之间的互动交流，促使封闭型乡村社区的形成。虽然这种"封闭性"在一定程度上阻碍了城乡间的经济贸易与文化往来，但这种封闭形态促使我国诸多传统文化得以保存下来。

正如"八山一水一分田"的福建省，以山区为主的生态环境特征，使得该省在传统文化保存方面有着天然的优势。正所谓"江南多丘陵，十里不同音，百里不同俗"。福建省是我国方言最为复杂的一个省份，也是民俗文化保有量非常丰富的一个省份。我国有七大方言，其中福建省便有其中的五种——闽语、客家语、赣语、吴语和官话。福建省方言的复杂性很大程度上缘于福建山区的地理阻隔，致使语言不被同化而保存了下来。福建省省域范围内虽有五大语系，但是每个语系在不同地区的发音又有所不同，甚至会出现相邻两个村庄的语言都不同的状况。例如，本书第一章所提到的朱坊村，该村与周边山脚下村庄的语言是一致的，但与东边三公里左右的山村在方言上就有着显著的不同。一般来说，相邻区域的语言会在社会发展进程中逐渐统一与融合，但此处"一山之隔，多种方言"的乡村社会

①［美］施坚雅：《中国农村的市场和社会结构》，史建云、徐秀丽译，中国社会科学出版社，1998年，第12—13页。

现象，真实体现了地理位置阻隔与文化保存之间的关系。而且这不只存在于语言保存方面，在民俗文化和民间技艺方面也是如此。

我国是一个民族文化和区域文化非常丰富的国度，在交通阻塞与沟通交流甚少的传统农耕社会时期，长期保持着民族生活习惯与民俗特色。正如云南、贵州是我国民族大省，民族种类与民族文化繁多，而这两个省同时也是山区省，大山是各个民族特色文化得以保存的天然屏障。如贵州当前保存相对完好的千户苗寨，在这聚居型的民族村寨中，最直观的是保存完好的建筑特色，其次则是他们充满特色的民族文化，包括手工技艺文化、饮食文化、服装文化、节日文化等。这些文化在相对封闭的社区环境中，得以世代传承与延续。

而今，在交通日渐便利与沟通日渐频繁的发展背景下，许多民族文化的现代性、同质性特征日渐凸显。随着乡村道路交通的逐渐完善，人们外出的时间成本和人力成本大大降低。乡村道路修建与交通设施完善，架起了乡村与外面世界之间的沟通桥梁。与此同时，大量乡村人口涌向城镇地区，既打破了数千年来传统乡村自给自足的小农经济模式，也促使乡村传统文化与思想观念的变迁。传统乡村社区在乡村道路建设中，实现了从"封闭型"向"开放型"的转变。

二、现代乡村道路与开放型社区

而今，与世隔绝的乡村社区已经极其罕见，我国乡村贸易市场也已随着电商平台扩展到全国，甚至全世界。21世纪以来，我国乡村道路在"村村通"工程建设中，逐渐从"泥水路"建设成为"水泥路"。我国乡村道路已经基本实现了硬化，水泥路与沥青路成为乡村道路的主要类型。原先汽车飞驰而过留下漫天尘土飞扬的景象已经不在，乡村社区更加的干净整洁。便利的交通条件，促进乡村社区不断扩大对外互动交流的范围。原本囿于一定范围内的经济贸易，逐渐向外扩张，村民们的生产、生活以及市场贸易等都发生了翻天覆地的变化。这一阶段的乡村建设还伴随着新农村建设、美丽乡村建设及乡村振兴等工程实施，乡村道路两边的路灯、景观绿化等基础设施也逐渐完善起来。

近代以来，自行车是我国乡村最早出现的现代化交通工具，从20世纪六七十年代开始在乡村中逐渐普及。计划经济时期，自行车是紧俏物品，不仅价格昂贵，而且还需凭票购买，是一件稀罕物。自行车曾被列为结婚三大件（缝纫机、手表、自行车）之一，凤凰、永久、飞鸽等品牌的自行车在当时几乎是家喻户晓。在乡村道路逐渐疏通与拓宽之后，摩托车、小汽车等自动化交通工具才相继出现。

在农业运输工具方面，传统农业生产主要依靠人力、木板车或牲口。由于田埂非常窄，仅够人步行，因此传统农耕时期农业运输主要是靠肩挑。改革开放以后，拖拉机逐渐在乡村出现，改变了乡村繁重的运输主要依靠人力的状况。不仅如此，近年来在国家大力推动乡村基础设施建设与促进农民发展农业积极性的进程中，我国大部分乡村的机耕道也实现了道路硬化，极大改善了乡村农业交通运输状况。

1. 乡村道路与商贾贸易：要致富，先修路

古时，我国有"茶马古道""丝绸之路"等经济贸易之路，有"车马""步辇""舟船"等交通工具，也有"驿站""邮驿""信使"等服务设施。自秦汉以来，我国的水陆交通密布，秦始皇不仅统一了六国，还统一了货币度量衡、车轨大小以及文字，促使各地之间能够顺利地贸易往来。《史记·秦始皇本纪》中便有记载："一法度衡石丈尺，车同轨，书同文字。"其中"车同轨"便是解决当时交通杂乱的关键。在此之前，各地马车的车辙宽度不一。土路在车马长期碾压下，会形成两条与马车车辙宽度相同的硬地车道，若马车车辙宽度不一，则压出的车道宽度不一，从而造成一个地方的马车难以在另一个地方的车道上行驶的困境。故而秦始皇下令统一车马的车辙，统一为"驰道宽五十步，车轨宽六尺"的规格。车辙同宽为各地商贾贸易互通往来创造了便利的条件，也为文化间的相互融合创造了可能性。

常言道"要致富，先修路"，道路是促进区域间经济贸易的基础条件。正如我国古代《愚公移山》的寓言典故，开篇说道："太行、王屋二山，方七百里，高万仞，本在冀州之南，河阳之北。北山愚公者，年且九十，面山而居。惩山北之塞，出入之迂也。"愚公已 90 岁，却依然坚持组织村民们花费大量劳力、物力和财力去移山修路，其目的是解决村民长期面临"出入之迂"的交通闭塞问题。这一现象不仅仅存在于这一寓言之中，它是我们国家许多偏远山村的映射。如"感动中国 2020 年度人物"中的毛相林，他可谓是现代版的"愚公"。他所在的重庆市巫山县下庄村地处偏远山村，村庄四周高山绝壁围合在一起。以前村民出村必须要翻山越岭，时有村民丧生于途中。高山绝壁的阻隔，不仅阻碍了村民外出往来贸易的道路，也阻碍了村里青年人与外村之间的联姻。要改善这一现状，就必须先修路。1997年，时任村主任的毛相林带领村民们捐钱筹款，并开始在悬崖绝壁上凿石修道。在村民的共同努力与外界的援助下，历时七年终于贯通八公里的出村道路。道路的畅通，解决了村民与村外之间的往来问题，也促进了乡村整体经济的发展与脱贫致富。

从古代的"丝绸之路"到而今的"一带一路"，"道路"的修建和探索都是促进商贾贸易、相互交流的必要条件。"丝绸之路"是商人们一步一个脚印走出来的，不仅创造了财富，更创造了不同文明间的相互交流。而今，我国重走"丝绸之路"，"一带一路"促进中国与其他国家深度融合发展，促进国与国之间互利共赢。虽然今时的"道路"已不同于往日的"道路"。旧时的"道路"是指人们真实踩在脚下的道路，而今随着海陆空交通设施以及通信设施的不断完善，"道路"的类型更加多样化。无论何种"道路"，其本质上都是促进人与人之间、区域或国家之间开放与交流的重要渠道。

乡村道路是促进乡村社区内部与外界沟通交流的重要渠道。乡村道路的阻隔，会导致乡村与城镇之间形成一种"商品出不去，利润进不来"的发展困境。因此要促进乡村经济的发展，道路修建是关键。

2. "村村通"工程："泥水路"与"水泥路"

21世纪初，我国开始全面推行"村村通"工程，包括路、电、水、网等四项工程。这一工程也被称为"五年千亿元"工程，是我国一项投资浩大的民生工程。这项工程是以国家和省政府出资、地方政府配套的方式进行的，专项资金用于乡村道路交通基础设施建设。从本书团队近年来在全国22个省份的乡村调研来看，我国基本上已经实现乡村道路"村村通"。据调研结果来看，我国也已经基本实现了偏远山区的村庄道路硬化。不仅如此，近几年随着国家对乡村农业的大力发展和优先支持，为完善农业基础设施建设和提高农业生产积极性，部分地区还修建了机耕道并对其进行了硬化，大部分地区基本实现了"村村通""路路通"。

下面将通过我国近两次农业普查中关于乡村交通设施的数据对我国乡村交通建设进行分析。第一个表格是我国在 2006 年开展的全国第二次农业普查所获数据，第二个表为时隔 10 年后于 2016 年开展的全国第三次农业普查所获数据。由于第一次农业普查所显示的数据中没有关于乡村交通设施的数据，因此本书此处仅结合第二次和第三次农业普查关于乡村交通设施的数据进行分析。

表 4-3　2006 年全国有交通设施和完成电网改造的乡镇比重

单位：%

名称	有火车站的乡镇	有码头的乡镇	有二级公路通过的乡镇	离一级公路或高速公路出口的距离小于 50 公里的乡镇	能在 1 小时内到达县政府的乡镇	完成农村电网改造的乡镇
合计	9.6	8.9	46.2	61.3	78.1	82.3
一、按乡镇类型分						
乡	3.7	4.7	28.8	48.3	66.2	74.5
镇	14.3	12.3	59.9	71.7	87.5	88.6
二、按是否县政府驻地的乡镇分						
是	27.0	13.9	71.0	63.9	97.7	89.2
否	8.6	8.6	44.7	61.2	76.9	81.9
三、按地势分						
平原	11.3	10.8	65.0	84.3	95.6	96.3
丘陵	11.7	12.2	53.0	73.5	87.0	87.4
山区	6.8	5.0	27.2	35.1	58.5	68.4

（续表）

名称	有火车站的乡镇	有码头的乡镇	有二级公路通过的乡镇	离一级公路或高速公路出口的距离小于50公里的乡镇	能在1小时内到达县政府的乡镇	完成农村电网改造的乡镇
四、按是否民族乡镇分						
是	5.4	3.7	27.7	37.2	61.2	64.0
否	10.0	9.4	47.9	63.6	79.7	84.1
五、按是否边区乡镇分						
是	5.4	6.7	27.9	34.3	55.6	63.6
否	9.9	9.1	47.3	63.0	79.5	83.5
六、按是否老区乡镇分						
是	6.7	9.3	44.3	55.1	74.9	83.9
否	10.5	8.8	46.7	63.2	79.1	81.9

表格来源：《中国第二次全国农业普查资料汇编（农村卷）》，"表1-1-6　全国有交通设施和完成电网改造的乡镇比重"。

从 2006 年全国第二次农业普查数据显示来看，该次普查限于对乡镇交通设施的考察，而没有细化到村。但是所获数据可以呈现出几个方面的信息：一是我国乡与镇在交通设施与电网改造等公共设施建设方面存在显著的差距，并且县政府驻地的乡镇交通设施及电网改造明显要比其他非县政府驻地的乡镇更加完善；二是我国交通设施与电网改造的建设完善度在平原、丘陵和山区这三个地势中呈现出依次递减的形势；三是我国民族乡镇、边区乡镇以及老区乡镇在交通设施与电网改造方面皆滞后于我国的非民族乡镇、非边区乡镇以及非老区乡镇。因此，总体上可以认为，我国在 21 世纪之初，乡镇地区的基础服务设施呈现出显著的区域性发展不平衡的特征。

表 4-4　2016 年乡镇、村交通设施

单位:%

指标	全国	东部地区	中部地区	西部地区	东北地区
有火车站的乡镇	8.6	7.6	8.3	7.7	18.0
有码头的乡镇	7.7	10.0	8.5	6.7	3.3
有高速公路出入口的乡镇	21.5	28.9	22.6	17.0	19.9
通公路的村	99.3	99.9	99.5	98.3	99.7
按通村主要道路路面类型分的村					
水泥路面	76.4	76.4	86.1	70.2	59.3
柏油路面	20.2	22.2	12.3	22.5	35.1
砂石路面	2.3	0.6	1.0	5.3	3.5
按村内主要道路路面类型分的村					
水泥路面	80.9	84.0	89.7	72.7	60.0
柏油路面	8.6	11.1	3.4	9.0	15.9
砂石路面	6.7	2.4	4.7	11.7	18.9
村内主要道路有路灯的村	61.9	85.9	59.8	35.5	54.1
村委会到最远自然村或居民定居点距离					
5公里以内	90.8	97.1	93.0	80.7	90.9
6—10公里	6.6	2.3	5.5	13.0	7.1
11—20公里	2.0	0.5	1.3	4.6	1.6
20公里以上	0.6	0.1	0.2	1.7	0.4

表格来源:国家统计局网站,《第三次农业普查全国和省级主要指标汇总数据》
"表 3-1　乡镇、村交通设施",第 10 页。

从 2016 年全国第三次农业普查中关于乡村交通设施的数据显示来看，我国乡、镇、村在 2006 年至 2016 年这 10 年的发展中，乡村道路及其基础设施的建设已经基本完成。下文将对上表中乡村道路类型分布、主要道路路面类型、村内道路路面类型以及村委会到最远自然村或居民定居点距离这几个方面的数据，进行具体分析。

一是从"乡镇拥有火车站、码头和高速公路出入口"的数据来看，与 2006 年的普查数据相比，2016 年我国拥有火车站、码头的乡镇百分比皆有所下降。全国乡镇拥有火车站的比率从 2006 年的 9.6％下降至 8.6％，拥有码头的乡镇从 2006 年的 8.9％下降至 7.7％，并且我国各个区域的数值也都有所下降。2006 年全国"离一级公路或高速公路出口的距离小于 50 公里的乡镇"所占比例是 61.3％。单从 50 公里的里程来看，除了在少数地广人稀的西部地区，我国大部分乡镇到县城的里程基本上不会超过 50 公里。2016 年以"有高速公路出入口的乡镇"为限定的普查数据为 21.5％，虽然低于 2006 年相关数据的 61.3％，但是 2016 年的数据更具体且更具有代表性。综合上述三个方面的交通数据在这 10 年间的变化，总体上传统交通方式正逐渐弱化，现代化的交通要道正逐步完善起来。

若从 2016 年的某一项数据的地区分布来看，可以发现地区间呈现出显著差异性。如我国东北地区有火车站的乡镇比例明显比其他地区高。东北地区由于矿产资源比较丰富，其铁路系统在民国时期就已经很发达了，铁路的修建促进了当时东北地区的整体经济发展。而今，在动车站大规模建设时期，东南沿海地区的动车站已经密布到县域范围内，人们出行十分便捷。据本书团队在东北地区调研时所观察到的，虽然东北地区的铁路网络依旧发达，但整体基础设施陈旧，动车、高铁等快速列车发展远滞后于我国东部沿海地区。本书团队 2015 年至 2016 年在东北三省调研期间，仍需乘坐绿皮火车出行。

二是从"通公路的村"这项数据来看，我国乡村公路建设已经基本完成，全国乡村平均通公路率为 99.3％，西部地区在公路建设方面会相对较弱一些。据本书团队在我国东部、中部与西部地区实地调研发现，我国乡村确实已经基本实现了道路硬化，即使是偏远的自然村和一些已经或即将成为"空心村"的乡村也基本上实现了道路修建和道路硬化。目前，我国还有 0.7％的乡村尚未通公路，主要是集中在一些偏远山村或西部一些生态环境恶劣、道路修建极具挑战的偏远自然村。比如，本书团队 2017 年在甘肃省实地调研期间去过的一个偏远山村，由于进村公路很长、整体生态环境恶劣，因而道路尚未被修建与硬化。在与地方公职人员访谈期间了解到，该村的进村道路修建需要投入大量的人力与财力，一年内也将实现硬化。

三是从"通村主要道路路面类型"的数据来看，其中水泥路面占比为 76.4％，柏油路面占比为 20.2％，砂石路面占比为 2.3％，道路硬化率达 96.6％。也就是说，我国已经通村的乡村道路基本实现了道路硬化。从不同地区的道路硬化情况来看，我国东部、中部地区的乡村道路硬化率已达 98％以上，东北地区乡村道路硬化率为 94.4％，西部地区的乡村道路硬化率最低，为 92.7％。可见，我国西部地区及东北地区在道路硬化方面仍有努力的空间。

四是从"村内主要道路路面类型"的数据来看，我国大部分乡村也已经基本实现村内道路硬化，全国乡村村内道路硬化率为 89.5％。其中村内硬化以水泥路面为主，占 80.9％。但从地区分布来看，我国村内道路硬化地区间差异相对明显，东部地区为 95.1％、中部地区为 93.1％、西部地区为 81.7％、东北地区为 75.9％。东部与中部地区的村内道路基本实现硬化，而西部约有五分之一、东北地区约有四分之一的乡村村内道路未实现硬化。从村内主要道路路灯的安装情况来看，全国有 61.9％的村庄的主要道路已经安装路灯，差不多为全国乡村的五分之三。其中东部地区村内主要道路安装路灯率最高，达 85.9％，而西部地区、东北地区以及中部地区的村内主要道路安装路灯率依次为 35.5％、54.1％和 59.8％。可见我国虽然已经基本实现了道路硬化，但道路基础设施还未得到较好的完善。据笔者 2017 年之后在我国各地乡村所开展的实地调研来看，乡村道路的基础设施，如路灯、绿化及候车亭等正逐步建设与落实。

五是从"村委会到最远自然村或居民定居点距离"的数据来看，我国最远自然村或居民定居点到村委会的距离 5 公里以内的达 90.8％。村委会是连接村民和乡政府及以上政府组织之间的中间组织，具有上传下达的重要作用。2018 年，依照《乡村振兴战略规划（2018－2022 年）》中关于"大力推进村党组织书记通过法定程序担任村民委员会主任和集体经济组织、农民合作组织负责人，推行村'两委'班子成员交叉任职"的思想，我国部分地区的村级组织在新一任换届选举中开始落实村主任和村书记"一肩挑"的做法。回归到村委会与最远自然村或居民定居点之间的联结上，一般来说行政村的划分主要是按照区域范围来划定的，因此自然村与村委会之间的距离不会太远。但由于我国部分地区的村民聚居特征为"分散型"，尤其是在我国一些区域面积辽阔的地区，村民居住位置相对分散，而行政村和村级组织的形成又是由一定区域范围及其所在范围内的村民数量来决定的，因此导致一些分散型的乡村与村委会之间的距离较远的情况出现。从我国距离村委会"20公里以上"的最远自然村或居民定居点比例情况来看，东部和中部地区只占 0.1% 和 0.2%，东北地区占 0.4%，西部地区则占 1.7%。这也基本符合我国西部地区的地域分布特征。

从上述数据及本书团队实地调研观察来看，如今我国乡村已经基本实现了乡村通公路与道路硬化，告别了往日交通闭塞、尘土飞扬、雨后泥泞等原始交通困境。乡村道路建设打破了尘封已久的乡村原始生活状态，为乡村现代化与城镇化发展创造了基础条件。乡村大量人口外迁至城镇地区务工与生活，城乡间的互动交流在顺畅的交通条件下得以完成。乡村物质生活水平的提升既得益于乡村道路建设，同时又体现于乡村道路建设与基础设施的完善，最终共同促进乡村村容村貌的整体性提升。

第四章 乡村生态资源护治实践

习近平总书记在党的十八届三中全会上指出："山水林田湖草是一个生命共同体。人的命脉在田，田的命脉在水，水的命脉在山，山的命脉在土，土的命脉在树。""山水林田湖草"代表着自然界的各类生态系统，它们之间是相互联结、互为依存、休戚与共的生命共同体。十九大报告中，习近平总书记明确指出："人与自然是生命共同体，人类必须尊重自然、顺应自然、保护自然。"人类依附于自然界生存，是自然界的重要组成部分。人类的可持续生存，有赖于自然界的稳定性、完整性与可持续性。乡村作为我国生态资源集聚之地，生态资源保护与生态环境治理是促进乡村生态可持续发展与实现乡村生态振兴的关键基础。

人类在地球上生存，一方面要依赖于自然界的资源供给与适宜的环境，另一方面人类还发挥自身的主观能动性对生态资源进行利用与开发，使得人类能够更好、更多地获取生产生活资源。人类所具有的主观能动性使人类能够对自然环境与生态资源进行改造、开发与利用，这是人类区别于其他生物的关键特性。恩格斯认为，人与动物的本质区别在于"动物仅仅利用外部自然界，单纯地以自己的存在来使自然界改变；而人则通过他所作出的改变来使自然界为自己的目的服务，来支配自然界。这便是人同其他动物最后的本质的区别，而造成这一区别的还是劳动。"[①]

"生命共同体"理念，是习近平总书记对人与自然之间的关系总结。"整体性保护与系统性治理"是我国乡村生态资源保护与治理的核心思想。

---

① 《马克思恩格斯全集　第二十卷》，人民出版社，1971 年，第 518 页。

2018 年中央一号文件强调，乡村生态振兴实践需着力于统筹"山水林田湖草"各类生态系统的统一保护与修复，并建立健全各类生态系统的休养生息制度。因而在生态保护与生态治理实践中，必须要秉持系统性、整体性的护治理念。在乡村生态振兴实践中必须要构建起一套整体性、协调性、综合性的生态保护与治理体系，集生态保护、治理、恢复、开发及管护等功能为一体的生态可持续发展体系。

"整体性保护与系统性治理"的理念突出强调一种全局观的发展思想。与当前我国乡村振兴战略规划中所强调的整体性、全面性振兴理念保持一致。乡村全面振兴强调乡村在产业、组织、生态、文化与人才等五大方面的振兴。这五个方面看似相互独立，实则是相互关联的。如前文关于乡村社区内部生态环境的研究中，就将其与乡村生态文化、组织结构、经济收入结构等相关联。虽然本研究重点关注乡村生态维度上的振兴，但不能忽视生态与其他维度之间的关联性。如果片面强调生态的突出性地位，则可能建构出"强生态"却"弱其他"的局势，这与乡村振兴战略的初心和使命相违背。从现有的研究及实践来看，往往容易陷入片面性的困境。

以往的研究，往往容易将生态资源的生态效益与经济效益相互割裂，并置于对立面，并建构出"强生态弱经济"或"强经济弱生态"的研究或实践形态。如在关于生态建设与生态保护的研究及实践中，往往倾向于片面强调生态效益，而忽视经济效益对于农民生计的重要性，而形成"强生态弱经济"的发展态势。从广义层面来说，农、林、牧、渔等农业经济皆属于生态经济发展的范畴，并且农业经济产出效率有赖于"山水林田湖草"的生态可持续发展。片面追求"强生态"，在具体的实践中会直接或间接地影响乡村经济发展，是难以维系下去的。因此，在关于乡村生态保护与建设的政策规划中，必须要考虑这一进程中农民的经济损失与需求。如我国实施的"天保工程"与农民家庭柴薪之间的矛盾冲突，草原禁牧、休牧对牧民畜牧业经济发展的影响等等。

从农民自身的发展视角来看，农民既是促进生态资源转变为经济资本的实施者，亦是生态资源保护与治理的具体实践者。也就是说，农民群体的生态实践决定了生态效益与经济效益的倾向性，因而维系乡村经济效益与生态效益平衡的核心很大程度上取决于农民的生态意志。以农业经济作为生存经济的农民群体则更关注生态经济产出的高效性。乡村生态资源的可持续性是保障乡村生态经济高效且可持续产出的前提。以"山水林田湖草"等生态资源为基础的农耕经济，在整体性生态保护实践推进中难免影响到农业经济效益。因此，在生态保护实践中，往往容易造成"农民—政府/生态保护组织"之间关系的紧张，但若放任自由，将致使人与资源、环境之间的关系紧张。因此，在乡村生态振兴中，必须要寻求一条足以平衡各方利益且促进可持续发展的生态振兴之路。

第一节　生态资源保护：整体性保护

对乡村现有生态资源采取整体性保护是实现乡村生态振兴的首要任务。在生态资源保护实践中，需要着重平衡生态资源保护与农民农业经济发展之间的协调关系。如果仅单纯考虑生态资源保护而忽视生态资源原来承担的其他关键性功能，最终将会导致保护制度的失灵。因此，在刚性的生态保护制度之下，必须要探究出"生态资源保护＋"的灵活且多元实践路径，才能最终实现乡村生态资源的可持续保护。

一、生态制度紧缩：加强保护与严控开发

生态资源保护力度与开发利用空间之间往往呈现出成反比的发展态势，即国家或地方政府对生态保护力度加大将导致生态开发利用空间的缩小，反之亦然。在生态文明建设进程中，我国生态保护力度始终处于制度紧缩的状态，也就意味着我国生态资源的开发利用在一定程度上受到限制，甚至禁止。如 21 世纪以来实施的天然林保护工程，明确对天然林实施全面禁伐，以及十八大报告将生态文明建设纳入我国"五位一体"总布局以来，全国森林资源砍伐指标不断紧缩。反之，生态保护力度减弱将可能导致一系列经济利益驱使下的破坏生态环境行为的出现，如猎杀珍稀保护动物、砍伐珍贵树种、毁林开荒、过度放牧等。

新中国成立以来，党和国家在生态环境保护力度方面呈现出显著的持续加压的态势。但囿于新中国成立初期，我国物资极度匮乏、人民温饱问题得不到解决，因而经济建设与提高人民物质生活水平在当时是更为紧迫的任务。因此，在新中国成立初期的工业化发展实践中，我国也曾经历过

一段"先发展，后治理"的粗放式发展阶段。1998 年，在长江、嫩江、松花江等江河流域地区发生的特大洪灾，促使我国对长期以来以提升生产力与经济效益为目标的农业与工业发展进行反思，并由此更加明确生态环境保护的基础性地位。

2012 年 12 月，习近平在广东考察工作时就指出，我们在生态环境方面欠账太多了，如果不从现在起就把这项工作紧紧抓起来，将来付出的代价会更大。2013 年 5 月 24 日习近平在十八届中央政治局第六次集体学习时指出："生态红线的观念一定要牢固树立起来。我们的生态环境问题已经到了很严重的程度，非采取最严厉的措施不可，不然不仅生态环境恶化的总态势很难从根本上得到扭转，而且我们设想的其他生态环境发展目标也难以实现。"2015 年 5 月，我国环境保护部印发了《生态保护红线划定技术指南》，明确我国生态保护红线的概念、特征及其划定等相关信息。同年 11 月，我国环境保护部与中国科学院联合印发了《全国生态功能区划（修编版）》，明确我国各类生态功能区的区划方案、类型及功能等。这几份文件，从宏观层面绘制出我国生态保护的整体架构。

十八大以来，我国生态环境保护制度逐步完善，生态资源的开发利用也受到限制，如对森林采伐指标的严格管控。本书团队近年来在全国十余省份的林业调研中发现，各地皆反映了一个共同现象，即十八大以来就很少砍树，部分地区甚至反映每年砍伐指标有剩余。该现象的发生一方面缘于地方政府对森林砍伐门槛的提高及砍伐指标的紧缩；另一方面则缘于传统以"砍树致富"为理念的林业经济向更多元化的林业生态经济转变，进而促使林木砍伐需求降低。

以福建省林业采伐指标为例。2014 年福建省林业厅发布的《福建省林业厅关于森林采伐管理有关问题的通知》，相比较 2002 年发布的《福建省森林采伐管理办法》，就可直观地呈现出福建省对林木采伐管控更加严格的趋势。具体表现在几个方面：一是延长用材林采伐的年限，将人工集约杉木林采伐年限调整为 26 年以上，人工集约马尾松林采伐年限调整为 31 年以上，天然马尾松林采伐年限为 31 年以上，速生阔叶树采伐年限为 16 年以上，慢生阔叶树采伐年限为 41 年以上；二是商品林主张"择伐为主"，对"三线林"（铁路两侧 100 米以内、公路两侧 50 米以内、大江大河干流 150

米以内）范围内的重点区位商品成熟林可实行低于40％的择伐，人工针叶林和桉树成熟林也可以实行面积不超过45亩的小块状或带状皆伐；三是禁止天然林采伐，可以适度发展天然林的林下经济，对征占的生态林实行"占一补一"。2016年福建省发布了《福建省林业厅关于加强和规范"十三五"期间森林采伐管理的通知》，该通知对用材林的采伐年限和天然林禁伐等规定没有变化，针对商品林的经营利用增加了一条"允许皆伐改造提升"的规定。该规定针对"重点三线林"以外个私所有的成熟林进行规定：只要林地所有者承诺林子在主伐以后不栽种桉树等速生林，而是栽种阔叶树或混交林，且根据规定逐步纳入生态公益林的范畴，则可以适当放宽皆伐单片面积的限制。适当放宽皆伐单片面积限制规定为：坡度5度以下，不大于300亩；坡度6～30度的，不大于150亩；坡度31～35度的，不大于75亩。

本书团队在福建省多个县市区调研中发现，生态资源保护力度加强与采伐制度紧缩在各地区皆为共性特征。新的森林采伐管理条例实施后，由于砍伐条件的提高，出现了部分地区近几年都不砍树及林业工作人员所说的"采伐额度基本用不完"等现象。然而，本书团队在与林农的访谈中了解到，大部分林农皆有采伐需求，但由于采伐政策变了，并且部分地方政府为响应国家生态文明建设的任务而严控采伐，甚至不予以办理采伐证，导致许多林农的商品林无法在合适的年限内被采伐。还有部分林农的商品林因区位问题被划入重点区位商品林，直接被纳入公益林补偿范畴而无法采伐。

国家与地方政府对林地采伐的政策性紧缩，对于我国乡村生态资源保护与实现乡村生态振兴具有重要贡献。但生态资源开发利用的制度紧缩也将引发许多新矛盾的产生。其一，采伐年限的延长将原本就很长的林产业周期变得更长。对于部分以林业经济为支柱产业的山区村而言，无疑使其陷入更加困难的处境之中。其二，延长采伐年限意味着时间成本与经济成本的增加。林业经营主体所经营的规模化林地基本上是从分散的农民手中流转过来的，延长采伐年限将会导致林农不得不延长承包期限从而增加租金成本。其三，将导致林产业经营的风险系数更大。地方政府延长林木采伐年限的内在原因在于迎合国家对生态资源保护的政策指向，在现实中存在许多商品林因所处区位问题而无法采伐，导致林业经营主体面临巨大的经济损失。林农在流转租金、植树造林、三年抚育及后期培育等过程中投入大量资金成本，制度变动将导致林农收益的不确定性与不稳定性。

二、制度倒逼与产业转型：不砍树也致富

十八大以来，我国进入以生态文明社会为建设目标的发展阶段。生态制度紧缩的现实背景是党和国家对生态资源保护事业的高度重视。乡村生态资源利用与开发的制度紧缩，对于调整传统的"砍树致富"的生态经营理念向新时代"不砍树也致富"的新型生态经营理念转变，具有重要作用。

森林资源在生态资源体系中处于核心位置，在日渐紧缩的制度倒逼下正逐渐开始其产业转型之旅。众所周知，我国传统乡村林业经济表现为"种树—砍树—卖树"的经营思路。从林农经济效益层面考虑，传统林业发展模式呈现出前期投入大、周期长、风险大等特点，并且在漫长的林木生长期间，受通货膨胀、货币贬值、用工成本抬高等因素的影响，林业经济最终的收益显然并不理想。近年来，我国林业市场价格不错，这很大程度缘于地方政府对林木采伐量的控制而促使市场供求结构关系发生变化。

制度是引领经济发展的风向标。制度层面的紧缩，必然要影响该领域经济的发展。以我国福建省沙县的林业产业转型为例。沙县林权制度改革的步伐一直以来都走在我国前沿。众所周知，沙县的"沙县小吃"产业遍布全国各地，甚至延伸至国外。沙县小吃是沙县的支柱型产业，全区有大量人口外出经营沙县小吃。而人口的大量外流是沙县林权制度改革的现实背景。

21世纪以来，沙县一共历经了三次林改。第一次是在2005年，部分村集体开始将村里的集体林地按当时的人口数均分到户。但由于分到户的林地面积较小，且村民大部分外出经营沙县小吃或务工，因此村民或将林地流转给他人，或将林子直接一砍了之使其处于抛荒状态。第二次林改是在2011年，基于上次林改所产生的大量问题，地方政府开始尝试通过将分到户的林地由村集体统一收回，创办集体林场。但由于传统林业经济具有投资大、周期长和见效慢等特点，因而村民们对于组建集体林场的积极性并不高，造成此次林改遭遇瓶颈。

第三次林改，源起于2014年沙县被农业部等13个部委列入集体林权制度改革试验区。这是继我国在2008年提出集体林权制度改革之后开启的集体林权制度深化改革实践的试点。这一次林改，沙县以"资源变资本，资本化资金，资金强资源"的"三资"转变为发展思路，促进林业向"公司化、合作化、股份化、家庭化"的改革方向前进。深化改革的目的是让林农得到更多的改革红利，较好地解决了林业生产周期长、见效慢的难题，促进林业经济稳定、持续、健康发展。

在具体实践层面，主要是对前期组建的集体林场进行股份制改造，实施公司化运作，促进"资产—资本—资金"的"三资"转变。林业股份公司主要由村委引导村民组建而成，村民以林地经营权入股成为股东。公司分红按人口进行均分，享受分红的村民随每年人口自然变化而发生变动，体现了集体林地属于全体村民所有的公平公正原则。在地方政府的引导与支持下，改制后的林业股份公司可以依法领取林地经营权证，并向银行进行林权抵押贷款，由此可以解决公司前期运作的资金问题。

集体林权制度深化改革实践是为探索出一条更符合社会实际、人民利益与社会需求的林地经营制度与实践模式。从社会实际层面来看，乡村人口大量外流导致劳动力缺失与土地抛荒的农业经营困境，已然成为普遍现象。在这一现实背景下，要避免土地大规模抛荒，保障国家生态安全战略与国家粮食安全战略，则必须要立足于新形势实际背景下的制度改革。在新的时代背景下，土地规模化与集约化经营是时势所致与大势所趋。

2014 年年底至 2016 年期间，沙县建立新型经营主体林业公司 9 个、股份林场 9 个、林业专业合作社 76 个、家庭林场 121 个、托管合作社 26 个，促进了林业公司化、合作化、股份化、家庭化的"四化改革"。如沙县富口镇 38 家林业经济合作组织经营林地面积 4.3 万亩，占全镇商品用材林面积的 47%。其中省级示范社金楠专业合作社已承接 25 户林业托管业务，每户年可分红 3000 元。

土地规模化经营也意味着土地资源需要从小户流转给大户。正如前文所言，林地经营的周期性很长，林地规模化经营就需要具备长期稳定的土地产权制度。十九大报告中明确提出："巩固和完善农村基本经营制度，深化农村土地制度改革，完善承包地'三权'分置制度。保持土地承包关系稳定并长久不变，第二轮土地承包到期后再延长三十年。"这为我国乡村在生态资源保护的基础上探索林业"三权分置"下的"落实所有权、稳定承包权、放活经营权"提供根本性的制度保障。

沙县在林权制度深化改革试点实践中，通过开展林地经营权流转登记，赋予林地实际经营人在权属证明、林权抵押、林权登记等方面的权益，促进林地由分散经营向经营能手集中，便于规模经营。2016 年沙县发放林地经营权证 68 宗 9244 亩。如富口镇吉瑞家庭林场从林权抵押获得 30 万元贴息贷款用于发展林业，在林业种植基础上，拓展生态休闲农业，种植果树苗木 1500 株，养殖蛋鸡 1.2 万只，养殖各类鱼 10 万余尾，年产值 520 万元。林地经营权证的颁发，是落实林业"三权分置"改革的重点，也是解决新型林业经营主体在林地流转后难以进行产权抵押贷款的主要办法。

在生态开发制度紧缩的背景下，如何推进生态资源资本运作，实现"不砍树也致富"的目标是关键。沙县在探究森林资源"三资"转变的实践中，通过引导林农发展壮大林业产业和建立新型林业投融资体系，来盘活森林资源。一是创新林业金融产品，在林权贷款的基础上，拓展花卉、苗木、竹林、经济林及林下经济产品等多元化产业发展，并开发林产品电子仓单质押、存货质押等新产品。二是推进林权登记、评估、收储、交易、融资等"五位一体"的林业资源交易平台，与全市、全省、全国资源交易平台对接，使沙县林业经济步入电子商务化运营阶段，推进林产品流通市场信息畅通、规范、高效。三是实行森林保险制度，对商品林、生态公益林以及未成林造林地上的树木实施森林综合保险，每亩保费 1.25 元，每亩保险金额为 600 元。在保险期内，若发生森林火灾、山体滑坡、泥石流等自然灾害，造成的损失由保险公司负责赔偿。

发展林下经济是实现"不砍树也致富"目标的一条主要路径。由于林业生产周期长，在林木未成材期间，积极探索开发林下经济新品种、新模式可解决林业前期"只投无收"的困境。林下套种经济作物，既可以充分利用林下的土地，又可以改善林下土壤肥力并促进林木生长，实现长短结合及以短养长。沙县富口镇依托林业公司，打造林下种植细叶青蒌藤苗木精准扶贫创业基地，采取"公司＋基地＋贫困户"的模式进行经营。其中，山地与苗木由林业公司免费提供，贫困户承担种植与后期管理，双方签订购销合同，实行保护价订单收购。在此基础上，组建了一支由 30 多位贫困户组成的富民劳务服务队，牵线其他缺工的苗木公司、家庭林场等，带动地方贫困户脱贫致富。2016 年，该镇已建成 500 亩细叶青蒌藤苗木创业基地，每亩种植收益 460 元，为每户贫困户年创收 1.3 万元。富民劳务服务队已完成劳务输出 800 多人次，创造劳务收入 6.4 万元。

三、制度完善与创新：生态补偿与林权收储

我国林地从功能层面来划分，可分为以生态效益为主的生态公益林和以经济效益为主的商品林。生态公益林，顾名思义，是发挥生态服务功能并具有一定公益性质的林地。生态公益林制度是我国乡村生态资源保护的核心制度，是将我国部分森林资源纳入保护的范畴，通过限制砍伐或禁止采伐的方式来达到资源保护的目的。

森林生态资源担负着两项重要功能。一是作为"有形商品"承载着乡村林业经济发展，尤其对"靠山吃山"的山区村而言，林业经济在传统乡村农业经济中是作为支柱型经济而存在的。正如前文所言，传统林业经济为"种树—砍树—卖树"的经营模式，林木作为有形产品在市场上进行交易与流通。然而在生态保护制度下，林木被限制或禁止砍伐，导致林农经济遭受损失。二是作为"无形产品"承载着乡村及其周边地区的生态服务质量，包含空气、水源、农产品供给、地质安全等一系列无形产品的供给。乡村生态资源作为一项无形产品为林地所在村庄及其周边地区提供生态服务，通过直接或间接的方式影响着周边地区居民的生态生活质量。这也就意味着，乡村生态资源既担负着乡村社区内部的经济发展，也承担着村庄及其周边地区的生态服务。

以保护乡村生态资源为目的而将林地资源纳入生态公益林实施范畴，意味着林地功能性质的转变，即从"经济林"向"生态林"转变。这一转变也意味着林农需要牺牲原属于私人所有的经济效益，转而服务周边所有人的生态效益。从近年来我国生态公益林的发展进程来看，越来越多的林地被纳入国家级或地方级的生态公益林。从我国在 1949 年至 2008 年期间所做的七次森林清查数据来看，其中：第五次清查期间（1994—1998），数据显示生态公益林面积为 29352.7 千公顷，占全国森林比例的 22.72%；第六次清查期间（1999—2003），数据显示生态公益林面积为 61126.5 千公顷，占全国森林比例的 42.81%；第七次清查期间（2004—2008），数据显示生

态公益林面积为 93768.2 千公顷，占全国森林比例的 60.27%。[①]

在我国《森林法实施条例》第八条中明确规定"省、自治区、直辖市行政区域内的重点防护林和特种用途林的面积，不得少于本行政区域森林总面积的 30%"。福建省是我国森林覆盖率最高的省份，其现有生态公益林面积占全省森林面积的比例约为 33%。[②] 本书团队在内蒙古达拉特旗开展实地调研时了解到，该旗林业用地面积 625.2 万亩，集体林地面积 452.7 万亩，全旗森林覆盖率为 28.6%。集体林地中有林面积 267.7 万亩，其中公益林为 254.3 万亩，占集体林地的 95%。达拉特旗的生态环境显然比福建省更为恶劣，旗内土地沙漠化严重，因而在保护现有生态资源方面也更为严格。

对乡村现有生态资源进行保护是必然的，而如何平衡林农或林业经营主体在这一进程中的个体经济损失与全体生态获得之间的矛盾，是乡村生态振兴实践中所必须要面对的问题。目前我国主要有两个方面的措施：一是对在生态保护中做出牺牲与贡献者给予一定的经济补偿，并探索多元化生态保护补偿机制；二是针对部分在生态保护中因商品林被纳入保护范畴而损失巨大的林业经营主体，实施林权赎买制度。

生态保护补偿制度是一项对在生态资源保护中做出牺牲或贡献的个人或组织给予一定费用的补偿制度。陈钦认为，生态保护补偿制度的出发点就是补偿生态资源所有者或单位在生态资源保护中所产生的经济损失或其他机会成本，以激励生态资源持续且正向地提供生态服务。[③] 目前我国生态保护补偿制度逐渐从森林向草原、水源地、湿地等多个领域进行发展与完善。如宁夏在 2017 年印发的《关于建立生态保护补偿机制推进自治区空间规划实施的指导意见》中就明确要建立起森林保护补偿制度、草原保护补偿制度、湿地保护补偿制度、荒漠保护补偿制度、水源地保护补偿制度以及探索建立耕地保护补偿制度、开展流域上下游横向生态保护补偿试点等七个领域中的生态保护补偿制度。宁夏多领域的生态保护补偿制度建构，涵盖了"山水林田湖草"等领域补偿机制的建立与探索，对于实现我国生

---

①张颖、金笙等：《生态公益林补偿》，中国林业出版社，2013 年，第 7 页。

②福建省林业局：《〈福建省生态公益林区划界定和调整办法〉解读》，福建省林业局官网，2020 年 2 月 14 日，http://lyt.fujian.gov.cn/zwgk/zcjd/bmzcwj/202002/t20200217_5196989.htm，2020 年 12 月 23 日查阅。

③陈钦：《公益林生态补偿研究》，中国林业出版社，2006 年，第 1 页。

态资源整体性保护具有重要意义。

生态保护补偿也被称为"生态系统服务付费"（PES），是对愿意提供具有外部性或公共物品属性的生态系统服务提供者的激励机制。[1] 经济合作与发展组织（OECD）提出了两个补偿原则，即"谁保护，谁受益"（PGP）原则与"谁受益，谁补偿"（BPP）原则。PGP 原则强调给予生态资源保护者补偿，BPP 原则强调生态受益者支付补偿费用。在具体实践中，生态资源保护者容易被确定，而生态受益者则难以被界定完全。因此，PGP 原则相比较 BPP 原则更易展开且更具可行性。

生态效益具有很强的外部性特征，通过提供清新的空气、优质的水源、安全稳定的地质环境等诸多无形产品，将生态服务辐射至周边地区。但辐射的具体范围则难以被清晰地界定。比如，某个乡村社区场域内有一片原始森林，这片森林具有极佳的生态效益。从森林产权层面来看，这片原始森林的所有权属于村集体。然而，在天然林保护工程的制度约束下，这片原始森林被禁止采伐，也就限制了这片森林的经济开发与利用。从生态服务供给方面，这片森林为本村村民及周边村镇的良好生态生活质量贡献了力量。如这片森林为其附近居民提供了清新的空气，或作为生态屏障阻隔了相邻生态环境恶劣地区的影响等。然而如何界定周边哪些居民享受到了这一良好的生态服务，是件困难的事。其界定成本或许高于"谁受益，谁补偿"中受益者所需支付的补偿资金。村庄附近可能不只有这一片森林，如何界定这片森林所提供生态服务的占比，亦是难题。因此，我国在林业生态保护补偿制度中主要采用"谁保护，谁受益"的原则，对在生态保护中的贡献者进行费用补偿，这实则是一项激励机制。

原始森林向周边居民提供一系列美好的生态服务属于"正外部性"服务，政府部门通过补偿机制来激励村民持续保护这片森林，以促进这片森林能持续为周边居民提供生态服务。但如果村民为获得经济收益而砍伐了这片林地，本村及周边村镇居民不仅将不再享受这片森林的正向生态服务，还有可能需要承担林地砍伐后的诸多负向事件，如水土流失与地质灾害、水资源质量下降、空气质量下降等。从共享生态正外部性服务，演变为共

---

[1] 柳荻、胡振通、靳乐山：《生态保护补偿的分析框架研究综述》，《生态学报》2018 年第 2 期。

享生态负外部性危机。在我国生态保护补偿制度中，生态产品已然成为一项公共产品，由国家和地方政府部门负担生态补偿费用。随着近年来我国生态公益林面积的不断扩大，财政资金的负担也随之增加，探究多元化的补偿机制成为当务之急。

我国林业生态保护补偿机制，于 2001 年开始试点，2004 年全面铺开实施。我国生态公益林主要分为国家级生态公益林与地方级生态公益林。截至 2014 年，国家生态公益林补偿费用调整了三次：2004 年补偿标准为每年 5 元/亩，2009 年补偿标准调整为每年 10 元/亩，2014 年补偿标准调整为每年 15 元/亩。从调整趋势来看，生态补偿标准呈阶段性提高的趋势。而从全国生态补偿费用来看，存在着区域间的费用差异现象。如浙江省、成都市等省份或地区的生态补偿费用显著高于其他省份或地区。成都市政府 2009 年发文决定，2010 年起将在国家财政对生态公益林 10 元/亩的补偿基础上，地方财政再增加 30 元/亩的费用补偿，生态补偿费用标准为 40 元/亩。2014 年成都市基于国家生态补偿费用的提高，将补偿费用提升至 45 元/亩。2019 年成都市又在已有的基础上增加 1 元/亩的补偿费用，国家生态公益林的补偿费用提升至 46 元/亩。浙江省在 2008 年的生态补偿标准就已经达到 15 元/亩，2017 年调整至 40 元/亩。[①] 这其中也反映出，生态补偿费用标准与区域经济发展水平之间存在关联性。

据统计，截至 2014 年我国共有 13.9 亿亩的国家级生态公益林获得费用补偿。自 2001 年开始试点至 2014 年期间，中央财政共支出 801 亿元的生态补偿资金。[②] 在这一制度的实践中，政府部门作为单一主体来承担生态补偿费用支出，导致财政资金压力过大。因此，我国在 2018 年年底发布了《建立市场化、多元化生态保护补偿机制行动计划》，试图将生态环境的正外部性与负外部性因素纳入市场发展机制中，将生态资源开发补偿、排污权、水权、碳排放、生态产业、绿色标识、绿色金融以及绿色利益分享机制等

---

① 浙江省林业厅：《浙江省省级以上公益林历年最低补偿标准》，浙江省林业局官网，2017 年 2 月 28 日，http://www.zjly.gov.cn/art/2017/2/28/art_1294332_5821935.html，2019 年 6 月 6 日查阅。

② 中华人民共和国环境保护部：《中央财政 13 年森林生态效益补偿超 800 亿近 14 亿亩公益林纳入补偿》，2014 年 11 月 2 日，http://www.zhb.gov.cn/xxgk/hjyw/201411/t20141120_291722.htm，2019 年 6 月 6 日查阅。

方面纳入生态保护补偿机制内，促进生态保护补偿的市场化与多元化发展。生态保护补偿的市场化与多元化是我国生态保护补偿领域接下来的发展大方向，一方面有助于缓解财政资金压力，另一方面也有助于进一步提高我国生态补偿标准。

林权收储机制是用于解决我国在林业资源保护实践中所产生的矛盾冲突而衍生出的一项制度。在生态公益林制度实践中，各地围绕中央指示精神开展实践。以福建省为例，2010 年福建省林业厅印发的《关于开展省级以上重点生态公益林区位图绘制工作的通知》中，就明确了福建省在划分国家级生态公益林区位与省级生态公益林区位方面的标准。具体信息如下。

福建省省级以上重点生态公益林区位

（一）国家级重点生态公益林区位

1. 江河源头。闽江（含金溪）源头，自源头起向上以分水岭为界，下延伸 20 公里、汇水区内江河两侧最大 20 公里以内的林地。

2. 一级支流源头。闽江（含金溪）流域面积在 10000 平方公里以上的一级支流源头，自源头起向上以分水岭为界，向下延伸 10 公里、汇水区内江河两侧最大 10 公里以内的林地。

3. 江河两岸。闽江干流及其河长在 300 公里，且流域面积 2000 平方公里以上的一级支流两岸，干堤以外 2 公里以内从林缘起，为平地的向外延伸 2 公里，为山地的向外延伸至第一重山脊的林地。

4. 森林和野生动物类型国家级自然保护区的林地。

5. 列入世界自然遗产名录的林地。

6. 库容 6 亿立方米以上的水库周围 2 公里以内从林缘起，为平地的向外延伸 2 公里、为山地的向外延伸至第一重山脊的林地。

7. 沿海防护林基干林带。

8. 红树林。

9. 台湾海峡西岸第一重山脊临海山体的林地。

（二）省级重点生态公益林区位

1. 江河、一级支流源头。敖江、汀江、九龙江、晋江、龙江、木兰溪、交溪河流，干流自源头起向上以分水岭为界，向下延伸 10 公里、汇水区内江河两侧最大 10 公里以内的林地；河长在 100 公里以上的一级支流（包含闽江的古田溪）自源头起向上以分水岭为界，向下延伸 5 公里、汇水区内江河两侧最大 5 公里以内的林地。

---

2. 江河两岸。敖江、汀江、九龙江、晋江、龙江、木兰溪、交溪干流及其河长在100公里以上的一级支流和闽江的古田溪两岸，干堤以外1公里以内从林缘起，为平地的向外延伸1公里、为山地的向外延伸至第一重山脊的林地。

3. 库容1亿立方米以上、6亿立方米以下的大型水库周围1公里以内从林缘起，为平地的向外延伸1公里、为山地的向外延伸至第一重山脊的林地。

4. 森林和野生动物类型省级自然保护区的林地。

5. 国防军事禁区内林地。

6. 除基干林带外的沿海防护林。

7. 国务院批准的自然与人文遗产地和具有特殊保护意义地区的森林、林木和林地。

8. 重要湿地。

9. 省政府批准划定的饮用水水源保护区的林地。

10. 省级以上森林公园的林地。

11. 国铁、国道、高速公路两旁100米以内从林缘起，为平地的向外延伸100米，为山地的向外延伸至第一重山脊的林地。

信息来源：福建省林业厅《关于开展省级以上重点生态公益林区位图绘制工作的通知》（闽林资〔2010〕5号）。

从上述福建省关于国家级和省级重点生态公益林区位的划分来看，其所涉及的面积非常广，尤其明确了要将河流、道路两边的林地纳入生态公益林保护范畴。河流与道路两边的林地往往因交通便利成为商品林经营的重点区域。也就意味着，如果按照上述标准来划分生态公益林区位，将有可能导致大量商品林被划为生态公益林。而生态公益林微薄的费用补偿，相比较林业经营主体在商品林经营中的巨大成本投入与最终经济效益，则犹如杯水车薪。因而这将导致大量林农或林业经营主体产生巨大的经济损失，并激化社会矛盾。为解决这一问题，必须进行制度的完善与创新。福建省逐渐探索出一条由政府对"重点区位商品林"进行林权赎买的林权收储机制。简单来讲，就是政府部门出资赎买那些因区位问题而被划为公益林的林地，既解决林业经营主体的经济损失问题，同时也促进这些区位的商品林稳定转变为生态林。

本书团队在 2015 年至 2016 年期间的广泛实地调研中，就有诸多林业经营主体向本书团队反映他们所面临的困境。如本书团队在安徽省泾县开展调研时，一位林业大户就向本书团队诉说了他的困境。

　　L. D. X. 在 2000 年购入 1000 多亩山场，成立了林业公司——泾县盈丰林业开发公司。该公司自 2000 年后，陆续在造林、培育林木及林木保护等方面投入了大量的资金，约 600 万元。然而该山场位于景区内，前期所造的商品林因地理位置原因被划入公益林保护范畴。地方政府明确规定重点区位的商品林要严格执行"禁止主伐，严控皆伐"的规定。这就导致该公司前期投入的大量林业资金难以通过砍树与卖树来收回成本与盈利，并直接导致该公司陷入瘫痪状态。不仅如此，公司前期投入的造林款是通过林权抵押贷款所获得的款项。银行在知晓制度变化与 L. D. X. 所经营的山场无法变现后，开始采取一系列控制措施。一方面银行要求该公司获得政府部门财政担保 30％，并支付 2％～3％的担保费，才可持续获得这笔贷款。另一方面银行通过降低 L. D. X. 信用度而限制其续贷。L. D. X. 深陷几百万巨额贷款的深渊之中。

　　上述案例真实展现了生态资源保护制度紧缩背景下生态保护与林农经济之间的矛盾与冲突。反映出政策"一刀切"所产生的大量社会矛盾。然而，从长远来看，乡村要建构起一套生态资源保护体系，则必然要经历这样的阶段。政策"一刀切"之后，需要不断通过制度完善与创新来弥补制度缺陷。

　　林权收储是一个新名词，是指经政府部门批准林权担保机构，依照核准程序和权限，通过流转、收购、赎买、征用或其他方式取得林权，通过储存或前期开发整理，向社会提供担保的行为。据本书团队 2016 年 2 月底在福建省三明市调研时了解到，2015 年三明市就开启了林权收储机制的探索，2016 年年初已成立 12 家的林权收储机构，包含 1 个市级混合所有制性质的林权收储有限公司，7 家民营性质的林权收储有限公司，4 家国有或国有控股性质的林权收储有限公司。

第二节　生态环境治理：系统性治理

新中国成立初期，我国生态环境问题已然凸显，生态环境治理的需求也日渐凸显。1991 年第七届全国人大第十八次会议上，时任水利部部长的杨振怀就指出：我国水土流失面积高达 150 多万平方公里，约占国土面积的 1/6。[①] 不仅如此，我国还是世界上土地荒漠化与沙化最严重的国家之一。土地荒漠化被称为"地球的癌症"，是人类所面临的最严重的生态环境问题之一。自 1994 年，每隔五年我国便对土地荒漠化与沙化进行监测。1994 年至 2014 年期间开展了五次监测，数据如下表所示。

表 5-1　我国五次土地荒漠化与沙化监测情况

时间	荒漠化土地面积（万平方公里）	年均增减情况（平方公里）	沙化土地面积（万平方公里）	年均增减情况（平方公里）
1994 年（第一次监测）	262.20	——	168.89	2460（扩展）
1999 年（第二次监测）	267.40	10400（扩展）	174.31	3436（扩展）
2004 年（第三次监测）	263.62	7585（缩减）	173.96	1283（缩减）
2009 年（第四次监测）	262.37	2491（缩减）	173.11	1717（缩减）
2014 年（第五次监测）	261.16	2424（缩减）	172.12	1980（缩减）

数据来源：《防沙止漠　美丽中国》，《人民日报》2015 年 12 月 31 日第 13 版。

从上表中的数据来看，我国第一、二次监测数据皆呈现出土地荒漠化与沙化面积扩展的趋势。而从 2004 年的第三次监测数据开始，我国土地荒

[①] 杨振怀：《关于〈中华人民共和国水土保持法（草案）〉的说明》，中国人大网，http://www.npc.gov.cn/wxzl/gongbao/2000−12/28/content_5002587.htm，2018 年 10 月 21 日查阅。

漠化与沙化面积呈现"双缩减"的发展趋势。到 2019 年，我国荒漠化与沙化局势总体上依旧非常恶劣，荒漠化面积与沙化面积约占国土面积的 1/4 与 1/5。[①] 土地荒漠化与沙化是制约我国实现"美丽中国"目标的主要挑战之一，亟须通过生态环境治理来逐步实现生态恢复。2018 年，我国中央一号文件指出：要开展"国土绿化行动"，着力于推进土地荒漠化、石漠化、水土流失等的综合治理。

一、林业生态重点建设工程及实践

我国自 20 世纪 70 年代以来，先后实施了"三北"防护林建设工程、退耕还林还草工程、京津风沙源治理工程、石漠化治理工程等一系列生态工程建设项目。国家每年投入大量的财政资金用于支持各类生态工程建设项目的开展。如 2017 年，我国各类生态工程建设项目完成的造林面积及投资情况如下表所示。

表 5-2 2017 年我国林业重点生态工程建设投资情况

单位：公顷、万元

指标	总计	天然林资源保护工程	退耕还林工程	京津风沙源治理工程	石漠化治理工程	三北及长江流域等重点防护林体系工程
造林面积	2991207	390298	1213338	207206	232503	947862
全部林业投资完成额	7180115	3763641	2221446	174385	89829	676739
中央投资	6077418	3454840	1979471	98851	81520	356513
地方投资	624628	160827	75846	60111	7004	190378

数据来源：国家林业和草原局编：《中国林业统计年鉴 2017》，中国林业出版社，2018 年，第 12—13 页。

根据上表中我国"造林面积"及"全部林业投资完成额"的数据进行粗略测算，我国平均每公顷林地造林成本约为 2.40 万元，其中：天然林资

[①] 张建龙：《防治土地荒漠化 推动绿色发展》，《人民日报》2019 年 6 月 17 日第 10 版。

源保护工程的成本最高，每公顷成本约为 9.64 万元；退耕还林工程每公顷造林成本约为 1.83 万元；京津风沙源治理工程每公顷造林成本约为 0.84 万元；石漠化治理工程造林成本最低，每公顷约为 0.39 万元；三北及长江流域等重点防护林体系工程每公顷造林成本约为 0.71 万元。

我国林业重点工程建设投资主要由中央投资与地方投资二者组合而成。其中，中央投资占工程建设总投资金额的 84.64%，地方投资占工程建设总投资的 8.70%。由此可见，中央投资是我国生态重点工程建设的主要资金来源。上述五类重点生态工程建设中，京津风沙源治理工程与三北及长江流域等重点防护林体系工程这两项的地方投资显著高于其他三项工程，地方投资分别占比为 34.47% 与 28.13%。但总体而言，中央投资依旧是我国生态工程建设中的主要投资，这体现出生态资源作为一项"公共产品"主要由"公共部门"提供投资的状态。

1."三北"防护林建设工程实践：以甘肃静宁县实践为例

"三北"防护林建设工程（后文简称为"三北工程"）是我国开启的第一项生态建设工程，它起始于 1978 年，因涉及我国东北、华北及西北地区，故被称为三北工程。三北工程是针对我国"三北"地区严重的水土流失与不断扩大的土地荒漠化、沙化面积而实施的一项生态建设工程。2018 年，在三北工程建设 40 周年的表彰大会上相关部门进行了数据总结：我国在 40 年的工程建设中"累计完成造林保存面积 2918.5 万公顷，工程区森林覆盖率由 1977 年的 5.05% 提高到目前的 13.02%，森林蓄积量由 1977 年的 7.2 亿立方米提高到 20.98 亿立方米……三北工程自 1978 年启动至 2017 年，完成总投资 548.36 亿元，其中中央投资 235.89 亿元，地方配套及社会投资 312.47 亿元"。

三北工程的建设目标是要在我国"三北"地区建构起一条"绿色长城"的生态屏障。三北工程通过种草植树来建构起生态屏障，对于防止生态环境恶化趋势蔓延与促进"三北"地区生态环境恢复具有决定性作用。对于"三北"地区的乡村而言，三北工程对于保护乡村农田生态系统、稳定农业经济产出与促进乡村全面振兴具有非常重要的意义。乡村要实现可持续振兴，必然需要具备一个稳定的发展环境，而"三北"地区恶劣的生态环境是阻碍这一地区乡村经济发展与人民生活质量提升的主要桎梏所在。

三北工程建设涉及我国"三北"地区的新疆、青海、甘肃、宁夏、内蒙古、陕西、山西、河北、辽宁、吉林、黑龙江、北京、天津等 13 个省（自治区、直辖市）。本书以我国甘肃省三北工程建设实践为例展开分析。

　　甘肃省是我国三北工程实践的重点省份之一。三北工程第四期规划建设涉及的 600 个县（旗、市、区）中，甘肃省有 70 个县被纳入工程实施范围之中。[①] 甘肃省是我国土地荒漠化与沙化非常严重的省份之一。根据 2016 年 6 月公布的《甘肃省第五次荒漠化和沙化监测情况公报》[②] 中的数据来看，2014 年甘肃省省域范围内有荒漠化土地面积 1950.20 万公顷，沙化土地面积 1217.02 万公顷。甘肃省荒漠化、沙化类型与程度分布情况，如下表所示。

表 5-3　甘肃省荒漠化类型与程度分布情况

分类	荒漠化类型/程度	面积 （万公顷）	占荒漠化总 面积比例（％）
气候类型 区荒漠化	干旱区荒漠化	1018.20	52.2
	半干旱区荒漠化	669.58	34.3
	亚湿润干旱区荒漠化	262.41	13.5
荒漠化类型	风蚀荒漠化	1584.42	81.2
	水蚀荒漠化	278.93	14.3
	盐渍化荒漠化	71.83	3.7
	冻融荒漠化	15.03	0.8
荒漠化程度	轻度荒漠化	325.82	16.7
	中度荒漠化	657.72	33.7
	重度荒漠化	303.28	15.6
	极重度荒漠化	663.38	34.0

　　数据来源：《甘肃省第五次荒漠化和沙化监测情况公报》。

---

　　①国家林业和草原局：《三北防护林四期工程规划范围表》，国家林业和草原局政府网，2009 年 3 月 9 日，http://www.forestry.gov.cn/Zhuanti/content_lygzsc/115110.html，2019 年 6 月 30 日查阅。

　　②甘肃省林业厅：《甘肃省第五次荒漠化和沙化监测情况公报》，《甘肃日报》2016 年 6 月 16 日第 15 版。

表 5-4　甘肃省沙化类型与程度分布情况

分类	沙化类型/程度	面积（万公顷）	占沙化总面积比例（％）
沙化土地类型	流动沙地（丘）	185.36	15.2
	半固定沙地（丘）	133.76	11.0
	固定沙地（丘）	174.88	14.4
	露沙地	4.39	0.4
	沙化耕地	5.55	0.5
	非生物治沙工程	0.085	0.01
	风蚀残丘	3.99	0.3
	风蚀劣地	13.61	1.1
	戈壁	695.41	57.1
沙化程度	轻度沙化	64.53	5.3
	中度沙化	198.14	16.3
	重度沙化	255.07	21.0
	极重度沙化	699.30	57.4

数据来源：《甘肃省第五次荒漠化和沙化监测情况公报》。

　　甘肃省地处我国西北干旱与半干旱地区，整体生态环境非常恶劣。从上述两表的数据来看，甘肃省土地荒漠化与沙化呈现出面积大、程度深的特征。对表格数据进行分析后可知，中度及以上的土地荒漠化与沙化面积分别占比 83.3％和 94.7％。土地荒漠化之所以被称为"地球的癌症"，源于荒漠化面积如不加以控制，将会导致荒漠化面积的不断蔓延与扩大。因而，遏制生态环境恶化趋势与恢复绿色生态环境是甘肃省在发展建设中的当务之急。近年来，甘肃省在推进三北工程、退耕还林工程及天然林保护工程等林业重点工程建设项目实践中，实现了对生态环境恶化趋势的遏制。

本书团队2017年在甘肃省调研期间了解到，"十二五"期间在甘肃省的三北工程建设实践中，中央财政资金投入6.971亿元，完成了人工造林202.58万亩和封山（沙）育林（草）213.78万亩，共计416.36万亩。累计治理水土流失面积4386.6亩，其中"十二五"期间治理面积982.8万亩，地区水土保持和水源涵养能力明显提高；累计治理沙化土地面积46252万亩，其中"十二五"期间治理面积687万亩，基本遏制和扭转生态恶化的发展趋势；有效庇护农田916.95万亩，保护牧场925.35万亩，基本建成了规模宏大、互为一体的农田防护林体系。不仅如此，甘肃省还依托三北工程建设的项目资金支持，积极引导农民发展苹果、枸杞、红枣、核桃等经果林产业，促进以三北绿化工程为引领的"生态治理＋生态经济"融合发展。据统计，截至2015年甘肃省三北地区经果林面积达1574.85万公顷，产量577.46万吨，产值148.26亿元。"十二五"期间，依靠三北工程种植经果林而实现脱贫的人口数量就达141.78万人。

2017年，本书团队实地走访了甘肃省静宁县、天水市秦州区、清水县及陇南市武都区等地。其中静宁县与清水县在三北工程的建设范围之内。在实地调研中，可以基本明晰甘肃省依托生态项目来发展林果业的生态治理与生态建设思路。

如甘肃省静宁县在三北工程建设中，就围绕生态环境治理与林果业建设相结合的思路来发展。静宁县地处甘肃省东部的黄土高原丘陵沟壑区，属六盘山旋回褶皱带，呈现出沟深坡陡、绵延起伏、秃山枯岭等特征。静宁县全县的土地总面积为2193平方公里，其中重点水土流失面积达1334.9平方公里，占土地总面积的60.87％。重点水土流失面积中有59.9％属于坡耕地水土流失，22.5％属于劣质梯田水土流失，10.1％属于"三荒"水土流失，7.5％属于沟道水土流失。水土流失所造成的泥沙流失年均达490.05万吨，侵蚀模数可达到平均每年5250吨/平方公里，严重的地区甚至可达12000吨/平方公里。水土流失将导致土壤贫瘠与农业生产效率降低、山体滑坡等自然灾害频发等问题的产生，将极大地威胁乡村生产生活的安全性与稳定性。高原苹果业是静宁县特色林果业，地方政府在当地原有特色产业的基础上，结合生态治理项目来引导林果业的进一步发展与壮大，形成产业的规模与集聚效应。

"十二五"期间，静宁县三北项目建设的总投资额为 2630.45 万元（中央投资 2100 万元），其中种植的苹果经济林达 9405 亩，使全县果园面积稳定在百万亩以上。2015 年年初，静宁县拥有果园面积约 32 万亩，并规划 2015 年至 2017 年期间在县域范围的贫困村内持续增种 10 万亩（2015 年新增苹果 2 万亩、早酥梨 1 万亩，2016 年新增苹果 2.5 万亩、早酥梨 1.5 万亩，2017 年新增苹果 1.5 万亩、早酥梨 1.5 万亩），年技术培训 3.5 万人，实现县域果园面积 42 万亩。据我国三北局的数据统计，该县 2017 年挂果面积达 62 万亩，产值达 32 亿元，依靠果业经济实现 10 个亿元乡镇、82 个千万元村、15347 户 10 万元农户，人均果业收入达 4900 元，稳定实现 15.4 万人脱贫。[①]

从静宁县三北工程建设实践来看，这是一种"生态治理＋生态产业"相结合的发展模式，是以生态建设为优先，同步发展生态经济产业，并最终引领地方人民实现脱贫致富的生态建设实践，兼顾生态效益、经济效益与社会效益。

2. 京津风沙源治理实践：以内蒙古达拉特实践为例

京津风沙源治理项目，顾名思义是一项治理北京、天津沙尘暴源头的项目，主要是针对北京、天津周边地区土地沙漠化生态问题，工程实践的第一期起始于 2002 年，主要涉及京、津、冀、晋、蒙等五个省份。众所周知，北京作为我国政治经济中心，一直以来饱受风沙的侵袭。北京"沙尘暴""雾霾"问题一直难以得到完全解决。2014 年，APEC（亚太经济合作组织）峰会在北京举行，为确保峰会期间北京气候稳定且舒适，实施了如工厂停工、工地停工、京津冀同步汽车限行等一系列强制措施。这一堪称"史上最严管控"的 APEC 模式，打造出了 APEC 峰会期间的"APEC 蓝"。而在其他时间，京津地区的居民依旧饱受恶劣生态环境的困扰，"北京蓝"

---

①三北局：《一个国家级贫困县的绿色嬗变》，国家林业和草原局政府网，2018 年 6 月 12 日，http：//www.forestry.gov.cn/main/413/20180612/104303670800904.html，2019 年 6 月 30 日查阅。

成为人们的奢望。

可以发现，如今人们对于城市"雾霾"问题给予了更为密切的关注。"PM2.5"已广为人知，并成为"雾霾"的代名词。城市雾霾成为影响城镇地区人民身体健康与生活质量的一大桎梏。京津风沙源治理项目作为我国一项重大生态建设项目来推进，可见京津周边地区恶劣的生态环境已经极大影响到周边城镇居民的生活质量，也充分体现了生态环境的负外部性。

正如本书团队 2016 年在内蒙古鄂尔多斯市达拉特旗调研期间，地方林业局的一位工作人员在访谈中就曾说道：

现在我们这边正在开展京津风沙源治理第二期项目，我们旗的土地沙漠化还是比较严重的，因此我们林业局的重要工作就是开展土地沙漠化治理。而京津风沙源治理在我们这边重点实施，缘于有一种说法认为北京的沙尘暴或雾霾是从我们这里刮过去的。

虽然上述关于北京沙尘暴与达拉特旗土地沙漠化之间的关联性，并没有确切的科学论证，但京津地区时常爆发的沙尘暴缘于周边地区严重的土地荒漠化与沙化是可以确定的。也就意味着，乡村生态振兴实践不仅仅是为了实现乡村自身的生态生活环境质量提升与生态经济可持续发展，也是为了提升周边地区的生态生活质量。从项目名称来看，京津风沙源治理项目是以解决京津地区风沙肆虐问题而开展的生态治理项目。从项目的具体实践来看，"京津风沙治理"这一目标属于衍生性目标，是基于京津周边各地区生态环境得到良好治理的基础上而进一步延伸出的另一目标。也就是说，"京津风沙得以有效控制"这一目的，是内嵌于京津周边地区的乡村生态振兴实践目标之内的。接下来，就以内蒙古达拉特旗京津风沙源治理第二期的生态治理实践为例展开论述。

达拉特旗位于鄂尔多斯市，地处内蒙古自治区西南部。本书团队于2016 年在达拉特旗展开实地调研期间，感受到该旗严重的生态环境问题。达拉特旗是京津风沙源治理工程的重点实施地区，在第二期项目规划中承担 4.85 万亩的风沙治理任务，包含封山（沙）育林 7000 亩、工程固沙1000 亩以及人工造林 40500 亩（乔木造林 5000 亩、灌木造林 35500 亩）。项目实施标准及投资情况如下表所示。

表 5-5　达拉特旗京津风沙源治理二期工程的项目标准及投资情况

项目	项目标准（元/亩）	国家投资（元/亩）	地方配套（元/亩）	总投资（万元）	国家投资（万元）	地方配套（万元）
乔木造林	650	300	350	325	150	175
灌木造林	400	120	280	1420	426	994
工程固沙	1000	500	500	100	50	50
封山（沙）育林	70	全部为国家投资		49	全部为国家投资	
总计	—	—	—	1894	675	1219

数据来源：由达拉特旗林业局提供。

从表格数据来看，项目实践中的造林标准依据造林类型的不同而呈现出差异化。其中"工程固沙"的项目标准最高，为每亩 1000 元，其他项目标准依次为乔木造林 650 元/亩、灌木造林 400 元/亩和封山（沙）育林 70 元/亩。从资金配套上来看，4.85 万亩的风沙治理任务的总资金投入为 1894 万元，平均每亩的投入为 390.52 元。在具体的造林实践中，平均每亩到户的造林补偿标准为 200 元。总项目投资中，国家投资金额占 35.64%，地方配套投资为 64.36%。由此可见，在项目治理工程实践中地方投资占主要。正如前文所言，京津风沙源治理的首要目标是改善和恢复生态环境恶劣地区的生态面貌。生态环境质量的改善对于改善地方人民生态生活环境与生态生产环境皆具有实质性的价值和意义。

在达拉特旗第二期风沙治理工程中，造林规划为：人工造林任务分布为中和西镇 37016 亩、恩格贝镇 576 亩、吉格斯太镇 2600 亩及中和西林场 308 亩，封山育林 7000 亩和工程固沙 1000 亩的任务分布在中和西镇。项目推进时间为 2013 年和 2014 年，其中 2013 年完成灌木造林 26600 亩，2014 年完成乔木造林 5000 亩、灌木造林 8900 亩、工程固沙 1000 亩、封沙育林 7000 亩。

具体实践时，2014 年实际规划造林面积为 2.3 万亩。地方林业局根据造林任务进行项目规划，并将造林任务具体落实到村镇及造林主体。2014 年达拉特旗京津风沙源治理项目第二期造林项目的具体实践规划情况如下表所示。

表 5-6　2014 年达拉特旗造林面积分布及项目补贴情况

单位：亩、株/亩、%、元/亩、元

造林主体	乡镇	村名	控制面积	造林面积	林种	初植密度	造林成活率	合格面积	补贴标准	补贴金额
H. E. X.	白泥井镇	母哈日沟村	464.17	381	柠条、沙棘	1×2×7	76	381	200	53340
Y. M. L.	恩格贝镇	查干沟村	242.95	202	柠条、沙棘	1×4	77	202	200	28280
Y. M. L.			260.14	221	柠条、沙棘	1×4	76	221	200	30940
Y. G. C.		茶窑沟村	349.96	333	柠条、沙棘	1×4	80	333	200	46620
Y. A. W.	中和西镇	官井村	1138.95	1055	柠条、杨柴	1×2×7	79	1055	200	147700
L. H. M.		南布日嘎斯太村	1003.77	808	柠条、沙棘	1×4	80	808	200	113120
L. X. G.			291.4	245	柠条、沙棘	1×4	77	245	200	34300
Y. B.			209.28	200	柠条、沙棘	1×4	75	200	200	28000
L. F. R.			722.95	719	柠条、沙棘	1×4	76	719	200	100660
L. X. G.			464.18	460	柠条、沙棘	1×4	77	460	200	64400
W. A. S.			165.1	150	柠条	1×4	75	150	200	21000
L. Y. Y.			317.37	245	柠条、沙棘	1×4	76	245	200	34300
Y. B.			356.2	347	柠条、沙棘	1×4	77	347	200	48580
Y. J. C.		蓿亥图牧业村	926.91	860	柠条、杨柴	1×2×7	76	860	200	120400

（续表）

造林主体	乡镇	村名	控制面积	造林面积	林种	初植密度	造林成活率	合格面积	补贴标准	补贴金额
Y.B.			1142.69	966	柠条、沙棘	1×4	77	966	200	135240
Y.B.			340.44	288	柠条、沙棘	1×4	79	288	200	40320
Y.B.			1064.66	902	柠条、沙棘	1×4	80	902	200	126280
L.X.G.			714	594	柠条、沙棘	1×4	76	594	200	83160
L.S.X.			439.57	407	柠条、杨柴	1×2×7	77	407	200	56980
L.S.X.			728.91	676	柠条、杨柴	1×2×7	80	676	200	94640
P.Y.			1435.69	1305	柠条、杨柴	1×2×7	78	1305	200	182700
P.Y.K.	中和西镇	蓿亥图牧业村	1155.26	1071	柠条、杨柴	1×2×7	81	1071	200	149940
Q.Y.H.			2428.78	1000	柠条、杨柴	1×2×7	83	1000	200	140000
B.M.Y.			—	1253	柠条、杨柴	1×2×7	76	1253	200	175420
T.J.S.			1262.13	878	柠条、杨柴	1×2×7	81	878	200	122920
T.J.S.			1312.05	1153	柠条、杨柴	1×2×7	75	1153	200	161420
L.Y.M.			132.88	130	柠条	1×2×7	80	130	200	18200
L.Y.M.			291.5	290	柠条	1×2×7	80	290	200	40600
P.Y.K.			321.59	320	柠条	1×2×7	80	320	200	44800

（续表）

造林主体	乡镇	村名	控制面积	造林面积	林种	初植密度	造林成活率	合格面积	补贴标准	补贴金额
Y. B.	中和西镇	蓿亥图牧业村	440.04	440	柠条	1×2×7	76	440	200	61600
L. X. G.			102.44	100	柠条、沙棘	1×2×7	77	100	200	14000
L. R. F.			348.72	340	柠条、沙棘	1×2×7	80	340	200	47600
Y. S. X.			278.48	259	柠条、杨柴	1×2×7	81	259	200	36260
Y. S. X.			162.24	151	柠条、杨柴	1×2×7	80	151	200	21140
Y. S. X.			89.11	83	柠条、杨柴	1×2×7	79	83	200	11620
Y. A. W.			559.66	555	柠条、杨柴	1×2×7	80	555	200	77700
Y. A. W.			660.47	613	柠条、杨柴	1×2×7	77	613	200	85820
小计				20000				20000		2800000
Y. G. C.	恩格贝镇	茶窑沟村	349.96	350	沙棘	3×3	55	0	100	0
Y. B.		查干沟村	325.04	280	沙棘	3×3	54	0	100	0
Y. B.	中和西镇	南布日嘎斯太	258.53	230	沙棘	3×3	65	0	100	0
Y. B.			368.27	300	沙棘	3×3	60	0	100	0
Y. B.			349.38	300	沙棘	3×3	50	0	100	0

（续表）

造林主体	乡镇	村名	控制面积	造林面积	林种	初植密度	造林成活率	合格面积	补贴标准	补贴金额
Y.B.	中和西镇	蓿亥图牧业村	642.67	540	沙棘	3×3	58	0	100	0
Y.B.			1204.71	1000	沙棘	3×3	80	1000	100	70000
小计				3000				1000		70000
合计				23000				21000		2870000

数据来源：由达拉特旗林业局提供。

首先，从项目实践的总体情况来看，2014 年首批造林面积分布在中和西镇、恩格贝镇和白泥井镇等 3 个乡镇的 6 个村，由 20 户农牧民承担，平均每个造林主体承担造林面积 1150 亩。其中：白泥井镇涉及 1 个村，总造林面积 381 亩；恩格贝镇涉及 2 个村，总造林面积 1386 亩；中和西镇涉及 3 个村，总造林面积 21233 亩。

其次，从项目补贴标准及相关情况来看。上表显示的是 2014 年造林后首次验收的情况，可见 2.3 万亩造林中，2.1 万亩验收为合格，不合格的造林面积有 2000 亩，总合格率达 91.3％。验收合格的造林按照 200 元/亩的标准给予补贴，验收不合格的造林按照 100 元/亩的标准给予补贴。本次造林项目的总补助金额为 287 万元（2016 年验收并兑付），平均每户造林主体可获得 14.35 万元的造林补贴。

根据本书团队在实践调研中所收集到的造林主体与地方林业部门所签订的《2014 年达拉特旗造林补贴项目造林合同书》来看，此次造林项目达拉特旗林业局为"甲方"、造林主体（农户）为"乙方"。甲方将造林项目委托给乙方来具体实施，乙方要根据甲方的造林要求进行植树造林。造林要求包括：造林面积、树种、初植密度、混交比、造林苗木、成活率（当年成活率 70％以上，三年成活率 65％以上）以及完成时间（2015 年 10 月

30 日前完成造林任务）。在造林补贴方面，分两次进行发放：首次发放 70％（140 元/亩），即甲方验收当年造林合格者（成活率 70％以上）的项目补贴；第二次发放 30％（70 元/亩），即甲方在三年后验收造林合格者（成活率 65％以上）的项目补贴。合同也明确了，乙方如果没有按时、按规进行造林，甲方有权取消乙方的造林补贴，并另行安排他人造林；验收不合格者，待补植合格后再按规定拨付补贴资金。

根据 2015 年 10 月 28 日达拉特旗京津风沙源治理二期工程实施验收情况来看，验收结果为：人工造林，抽查面积 14232 亩（乔木造林 2400·亩，灌木造林 182 亩），核实人工造林面积 14232 亩，面积核实率 100％，合格面积 13532 亩，面积合格率 95.08％；封山育林，抽查面积 7000 亩，分布在中和西镇，核实面积 7000 亩，面积核实率 100％，合格面积 7000 亩，面积合格率 100％；工程固沙，抽查面积 1000 亩，核实面积 1000 亩，面积核实率 100％，合格面积 950 亩，面积合格率 95％。具体情况如下面三个表所示。

表 5-7　京津风沙源治理工程人工造林样本调查表

旗县：达拉特旗　　　　检查时间：2015 年 10 月 28 日　　　　单位：亩、％、株/亩

乡镇	村（林班）	核实面积	合格面积	成活率	不合格原因	林种	混交方式	栽种密度	树种
中和西镇	官井村	255	255	77	—	防风固沙林	灌木	111	柠条
		260	260	78	—	防风固沙林	灌木	111	柠条
		250	250	77	—	防风固沙林	灌木	111	柠条
		540	0	45	干旱	防风固沙林	灌木	111	柠条
		600	600	75	—	防风固沙林	乔木	42	杨树
		900	900	80	—	防风固沙林	乔木	42	杨树
		900	900	80	—	防风固沙林	乔木	42	杨树

（续表）

乡镇	村（林班）	核实面积	合格面积	成活率	不合格原因	林种	混交方式	栽种密度	树种
中和西镇	蓿亥图牧业村	2220	2220	78	—	防风固沙林	灌木	111	柠条
		2220	2220	77	—	防风固沙林	灌木	111	柠条
		437	437	77	—	水土保持林	灌木	111	柠条
		470	470	78	—	水土保持林	灌木	111	柠条
		160	0	45	干旱	水土保持林	灌木	111	柠条
		820	820	77	—	水土保持林	灌木	111	柠条
		1010	1010	76	—	水土保持林	灌木	111	柠条
		2290	2290	75	—	水土保持林	灌木	111	柠条
		900	900	76	—	水土保持林	灌木	111	柠条
人工造林核查		14232	13532	73.19					

表 5-8 京津风沙源治理工程封山（沙）育林样本调查表

旗县：达拉特旗　　　　检查时间：2015 年 10 月 28 日　　　　单位：亩、株

乡镇	封育区名称	始封年度	上报面积	核实面积	合格面积	不合格原因	封育前地类	每亩株数	封育类型	封育方式	目的树种	育林措施
中和西镇	官井村	2014	7000	7000	7000	—	宜林地	40	灌草型	全封	沙柳、柠条	平茬、补植

表 5-9　京津风沙源治理工程固沙样本调查表

旗县：达拉特旗　　　　检查时间：2015 年 10 月 28 日　　　　单位：亩、米、%

乡镇	村名	施工时间	上报面积	核实面积	合格面积	沙障类型	沙障材料	沙障间距	完好率
中和西镇	官井村	2014	1000	1000	950	平铺式沙障	沙柳、沙蒿	4～6	95

从 2015 年 10 月底的验收情况来看，依旧存在部分不合格的造林面积。据本书团队实地调研了解到，这主要缘于 2015 年当地气候干旱。2015 年由于干旱导致当年春季植苗造林计划没有完成，仅完成 0.35 万亩，且成活率不高。气候条件是影响植树造林成败的关键因素，气候干旱是一项不可控的客观因素。因此，甲方将验收期限进行了适当延长，改至 2016 年再进行验收。根据 2016 年的验收结果显示：人工营造灌木林建设任务 20000 亩，合格面积 20000 亩，成活率全部在 75％以上；木本药材建设任务 3000 亩，合格面积 1000 亩，成活率在 75％以上。2016 年验收时，依旧有 2000 亩造林面积因干旱少雨，导致树种成活率低和未达到合格标准。基于气候干旱是不可抗的客观因素，则继续要求造林主体在雨季进行补植补种，再发放相应的造林补贴。

前文主要从达拉特旗京津风沙源治理项目第二期工程的项目造林与项目补贴两个方面进行阐述。从项目实施的角度来看，该项目对于提高地方森林覆盖率、遏制地区土地沙化及遏制水土流失具有重要作用。从项目的具体实践可知，项目造林任务分配至该旗的各个乡村，并且项目具体实施者为各乡村的农户。从造林的树种来看，皆以柠条、杨柴、沙棘三类耐高温、耐旱、防风固水土等能力强的树种为主，三类树种常用于土地沙漠化治理。这三类树种不仅具有极强的生态价值，还具有较为可观的经济价值。这也就意味着，在京津风沙源项目治理实践中引导村民在本村开展植树造林，不仅有利于实现乡村生态振兴，还有利于乡村生态产业振兴，是一个生态价值与经济价值并存的项目。

在沙化土地上种植沙棘，可收获沙棘果，属于经果林。笔者近年来观察发现，市场上出现越来越多的沙棘果产品，如诸多种类的沙棘饮料、沙棘鲜果、沙棘果浆等，许多奶茶店也开始出售沙棘饮品。这主要缘于沙棘果维生素 C 含量很高，有着较高的营养价值与保健作用，具有广阔的商业前景。沙棘树喜阳且不喜积水，非常适合在沙漠地区种植，是适宜在沙化土地上种植的经果林之一。在沙化土地上种植柠条、沙柳、杨柴等树种，可视为沙漠化地区的商品林。柠条、沙柳平均三年左右可平茬一次，作为木板原材料出售，杨柴则可作为蜜源植物和饲料使用。

在土地沙化的生态治理实践中，兼并地区生态产业与生态经济的发展具有普遍性。如本书团队在达拉特旗的实地调研中走访了官井村，该村属于典型的"生态治理脱贫"案例，可谓是"穷也生态，富也生态"。官井村地处干旱的沙漠化地区，恶劣的生态环境严重影响了村民的生产与生活。虽然该村拥有大片的土地，但由于土地非常贫瘠，导致当地村民长期处于极度贫困之中。土地产出的粮食难以维持家庭所需，村民被迫到野地里割耙草籽加到糜子中，和成草籽面窝头来充饥。在访谈中，村民 Z. X. Y. 回忆起以前村庄的生态环境，说道：

以前，我们村一遇大风天就开始漫天黄沙，沙子夹杂在风中，像刀子一样会"割"人的脸，因此大风天人们都不敢出门。大风天，风沙不停地敲打房顶房门，很是吓人。生态环境太过恶劣，村民生活也很穷苦，因此早年有很多村民外迁出去。近年来，随着村里不断引导村民植树造林，风沙天逐渐减少了，我们的生活环境改善了很多，生活条件也好了。

2016 年，本书团队在实地调研中观察到，官井村的乡村生态环境整体已趋于稳定。不仅如此，该村在 2014 年的精准识别中识别出贫困户 8 户 22 人，贫困率仅为 1.85%。2016 年官井村的农民人均纯收入已达到 12800 元。乡村经济的显著提升，与地方村民致力于植树造林和发展林产业有密切关系。

村民 Z. X. Y. 在访谈中说道，1986 年官井村农户 G. L. S. 承包了 800 亩土地进行植树造林，试图以此来帮助家庭摆脱贫困。由于地处干旱的沙漠化地区，早年植树造林纯靠人工劳力，需要到几公里之外去扛苗、背水来种树，异常艰辛。即使悉心照顾，苗木的成活率依旧不高，需要年复一年地补植。90 年代，G. L. S. 尝试在林间套种糜子，该年收入达 1.5 万元，成为当地第一个万元户。农户 G.L.S. 的成功经验很快在当地传开，周边村民纷纷加入在沙漠中造林致富的队伍。植树造林不仅改善了原先恶劣的生态环境，而且带动地方村民脱贫致富，打破了原先"生态—贫困"之间的恶性循环，逐渐建构起"生态—致富"的良性循环。

基于乡村原有的造林致富经验，2013 年 8 月 30 日官井村成立了当地第一家林沙产业合作社——绿森源林沙产业合作社。合作社注册资金为 100 万元，社员由官井村的 65 名村民组成，其中股东有 5 人，该村支书为理事长。2016 年，合作社拥有林地面积 16.6 万亩，其中沙柳种植面积 76000 亩，柠条种植面积 50600 亩，杨树种植面积 40087 亩。近年来，合作社正致力于打造"三个万"生态产业基地——万亩沙柳种苗基地、万亩野生甘草保护基地和万亩苜蓿基地。其中，万亩沙柳种苗基地以发展沙柳苗木经济为主。该合作社发现，由于近年来国家对生态文明建设的重视，沙漠化治理推进力度加强带动了苗木业的发展。官井村所栽种的沙柳苗木质量很好，成活率高达 95%，因而受到各地市场的青睐。苗木出售价格取决于苗木生长长度，一般 60 厘米的苗子每株价格为 1 毛钱，1.1 米的苗子可卖到 1.6 毛钱，最高可卖到每株 2～3 毛钱。2014 年，该合作社通过出售沙柳苗，盈利达 130 余万元，2015 年收益为 100 万元左右。

以解决"京津风沙"问题为目的而开展的内蒙古京津风沙源治理第二期项目实践，最终落实到乡村生态环境治理对乡村生态振兴与产业振兴的促进作用，这一实践逻辑彰显了乡村生态环境治理效能的多元化。

3. "退耕还林＋石漠化治理"实践：以贵州省龙里县为例

退耕还林工程是我国生态重点建设工程中覆盖面最广、受益者最多且补助力度最大的一项工程实践。石漠化治理工程主要是针对我国石漠化地区而开展的石漠化治理工程实践。退耕还林工程的实施范围大于石漠化治理工程。二者虽然属于不同的生态建设重点工程，但在一些生态治理实践中往往处于重叠的状态。如本书团队在贵州、广西等地实地调研中发现，地方石漠化治理是依托退耕还林工程的项目补助资金来实现的。因此，本书将这两项工程实践放在一起进行阐释。

首先，退耕还林工程是针对新中国成立之后因大面积坡地开荒导致严重的水土流失等生态问题而实施的一项生态治理工程。众所周知，在新中国成立之后，我国人口呈现爆发式增长。据国家统计局的人口数据统计显示，1949 年我国乡村人口约为 4.8 亿，1978 年涨至 7.9 亿，1980 年至 2000 年则保持在 8 亿多。而彼时我国城镇化率很低，80％以上的人口居住在农村，依靠农业耕种来满足家庭所需食物。由于农业生产力与生产效率很低，农民只有通过不断地拓宽耕地面积，才能获得更多的食物产出。人口的不断增长促使农民不断地开荒，大量林地在这一过程中遭受砍伐，各地水土流失异常严重。据统计，新中国成立初期我国水土流失面积多达 150 多万平方公里，约占我国国土面积的六分之一。[①]

1963 年国务院颁布《关于黄河中游地区水土保持工作的决定》指出："荒坡、沟壑和风沙的治理，应该以造林种草和封山育林育草为主。"1982 年国务院颁布的《水土保持工作条例》中也明确了："二十五度以上的陡坡地，禁止开荒种植农作物。"1991 年颁布的《中华人民共和国水土保持法》将之前条例中的"防治并重"改为"预防为主"，在治理的同时将预防工作放在首位，避免出现"先治理后预防"的现象。但由于这一时期，我国生产力水平依旧较低，人民的物质生活尚难以得到较好的满足，经济发展仍旧是国家发展的主旋律。与此同时，在新中国成立初期党和国家对于生态环境及生态可持续发展并未形成全面的认知。因此在这一时期，虽然我国颁布了诸多关于水土保持的法规与制度，但在实践层面并未得到较好的落实。

1998 年，长江、嫩江、松花江等江河流域地区发生了特大洪灾，使党和国家深刻意识到我国生态环境问题的严峻性及生态建设的重要性。1999 年我国开始试点推行退耕还林项目工程，2000 年开始正式全面铺开实施。截至 2013 年，我国完成了第一轮退耕还林还草工程，共完成 1.39 亿亩的退耕。2014 年，我国开启了新一轮的退耕还林还草工程实践。

其次，我国土地石漠化现象的产生，与我国早期毁林开荒和水土流失息息相关。根据我国 2018 年年底发布的《中国·岩溶地区石漠化状况公

[①]《关于〈中华人民共和国水土保持法（草案）〉的说明》，中国人大网，2000 年 12 月 28 日，http：//www.npc.gov.cn/wxzl/gongbao/2000—12/28/content_5002587.htm，2020 年 3 月 13 日查阅。

报》①中的数据显示，截至 2016 年我国岩溶地区石漠化面积为 1007 万公顷，占我国国土面积的 9.4％。我国石漠化土地主要分布在湖北、湖南、广东、广西、重庆、四川、贵州和云南 8 个省（自治区、直辖市）457 个县（市、区）区域范围中。其中，贵州省的石漠化面积最大，总面积为 247 万公顷，占总石漠化面积的 24.5％。云南省的石漠化面积为 235.2 万公顷，占总石漠化面积的 23.4％，仅次于贵州省。各省石漠化面积分布如下图所示。

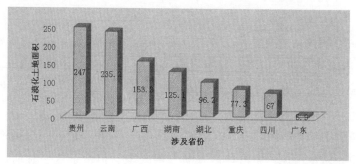

单位：万公顷

我国岩溶地区石漠化土地面积分布情况②

根据《贵州省岩溶地区第三次石漠化监测成果公报》中的数据显示，2016 年年底贵州省石漠化土地面积为 247.01 万公顷（3705.15 万亩），占全省面积的 14.02％。从石漠化的严重程度来看，表现为：轻度石漠化面积占 37.82％，中度石漠化面积占 50.77％，重度石漠化面积占 10.38％，极重度石漠化面积占 1.03％。除此，贵州省还有潜在石漠化土地面积 363.85 万公顷（5457.75 万亩），占全省面积的 20.65％。因此，土地石漠化治理与遏制土地石漠化发展，是贵州省生态治理的关键。

从贵州省石漠化面积在省内的分布来看，毕节市石漠化面积最大，为 49.68 万公顷，占总石漠化面积的 20.11％；黔南州石漠化面积次之，为 41.23 万公顷，占总石漠化面积的 16.69％。贵州省各市（自治州、区）的石漠化占比情况如下页图所示。

①国家林业和草原局：《中国·岩溶地区石漠化状况公报》，自然资源部门户网站，2018 年 12 月 17 日，http://www.mnr.gov.cn/dt/ywbb/201812/t20181217_2379630.html，2020 年 3 月 13 日查阅。
②图表来源于对《中国·岩溶地区石漠化状况公报》中数据的整理。

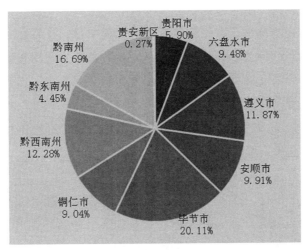

单位：万公顷

贵州省土地石漠化面积在各市（自治州、区）的分布情况①

退耕还林工程是以治理我国水土流失和促进水土保持为目标的生态治理工程，退耕对象为坡度在25°以上且为非基本农田的坡耕地。石漠化治理工程则是以石漠化土地为对象的治理工程。土地石漠化主要缘于早期农民坡地开荒或毁林开荒而导致水土流失和基岩裸露，最终形成石漠化现象。因此，坡度大于25°且为非基本农田的石漠化土地治理隶属于退耕还林的范畴。接下来，将以贵州省龙里县"退耕还林＋石漠化治理"实践为例来展开论述。

龙里县地处贵州省黔南布依族苗族自治州，该州石漠化土地面积占比仅次于毕节市，位居全省各市（自治州、区）第二，而龙里县是黔南州石漠化治理的重点县之一。"十二五"期间，龙里县完成人工造林7.58万亩、封山育林6.61万亩、绿化美化面积1万亩，累计治理石漠化面积57.74平方公里。

龙里县石漠化治理包含三个方面的实践经验。首先，针对石漠化严重地区采用"封山育林＋补植"的方式，通过增加这一区域的绿化面积来遏制水土流失进一步加重，最大限度地加强水土保持与生态自然恢复。其次，

① 图表来源于对《贵州省岩溶地区第三次石漠化监测成果公报》中数据的整理。

针对轻度石漠化或土壤肥力较好的区域采用"项目＋产业"的方式，依托退耕还林、扶贫开发、石漠化综合治理等工程项目，在石漠化土地上种植刺梨，带动地区石漠化治理与脱贫致富。最后，充分利用石漠化治理区域的林下土地资源来发展林下经济，如大力发展林下养鸡、养蜂或林下套种中药材、菌类等。这三种石漠化治理实践中，"项目＋产业"模式的石漠化治理成效最为显著。这一实践模式，可具体总结为"退耕还林项目＋刺梨产业＋石漠化治理"模式。

其中，龙里县茶香村是"退耕还林项目＋刺梨产业＋石漠化治理"实践模式的典型案例村。2000 年之前，茶香村还是二类贫困村。由于地势海拔较高且土地石漠化严重，村民所种植的玉米、土豆等农作物产出较低，全村人均年收入才 400 多元，处于整村特困状态。为帮助该村摆脱贫困，2000 年地方政府倡导村民依托退耕还林项目的资金支持来发展刺梨产业。2000 年，依托项目资金支持茶香村种植了第一批刺梨，面积为 2300 亩。截至 2017 年，全村已种植刺梨 5.1 万亩，其中依托退耕还林项目种植的刺梨有 5000 多亩。本书团队 2017 年在茶香村进行实地调研时了解到，全村有村民小组 10 个，共 471 户 2046 人，全村户均种植刺梨 1 万亩，人均种植刺梨 25 亩。2012 年在刺梨产业的带动下，全村人均纯收入已高达 1 万余元。

茶香村依托"退耕还林项目＋刺梨产业＋石漠化治理"实践模式，不仅实现了石漠化土地治理，而且还带动了全村脱贫致富。这一实践模式中，退耕还林项目为刺梨产业发展提供了启动资金支持，刺梨种植在生态效益方面促进了土地石漠化治理，在经济效益方面则带动了地方脱贫与致富。刺梨产业的经济效益又进一步促进人们扩大刺梨种植面积，进一步带动石漠化治理，最终形成生态治理与生态经济之间的良性互动与相互促进。

刺梨种植对于石漠化治理具有两方面的优势。其一，刺梨作为喀斯特地貌地区的优势物种，适合种植于喀斯特地貌地区。刺梨是防治水土流失的优良灌木配置树种，对于石漠化治理具有显著作用。其二，刺梨是龙里县的特色产品与优势经济产业。龙里县发展刺梨产业本就具有独特的地理优势，民间流传有"花溪的辣椒、青岩的醋、谷脚的刺梨、窄口滩的地萝卜"的顺口溜。与此同时，刺梨果的维生素 C 含量颇高，具有很高的营养价值与保健作用，符合当前市场对健康保健产品的需求。

二、农业面源污染治理

农业面源污染是乡村生态环境污染问题的主要体现。我国农业面源污染问题伴随着农业现代化与乡村生活现代化发展而逐渐产生，并日渐尖锐化。本书前文在关于我国乡村厕所革命、河流治理实践的研究中，梳理了我国乡村农业现代化推进中"农药、化肥"对"人畜有机肥"的替代性使用，也梳理了乡村从"传统独立的茅厕"到"房屋内嵌式厕所"的发展。这些转变，促使农药和化肥的残余、厕所污水、厨房污水等都排进了乡村的河流里，导致水体污染与水体富营养化。

李秀芬等人认为农业面源污染是指在农业生产活动中，氮素和磷素等营养物质、农药及其他有机或无机污染物质，通过农田的地表径流和农田渗漏形成的环境污染，主要包括化肥污染、农药污染、畜禽粪便污染等。[1] 其中，农药化肥是导致我国农业面源污染的关键。化肥的使用对于增强我国农业生产力具有很大的贡献，据统计，化肥投入对我国粮食产量增加的贡献率达到57％。[2] 然而，化肥在促进我国农业现代化的进程中也打破了我国乡村在传统农耕时期生态系统的有机循环。因此有学者研究认为："农业经济规模扩大、农业结构中养殖业比重上升和种植业比重下降、种植业结构中经济作物比重上升和粮食作物比重下降以及农村人口规模扩大均会增加农业面源污染物排放量。"[3] 我国农业面源污染是从20世纪六七十年代开始逐渐出现的，而这一时间节点与我国引入并广泛使用农药化肥的时间相一致。农药化肥的使用虽然促进了我国农业生产效率的显著提升，却不能掩盖它同时带来的生态安全问题，包括乡村水源安全、农产品安全等问题。接下来，主要从化肥与农药两方面来论述我国农业面源污染问题。

首先，农药的滥用是导致土壤与水源污染的关键所在。美国学者蕾切尔·卡逊在其著作《寂静的春天》中就曾对农药的使用及危害进行了系统性的论证。卡逊研究发现，那些"被撒向农田、森林和菜园里的化学药品

---

[1] 李秀芬、朱金兆、顾晓君、朱建军：《农业面源污染现状与防治进展》，《中国人口·资源与环境》2010年第20卷第4期。

[2] 金书秦、周芳、沈贵银：《农业发展与面源污染治理双重目标下的化肥减量路径探析》，《环境保护》2015年第43卷第8期，第50—53页。

[3] 葛继红、周曙东：《农业面源污染的经济影响因素分析——基于1978～2009年的江苏省数据》，《中国农村经济》2011年第5期，第72—81页。

也长期地存在于土壤里，然后进入生物的组织中……这种新物质可以杀伤植物和家禽，使那些曾经长期饮用井水的人们受到不知不觉的伤害。……它们不应该叫作'杀虫剂'，而应该称为'杀生剂'"。现在常见的杀虫剂主要是 DDT（滴滴涕）和有机磷杀虫剂（如马拉硫磷、对硫磷）两类。除草剂与杀虫剂中大多含有砷元素，具有高毒性与致癌性，古时被称作"杀人剂"。因而在喷洒农药的同时，亦将对土壤和水源产生极大的污染。卡逊在书中引用了一个美国密歇根州为消灭害虫而低空喷洒药粒的案例。喷洒药粒造成当地诸多无辜的小鸟、田鼠等生物同时被消灭。[①] 人类在大规模喷洒杀虫剂的时候，杀死的不仅仅是他们认为应该被杀死的动植物，而是一种全局性的消灭。

　　反观我国乡村农业实践，随着农药普及性使用且农药价格低廉、方便快捷，促使农民在农耕实践中滥用农药。本书团队近年来在田野调查期间与农民进行访谈时，发现多数农民缺乏正确使用农药的意识。农民虽然知晓农药是一种有毒物品，但他们认为只要下一场雨就能把农药洗刷掉。在乡村，农民为求方便而随意在田间田埂上喷洒农药来消灭杂草与杀虫的现象十分普遍。由于农药喷洒后，需要间隔一段时间杂草才会枯黄，因此乡村时常出现孩童因误食喷洒过农药的野果而致病或死亡的现象。即便如此，乡村农药滥用问题依旧没有被遏制。

被丢弃在田间道路中的农药瓶

道路两边草色各异

①［美］蕾切尔·卡逊：《寂静的春天》，吕瑞兰、李长生译，吉林人民出版社，2004 年，第 4—6 页、第 14 页、第 73 页。

上页左图中可见一堆被丢弃的农药瓶，其中包含烯啶·吡蚜酮（杀虫剂）、苯甲·丙环唑（杀菌剂）等农药。该片农田所处地理位置为山脚下，地处水源地，该处施用农药将对下游水源造成面源污染。上页右图的道路左边紧靠一条小河，野草未被喷洒农药，草色呈青绿色且繁茂。道路右边紧靠农田，野草被喷洒了农药，草色枯黄且稀疏。

其次，化肥的滥用亦是导致农业面源污染的重要因素。水体富营养化是农业面源污染的一项显性特征。我国江河湖泊的水体富营养化主要缘于氮、磷元素的浓度过高。氮、磷元素是促进农作物生长的重要元素，所以常见的几种化肥主要是氮肥、磷肥、钾肥及复合肥。化肥施用于农田、菜园及果园之后，一部分存于土壤中并被农作物所吸收，另一部分则会随着水流冲刷而汇集到河流、湖泊之中，最终导致水体被污染。

氮、磷元素在化肥、人畜粪便里面含量较多。其中，化肥的滥用是导致水体污染的一个重要原因。而乡村人畜粪便排入溪流之中与农药化肥对有机肥的取代性使用是相互关联的，这在本书的第二章有详细的梳理。曾任美国农业部土壤局局长，也被称为"美国土壤物理学之父"的富兰克林·H. 金教授，为解决美国本土在100年的现代化农业实践过程中出现的土壤衰退以及低效的问题，而踏足中国、朝鲜、日本这三个亚洲国家学习农耕经验，实地考察后写下了《四千年农夫：中国、朝鲜和日本的永续农业》一书。他对中国的农耕文化十分惊叹，他惊讶于中国农民用相对有限的土地喂养了几亿人口。他发现中国农民善于从农业轮作、水的利用、因地制宜的植物耕种、多种施肥方式、时间节气的利用以及农业副业（丝绸产业、茶产业）等几个方面来增加土地产出与维系土壤肥力。金教授将东亚三个国家的农业称为"永续农业"。① 然而在此之后，我国也很快进入到和美国一样通过使用化肥来提高农业生产力的阶段。

农业面源污染是具有隐蔽性的，因此农民对于污染的严重性并没有充分的认识。据本书团队多年来的调研发现，多数农民认为下场雨农药就会随着水流被冲刷走，就无毒了，却不知农药会残留在农产品上、会渗透到

①［美］富兰克林·H. 金（F. H. King）：《四千年农夫：中国、朝鲜和日本的永续农业》，程存旺、石嫣译，东方出版社，2011年。

随着水流被冲刷走,就无毒了,却不知农药会残留在农产品上、会渗透到土壤及地下水中,以及那些被水流冲走的多余农药将进一步污染更多的水源。农药化肥渗透至土壤深层不仅会污染地下水源,还将导致土壤重金属超标、土壤肥力下降,并且人类食用农产品后残留的农药、化肥将沉积在人类体内。换言之,农民并不知晓自己刚喷洒的农药,过不了多久就会出现在自己或别人所饮用的水里、所享用的美食中或呼吸的空气里。信息不对称是导致农民滥用农药化肥的一个主要原因。

农业面源污染问题是制约乡村生态环境安全和健康发展的重要因素。三农问题专家温铁军认为:"越是在农业资源短缺的情况下追求农业的增长,其结果就越会导致化学品等各种投入的增加,投入产出就越不合理,农业和农村也就越失去了可持续的基础。"① 我国在 20 世纪六七十年代将农药化肥引进的目的就是增加我国低下的农业生产效率。然而为了获得更高的农业经济产出,农民开始过量使用农药与化肥,这是导致农业面源污染产生的重要原因。

我国农药、化肥的使用量长期处于增加的发展态势。为遏制我国长期增长的农药化肥使用量,2015 年我国农业部制定了《到 2020 年化肥使用量零增长行动方案》和《到 2020 年农药使用量零增长行动方案》。两个方案的出台,对于我国农药化肥的减少使用具有一定的控制作用。从国家统计局年度数据中关于我国农药与化肥使用量的数据显示来看,1999 年至 2018 年的 20 年时间里,我国农药、化肥施用量总体呈现上升趋势。其中,农药总施用量从 1999 年的 132.16 万吨增长至 2013 年的 180.77 万吨并达到最高值,此后连续五年实现了负增长。化肥的总施用量从 1999 年的 4124.3 万吨增长至 2015 年的 6022.6 万吨并达到最高值,此后连续三年实现负增长。

目前来看,我国已然实现 2016 年至 2018 年连续三年化肥农药"双减量"。但我国农药化肥的施用量依旧过高,并且各省份之间用量增减不一。金书秦等人对我国 2016 年各省份农药化肥施用量进行比较性研究,发现各省份差异性较大,有减有增,但总体上平均单位面积的施用量强度过高,

---

① 温铁军:《新农村建设中的生态农业与环保农村》,《环境保护》2007 年第 1 期,第 25 页。

个别省（市、自治区）耕地每公顷化肥施用量超过 1 吨。[①] 因此，要从减少农药化肥的使用来治理我国农业面源污染问题，仍将任重而道远。

第三节　生态管护机制建构：林长制与护林员制度

从上述关于我国生态资源保护与环境治理实践的阐述中，可以清晰地发现，我国在乡村生态建设中呈现出制度紧缩与地方自我加压的发展趋势。在实行最严格的生态资源保护制度之后，有越来越大的森林面积被划入限制或禁止砍伐的范畴，这也意味着地方政府的森林管护职责越来越重。然而，我国前期并未将生态资源保护与生态资源后期管护连贯起来，导致生态资源保护的"最后一公里"陷入"断头路"的困境之中。近年来，随着我国逐步探究与落实"林长制"及"生态护林员制度"这两项制度，已从生态管护机制建构与生态日常管护人员安排两个方面逐渐打通了生态资源管护的"最后一公里"。

一、林长制：森林管护机制建构

林长制是继森林保护制度之后，进一步建立被保护林业资源与责任人之间的对应关系的一种制度，其实质是一种"领导负责制"。林长制是一项将生态资源管护责任与地方领导干部绩效相挂钩的实践制度，反映出党和国家对生态文明建设的坚定态度与决心。2021 年 1 月 13 日，中共中央办公厅、国务院办公厅印发了《关于全面推行林长制的意见》，意味着林长制已成为一项正式制度在全国推行。林长制在一定程度上是效仿我国"河长制"的实践经验，都是从地方经验探索到全国全面推行。意见明确，将在 2022 年 6 月全面建立林长制，并明确林长制中"林长"是由地方各级党委或政府负责人担任，逐级"林长"及其责任层层落实。其中："总林长"由各省（自治区、直辖市）级党委或政府主要负责同志担任；"副总林长"由各省（自治区、直辖市）级负责同志担任，实行分区（片）负责；各省（自治区、直辖市）根据实际情况，可设立市、县、乡等各级林长。

---

① 金书秦、张惠、吴娜伟：《2016 年化肥、农药零增长行动实施结果评估》，《环境保护》2018 年第 01 期，第 45—49 页。

据本书团队近年来的实地调研发现，2021 年之前已有诸多地方开始实施林长制。如本书团队 2018 年在四川省成都市开展实地调研期间，就了解到成都市正在推行林长制。据了解，成都市推行林长制是参照我国在 2016 年年底全面推行的河长制实践经验。河长制与林长制实践的共同点在于解决我国生态资源"失管"的问题。从本书第二章关于我国河长制的地方实践分析来看，河长制对于我国乡村河流治理有着非常显著的成效与作用。本书团队在实地调研中还发现，近年来我国诸多地方正兴起推广"路长制"的实践探索，意在解决乡村道路"失管"的问题。"林长制"的实践意图在于促使每座山都有人负责、有人管，是对林地进行逐级领导负责制的实践新路径。

本书团队 2018 年在四川省都江堰市进行实地调研时，了解到该市为落实习近平总书记关于"绿水青山就是金山银山"的发展理念，于 2017 年 8 月在全市建立了"市—乡镇（街道）—社区（村）—组（社）"四级山长制（即为"林长制"）。各级党政一把手逐级出任"山长"，通过明晰各级"山长"的权力清单和责任清单，确保了每一个山头、每一寸土地都有专人负责，实现了生态资源保护从"部门负责制"到"党政首长负责制"的新突破。

都江堰市位于成都平原西北边缘的岷江出山口处，古话"拜水都江堰，问道青城山"，传神地展现了都江堰山水的魅力。本书团队曾两次到都江堰开展乡村振兴的实地调研。都江堰市面积 1208 平方公里，林业用地面积 96.05 万亩，2017 年森林蓄积量达 666 万立方米，森林覆盖率 60.14％。都江堰市是长江上游的重要生态屏障，也是成都市饮用水源的重要涵养地。其境内有世界文化、自然、灌溉三大遗产（青城山—都江堰世界文化遗产、四川大熊猫栖息地世界自然遗产、都江堰水利工程世界灌溉工程遗产），还有龙溪—虹口国家级自然保护区与都江堰国家森林公园，同时都江堰也是我国大熊猫国家公园所在地。因此，都江堰市不仅具有非常丰富的生态资源与物种多样性，同时还是我国极其重要的生态重点保护区域。为有效保护好地方生态资源与践行习近平总书记"两山"理论，当地政府便开始探索与推行"山长制"。都江堰山长制的制度体系从以下五个方面进行建构。

一是建构党政同责机制，搭建山长制整体组织架构。都江堰市出台了

《都江堰市生态资源保护"山长制"工作方案》，搭建"党政主导、分级负责"的生态资源山长制的组织架构。设立四级山长制组织体系，设立"总山长"领导下的"市—乡镇（街道）—社区（村）—组（社）"四级山长制组织体系，确保责任落实到人。截至 2018 年 10 月，已明确由 2 名市委市政府主要领导任总山长，4 名副市级领导任市级山长，28 名乡镇（街道）党政负责人任乡镇（街道）级山长，374 名社区书记（主任）任村级山长，1306 名组（社）长任组（社）级山长，形成了全域覆盖网格化管理体系。

人员组织架构建立好后，都江堰市还通过制定《都江堰市"治山十条"》固化各级山长的工作内容，确定工作职责、工作任务及工作目标。建立山长制联席会议、山长巡查、山长制联系单位等工作制度，每季度至少召开一次山长制联席会议，同时根据工作需要由市级山长不定期召开联席会议。同时明确责任考核指标，将森林资源目标责任列入市委市政府重要生态指标绩效考评内容，采取"平时检查＋年度考核"的方式进行考核。由市政府分年度与乡镇（街道）签订《都江堰市森林资源保护工作目标责任书》，进一步明确森林面积、储蓄任务和林地保有量等责任指标及主体责任。对在工作中不作为、慢作为、乱作为的单位或个人，依照相关法律规定追究责任。

山长制在实践中实行分类分区管理，将保护区域划分为重点区域和一般区域。重点区域包括资源利用区、风景名胜区、遗产保护区、自然保护区及河道沟渠水库区等，一般区域包括河东片区和河西片区。在各区域内分设四级山长，相应级别的山长分片负责辖区内森林资源、矿产资源、土地资源、砂石资源等的管理，水源、土壤、大气的污染防治，地质灾害治理及生物多样性保护等工作。立足区域实际，建立一山一档台账，因地制宜制定"一山一策"保护方案。

二是打破管理壁垒，搭建资源保护"联盟"。2017 年 9 月，都江堰市检察院成立了"生态旅游监察科"，同时还构建公益保护"联盟"，为"集约化、专业化、快速化"办案奠定了基础。2018 年 6 月，都江堰市法院正式设立旅游环保审判庭，审理旅游环保中的刑事、民事、行政案件，通过"三审合一"的归口管理模式，最大限度发挥保护生态的司法功能。同时加强协同管理，采取属地管理与部门监管相结合的方式，严格落实凭证采伐制度、凭证运输制度和对企业木材来源合法性的监管制度，全面加强木材管理工作。全市年森林采伐量仅占年度限额采伐指标的 4.8%。为构建生态管护的长效机制，都江堰市通过林业、公安、检察、法院、国土等部门的联动，开展了"补植复绿"从宽处理的首例探索实践，建立了"生态补偿＋认罪从宽"的长效机制。目前已复绿林地 20 余亩，补栽"悔过树"1000多株。通过公检法协作，已查办案件 29 起，处理违法人员 29 人，共计罚没人民币 34.24 万元，案件综合查处率为 100%。

三是构建起完整的日常"巡查—监管—验收"机制。首先，建立四级山长巡查与日记制度等工作机制，累计开展 2000 余次巡查工作，查办各类案件 37 起，收集线索 58 起，成功避让地质灾害 1 次，发挥了畅通信息、快速处置的作用，解决了森林资源管理"最后一公里"问题。其次，创新大数据管理以完善智慧监管机制，深化应用林业"3S"技术［遥感技术（RS）、地理信息系统（GIS）和全球定位系统（GPS）］，通过 GPS 数据采集及时掌握林木采伐、森林病虫害防治、林地占用等情况。通过信息采集技术所收集的相关数据来建立地方林业数据库，实现对林业资源的数据化、精细化、动态化管理，为资源保护和产业发展提供数据支撑。最后，市山长办将对全市乡镇（街道）及成员单位工作的推进情况进行不定期检查与督促，并根据年度目标考核细则及工作要点对年度山长制工作进行检查验收，确保工作落地、落实并见效。

四是加强宣传引导以强化山长制的基层共识。首先，都江堰市在重点区域建立了山长制公示牌 183 个，对四级山长的职责、管理目标、管辖区域、联系方式进行了详细公示。2018 年本书团队在都江堰市实地调研期间，就发现路边设有明显的山长制公示牌，公示牌上的具体信息如下表所示。其次，通过标语横幅、电视广播、官方网站、"虎威威"标志牌、LED 屏等，大力宣传生态文明建设，为山长制工作有效推进营造出浓厚氛围。最后，在爱鸟周、环保日、植树节、防火宣传期等重要节点，通过发放宣传册来提升人们保护生态环境、生态资源及野生动物等的意识。据地方数据显示，相比较 2017 年同期案件数，2018 年的案件发生率下降了 9%，案件举报率上升了 17.4%。

表 5-10　都江堰蒲阳镇山长制公示牌信息①

区域名称	蒲阳镇蟠龙社区一组		保护区域名称	一般区域	组（社）面积	38.01 公顷
总山长	市委书记 L. S. 市委副书记、市长 H. W. K.		联系部门	市农林局	联系方式	—
河东片区市级山长	市委书记 L. S.	重点区域市级山长	—	组山长	L. Y. G.	联系方式	—
乡镇(街道)山长	蒲阳镇	Z. S. X. 党委书记	联系方式	—			
		L. Z. W. 镇长		—			
社区（村）山长	蟠龙社区	T. Q. L. 支部书记	联系方式	—			
		Z. X. B. 主任		—			
管理目标	作为森林资源保护责任区管理工作的第一责任人，负起区域山林资源保护工作的领导责任，落实山林资源目标责任制，有效保护所辖区域的山林资源，积极配合市级有关部门，严厉打击一切破坏山林资源的行为						
山长职责	做好林区内的森林资源保护、植树造林、湿地保护、森林防火、林业有害生物防治及林区水产禽污染防治等工作，区域无非法占用林地、采伐（集）林木、猎捕野生动物，做好山体地质灾害监测预报与防控工作，及时制止违法占用林区内耕地、非法盗采矿产资源、破坏水资源和盗采盗挖砂石行为						

　　五是激活市场要素，引领生态经济同步发展。在实施生态管护的同时，仍需积极引导乡村生态资源资产化与资金化。都江堰市依托四川省林业示范县建设和成都市现代林业产业建设等契机，成功创建；两家国家级林业专业合作社、五个省级森林康养基地和五个省级生态文明教育基地。通过

---

　　①表格信息来源于本书团队 2018 年在都江堰市蒲阳镇实地调研期间在路边所拍摄的公示牌（联系方式从略）。从公示牌信息来看，基本明确了"市—乡镇（街道）—社区（村）—组（社）"四级山长的人员信息、联系方式、管护范围、管理目标及山长职责。

林地"三权"分置改革、出台融资政策、培育新型经营主体等措施，来促进林地资源的经营权流转、林权贷款、新型林业经营主体建设及生态经营模式多元化创新等。同时加大生态旅游培育力度，着力森林康养、家庭林场、生态文明教育基地建设，成功培育了茶溪谷、安缇缦、玫瑰花溪谷等生态旅游景点。2017年，森林生态旅游综合收入已超过43亿元，农民从林业产业上获得的年人均收入提升至4445.6元。

从都江堰市山长制的案例实践来看，可以明确这是一套明晰管护职责与完善制度层面管护体系的制度性安排。不可否认，林长制的机制建构，对于我国各地森林资源保护具有非常重要的意义与价值。然而从森林生态资源管护体系的完整性来看，从"制度"到"实践"依旧有着"最后一公里"的缺失，即如何落实那些被保护的生态资源的日常巡查与管护。

二、贫困生态护林员：生态管护与精准扶贫并行

贫困生态护林员实践是将我国贫困地区有劳动能力的建档立卡贫困人口转为生态护林员，是一项兼顾乡村精准扶贫与生态资源管护的重要实践。贫困生态护林员实践，可以弥补生态资源日常巡察与管护的缺失。

贫困生态护林员实践是精准扶贫实践中生态扶贫模式的重要实践路径，扶贫成效非常显著。贫困生态护林员扶贫模式源于2015年11月习近平在中央扶贫开发工作会议上提出的脱贫"五个一批"工程，其中"生态补偿脱贫一批"实践阐释中指出"让有劳动能力的贫困人口就地转成护林员等生态保护人员"。次年，国家林业局办公室、财政部办公厅以及国务院扶贫办行政人事司联合印发了《关于开展建档立卡贫困人口生态护林员选聘工作的通知》，要求各地区按照国家政策指示并结合地区情况，制定出符合地区特点的地区性选聘条例并展开选聘。

贫困生态护林员选聘是以县为单位、乡镇为单元，实施"县建、乡聘、站管、村用"的管理机制。各地在具体实践中，基本上本着"一户贫困家庭至多选聘一名护林员"的原则。生态护林员的选聘对象要符合几个条件：一是建档立卡贫困户，二是年龄在18～60岁之间，三是有能力胜任森林管护职责。从笔者对我国各地开展的贫困生态护林员实践的调研情况来看，所选聘的护林员基本上为男性，调研中尚未遇见女性护林员。这主要缘于生态护林员需要开展日常巡山工作，要承担一定范围内的森林资源管护任务，以防止森林资源被乱占、乱伐，发生火灾以及野生动物被捕杀等。从这一工作所需承担的任务来看，更适合男性从事。

将有劳动能力的贫困人口聘为生态护林员，可以同时实现双重任务目标：一是经济脱贫效益，为贫困人口就地创造就业岗位，并通过增加工资性收入来帮助贫困户实现经济层面的脱贫；二是生态管护效益，解决了长期以来贫困山区林地资源失管的困境，进一步防止陷入"经济贫困—生态贫困"的循环陷阱。从经济脱贫成效来看，一户贫困家庭中一人被选聘为生态护林员，可直接带动贫困家庭中2～3人实现脱贫。根据本书团队2017年在全国十余省份的实地调研来看，我国大部分地区生态护林员的工资性收入普遍为1万元/年。如果按照国家3000多元的贫困标准线来看，1万元的年工资性收入可直接带动3人实现脱贫。如本书团队在贵州省调研期间了解到，该省贫困户生态护林员的工资性收入明确为1万元/年，由800元的月工资收入（年收入9600元）与400元的年终绩效组成。

本书团队在贵州省实地调研中了解到，由于贵州省省域范围内包含武陵山、乌蒙山及滇黔桂石漠化区等三大连片特困山区，连片特困山区的贫困人口多、省域内需管护的林地面积大且生态环境较为恶劣，因此贵州省贫困生态护林员的数量显著多于其他省份。2016年贵州省获得中央补助资金2.5亿元，选聘了2.5万名贫困人口担任生态护林员。2017年年底，贵州省的贫困生态护林员人数增至4.47万人。根据该省在2018年年初发布的《贵州省生态扶贫实施方案（2017—2020年)》来看，该省还将增设5.2万个生态护林员岗位，旨在2020年实现9.67万贫困人口担任生态护林员。贵州省贫困生态护林员平均每人管护1500亩以内的森林资源。如若按照一名贫困生态护林员带动3个贫困人口实现脱贫来估算，9.67万名贫困生态护林员可直接带动贵州省近30万贫困人口实现经济脱贫。

据本书团队在实地调研中发现，贫困生态护林员的年工资性收入并非统一，需要视地方统筹资金总数、贫困护林员数量及管护森林面积等情况而定。如笔者在甘肃省实地调研期间了解到，甘肃清水县生态护林员的年工资性收入为7500元，陇南市武都区生态护林员的年工资性收入为7000元。这一工资性收入水平，一户一人担任生态护林员可直接带动约2人实现脱贫。因此，一位贫困生态护林员的年工资性收入可直接带动2～3人实现经济脱贫，脱贫效果显著。

从我国生态护林员整体脱贫成效来看，生态护林员脱贫机制的实质是通过就地或就近创造就业岗位来带动贫困人口就业。有数据显示，2016年我国安排了20亿元中央财政资金，用于专项支付28.8万名的生态护林员工资性收入。① 2019年9月，在广西罗城召开了全国生态扶贫会议，会议明确指出，2016年以来我国已落实聘用100万名贫困生态护林员，累计安排167亿元的中央和地方财政资金以保障其工资性收入。按照一名贫困生态护林员的工资性收入可带动贫困家庭2～3人脱贫来推算，保守估计可以直接带动我国200多万贫困人口实现脱贫。从宏观数据来看，贫困生态护林员机制对于带动我国贫困山区脱贫具有精准瞄准性与直接有效性的特征。

从生态管护效益来看，贫困生态护林员机制能有效解决我国长期面临的乡村生态公益林后期"失管"的现实困境。在天然林禁伐、生态公益林保护、水源林保护、自然保护区划定等生态保护制度及实践中，我国乡村受保护的生态资源面积越来越大，这也就意味着地方政府的管护责任越来越大。然而从现实来看，地方林业站工作人员以及护林人员相对有限，因而难以做到真正的日常巡查与管护，基本上只有当遭遇森林火灾或大面积被盗伐等问题时，才能被发现并采取管制措施。如果国家在地方增设编制内的护林员岗位，将会增加地方财政负担。在精准扶贫背景下，将有能力的贫困户纳入生态护林员队伍，不仅能有效带动贫困人口在村或就近实现就业与脱贫，还能有效地对地方生态资源进行日常管护，平均800元/月的工资相比较于正式编制人员，极大地减轻了地方财政压力。

综上，生态护林的生态扶贫路径，既能够在实践层面落实国家日益扩大的生态保护型资源的后续管护问题，又能够为那些有劳动能力但必须留守乡村的贫困人口创造就业岗位以促使他们实现经济上的脱贫，是一条集生态管护与生态脱贫为一体的生态扶贫路径。

---

① 焦玉海、傅凯峰、黄海：《安排28.8万生态护林员带动百万人口脱贫》，《中国绿色时报》2017年1月6日。

第五章／乡村生态经济发展实践

工业革命以来，经济发展与生态保护二者往往被放置于对立面。如何化解二者之间的张力成为各国及社会各界关注的焦点。本书聚焦于乡村生态层面的实践研究，只有化解乡村经济与乡村生态之间存在的矛盾，才能最终实现乡村生态振兴。片面强调乡村生态保护与发展是难以为继的。乡村农业经济实质上是对生态资源的开发与利用，就属于生态经济。

自古以来，农民赖以生存的农业经济本身就是一项生态资源开发利用型经济。原始社会中的人类通过捕猎与采摘果实以实现自身的生存，此时的人类还难以对自然界进行改造与利用。到了农耕社会时期，人类逐渐开始摸索在耕地上种植农作物并发明各类农业器具以增强人对自然界的改造能力。"靠山吃山，靠海吃海"是数千年来我国农民依靠所处区域客观自然条件而维持生存的发展之道。生态资源是农民赖以生存的核心资源，片面强调生态资源保护而剥夺农民对生态资源的开发利用，肯定是不现实且难以为继的。但对于不可持续的农业经济行为亦需进行限制与引导。乡村生态振兴实践必须要探索出一条既能满足农民农业经济增收，又能实现对乡村生态资源有效保护的融合发展之路。

虽然在当今乡村劳动力普遍外流的现实背景下，非农经济收入在大部分农民家庭经济结构中的占比已经超越农业经济收入，成为农民家庭经济结构中的支柱型经济，但不可忽视，我国还有千千万万的留村农民以及那些生活在贫困山区中的农民群体，他们的家庭经济收入依旧依赖于农业经济。目前而言，农业经济增收与乡村生态环境保护之间依然存在诸多张力，如在农耕实践中由于过度耕种、过度放牧或过度捕捞导致的生态环境退化或生物多样性锐减，再如农药化肥的滥用导致环境污染与农产品不安全等问题。然而，无论是过度利用自然资源，还是过度使用化肥农药，其共同目的都是实现经济增收。归根结底，这些现象在本质上还是乡村生态经济与生态可持续发展之间所存在的矛盾关系。

生态保护与经济发展在具体的实践中往往存在着矛盾性。工业发展归根结底是依托于自然资源为基础的发展，而工业发展前期粗放式的发展对自然界进行了极大的资源掠夺并造成了极大的浪费，也对生态环境造成极大的污染。近二十余年间，我国先后历经了1998年的特大洪灾、2002年的"非典"疫情、2019年的"新冠"疫情等重大事件，这些重大灾难的发生也促使我国对人与自然的关系进行深入反思。1990年，在《国务院关于进一步加强环境保护工作的决定》中明确提出"保护和改善生产环境与生态环境、防治污染和其他公害，是我国的一项基本国策"。2012年年底，党在十八大报告中将"生态文明建设"纳入我国"五位一体"发展总布局。2018年中央一号文件明确指出，乡村生态振兴实践中要"正确处理开发与保护的关系，运用现代科技和管理手段，将乡村生态优势转化为发展生态经济的优势，提供更多更好的绿色生态产品和服务，促进生态和经济良性循环"。

"生态产业化、产业生态化"理念是破解生态保护与生态利用之间的矛盾关系的核心思路。"生态产业化"指的是将乡村生态资源视为乡村产业发展的重要资本，在以生态资源不被破坏的前提下，通过延长产业链来达到充分利用生态资源并激发生态产品的生态价值。"产业生态化"指的是在绿色发展与供给侧结构性改革等理念指导下，对传统乡村产业进行转型升级与结构性调整，促进乡村产业向绿色、有机等高品质方向发展，以提升生态产品的价值链。与此同时，生态产业在发展实践中还要着力于完善利益链，尤其要保障农民群体在利益分配中的优先性。从当前我国乡村生态产业发展的整体趋势来看，呈现出生态产品品质化与生态经济服务化。

第一节　品质型生态产品：产业生态化与价值链提升

生态产品指的是维持生命支持系统、保障生态调节功能、提供环境舒适性的自然要素，包括干净的空气、清洁的水源、无污染的土壤、茂盛的森林和适宜的气候等。[①] 按类型来分，可分为物质供给类产品、文化服务类产品、生态调节服务类产品三类产品。[②] 毋庸置疑，人类对于生态产品的依赖性是绝对的，并且人类一刻都离不开自然界所供给的生态产品。人类对于生态产品的需求会伴随着不同阶段人类社会发展背景下人与自然关系的变迁而变化。工业革命之前，人类渴望从自然界获取更多的生存物质，总体上呈现出"量"的需求。在工业机械化发展极大地增强了人类攫取自然资源的能力之后，随之而来的是生态资源短缺与环境污染加剧，高品质的生态产品已然成为稀缺品。人类对于生态产品的需求从"数量"向"质量"转变，如当前人们对纯净的空气、干净的水源、无污染的农产品等的渴望。

一、需求转变与供给侧结构性改革

2015 年 11 月 10 日习近平在中央财经领导小组第十一次会议上首次提出要"着力加强供给侧结构性改革"。[③] 2017 年中央一号文件指出，当前我国农业农村发展已然进入新的历史阶段，"农业的主要矛盾由总量不足转变为结构性矛盾，突出表现为阶段性供过于求和供给不足并存，矛盾的主要方面在供给侧"，农业供给侧结构性改革势在必行。改革应在确保国家粮食安全的基础上，着力于产品产业结构、绿色生产方式、延伸产业链、科技创新驱动、完善基础设施、推进制度改革等多层次多维度的结构性优化。习近平在十九大报告中强调要"以供给侧结构性改革为主线，推动经济发展质量变革、效率变革、动力变革"。

供给侧结构性改革是我国应对新时代新发展形势而制定的新发展战略，

[①] 曾贤刚、虞慧怡、谢芳：《生态产品的概念、分类及其市场化供给机制》，《中国人口·资源与环境》2014 年第 24 卷第 7 期，第 12—17 页。

[②] 王夏晖等：《生态产品价值实现的基本模式与创新路径》，《环境保护》2020 年第 14 期，第 14—17 页。

[③] 刘琼：《习近平主持召开中央财经领导小组第十一次会议》，新华网，2015 年 11 月 10 日，http://www.xinhuanet.com//politics/2015—11/10/c_1117099915.htm，2020 年 5 月 20 日查阅。

以往我国以刺激"需求侧"消费来促进经济发展。而今，随着人民物质生活水平获得极大的提升，人们的消费需求已然从"量"转为"质"。而市场供给的产品显然还难以完全满足人民对产品"质"的需求，因而近年来呈现出人们对进口商品的青睐，"海淘"成为人民消费结构中的一个组成部分。在这一背景下，必须要对我国"供给侧"所供应的产品进行调整，通过供给侧结构性改革来解决当前我国突出的供需结构性矛盾。

2017 年，习近平总书记在十九大报告中指出，我国新时代社会主要矛盾已经转化为"人民日益增长的美好生活需要和不平衡不充分的发展之间的矛盾"。我国前一阶段的社会主要矛盾为"人民日益增长的物质文化需要同落后的社会生产之间的矛盾"。社会主要矛盾集中体现了我国在不同社会发展阶段下"人民需求"与"社会供给"之间的矛盾关系。人民需求从明确的"物质文化需要"向宽泛的"美好生活需要"转变，呈现出人民需求的泛化趋势。"需求泛化"是当前我国人民需求发展趋势的一项重要特征，表现为人民需求的多样化与个性化发展。经济基础决定上层建筑，物质生活水平的提升决定了人们在生活中拥有更多的自主权与选择权。十九大报告指出，我国社会主要矛盾发生转变，是基于对新时代我国整体发展与人民需求之间关系的重新评估而得出的新论断。新时代是解决新的社会主要矛盾的新起点。我国在此之前的很长一段时间内，为解决人民的物质文化需求与社会生产落后之间的矛盾付出了极大的努力。

新中国成立后，我国在较长一段时间内处于物资匮乏、人口数量锐增、人民温饱问题得不到解决的状态。因此，如何快速提升我国农业与工业生产力以满足人民物质需求是当时党和国家急需解决的问题。由于社会生产力低下而难以满足人民物质需求，因而我国在 20 世纪 50 年代中期的计划经济时期开始实行"票证经济"，即人民生活物资由国家进行统一计划供应，人民凭票证来购买相应的物资。"票证经济"的实施背景源于我国物资匮乏而采取的计划供应制度。彼时票证种类基本涵盖了人民物质生活的方方面面，如粮票、糖票、鞋票、蚊帐票、肉票等。

我国 20 世纪六七十年代之前出生的农村人，大都经历过吃"番薯丝饭""黑馒头"的艰苦岁月。这缘于当时我国农业生产效率依旧很低，水稻与小麦产量过低，精粮无法满足人们对食物量的需求，因而需要辅以大量粗粮才能维持温饱。而番薯、荞麦等粗粮的产量相对较高，因而农民家庭大都会种植粗粮以补充米面不足。如早期南方农民会大面积种植番薯，番薯成熟后将其挖出、洗净、刨成丝并晒干后储存起来供应一年所需。"番薯丝饭"就是将番薯丝干加入大米中蒸熟后作为主食来食用。"黑馒头"则是用荞麦粉为原料制作的馒头。粗粮对于当前物质充裕且需要控制体重的人们而言，无疑是营养丰富的健康食品，但对于饥荒年代的人们而言，则是一段艰苦岁月的体现。

改革开放四十余年来，我国人民物质生活水平从"温饱不足"的积贫积弱到"满足温饱"的小康水平再到"温饱不愁"的全面小康。邓小平同志在 1987 年提出"三步走"的战略构想，即：第一步目标是在 1980 年至 1990 年期间解决人民温饱问题，第二步是在 1990 年至 2000 年期间实现小康社会，第三步是到 21 世纪中叶基本实现现代化。目前来看，前两步的战略目标我国都提前完成了。第三步战略目标即为我国"第二个百年"奋斗目标。2021 年我国已经实现了全面建成小康社会的"第一个百年"奋斗目标。2020 年 11 月我国宣布实现全国 832 个国家级贫困县全部脱帽，为实现全面建成小康社会的目标奠定了坚实的基础。在精准扶贫实践中，习近平总书记将贫困户是否脱贫的重要衡量指标具化为"两不愁、三保障"，即不愁吃、不愁穿，保障义务教育、基本医疗和住房安全，体现了人民物质文化生活水平的提升始终是党和国家最关心的民生大事。

在以人民为中心的国家制度背景下，人民需求转变与国家发展阶段始终是紧密关联的。新中国成立七十余年里，我国从"站起来"到"富起来"再到"强起来"，人民物质生活水平从"吃不饱"向"吃得饱""吃得好"跨进。"吃得好"相比较"吃得饱"是一种从"量"的追求向"质"的追求的跨越。"吃得饱"主要从粮食供应方面予以满足，而"吃得好"则需要在个性化与多样化等多维度上来满足人民需求。从当今人们对"吃得好"的要求来看，已不仅是传统观念中肉类食品数量的满足，而主要体现在人们对食品安全与健康方面的需求。如近年来标有"有机""高山""富硒"等的农产品倍受消费者的青睐，并且这类农产品通常市场售价要高于普通农产品。标有"有机"标识的农产品，严格意义上来讲是指无农药、无化肥和施有机肥的绿色有机产品，但市场上以次充好、滥竽充数的现象也甚为常见。人们青睐于购买售价更高的有机农产品，一方面呈现出人们内心对当前农产品质量及其安全性的深深担忧，另一方面也体现出人们对高品质农产品的迫切需求。从近几年我国农产品消费市场发展趋势来看，安全、绿色、健康、特色等成为人们对农产品需求的几大关键要素。农业供给侧的着力点在供给端，着眼点则应在需求端，所供给的产品要围绕消费者需求而定，形成需求倒逼供给。[①]

农业供给侧结构性改革是在我国乡村场域中实施的深化改革实践，是新时期我国农业转型发展的主要方向。从当前农业发展状况来看，我国粮食供给过剩、低质[②]的状况较为显著。而今，随着人民物质生活水平整体提升，人们的饮食结构已经发生重大变化。主要表现为人们饮食结构中大米、小麦及玉米等主食的摄入量逐渐减少，蔬菜、水果、肉类及其他食物的摄入量增多。人们的饮食结构向多元化方向发展，因而对粮食的依赖性降低，需求量也减少，取而代之的是对农产品质量的关注。在农产品供需市场中，必须要调整当前农业供给侧与需求侧两者间结构性错位的矛盾。

从市场竞争力来看，由于我国人口基数大、人均耕地面积小、小农户经营成本偏高且质量不高，因而我国粮食在国际市场上的竞争优势较弱。我国户均耕地规模为 0.5 公顷，为日本的 1/6、欧盟的 1/30 以及美国的 1/340。即使到 2050 年农村人口降至 3 亿～4 亿人，户均经营规模也仅约为 1 公顷。[③] 有学者研究认为，当前我国农业正面临着国际农产品价格下跌与我国农产品成本上升的国内外双重挤压的发展困境。[④] 而要摆脱当前我国所处的农业发展困境，就必须进行农业供给侧结构性改革，促进我国农业步入高质高效的发展新阶段。黄季焜认为，农业供给侧改革将引领我国农业往高值高效、绿色安全、特色、多功能等方向发展，政府部门在这一过程中要着力于完善市场价格形成机制，并解决食品安全、食物安全、资源安

①万良杰：《供给侧结构性改革视阈下的民族地区"精准扶贫"》，《中南民族大学学报（人文社会科学版）》2016 年第 6 期，第 152 页。

②郑风田：《深入推进我国农业供给侧结构性改革的进路》，《新疆师范大学学报（哲学社会科学版）》2017 年第 5 期，第 41—51 页。

③倪洪兴：《开放视角下的我国农业供给侧结构性改革》，《农业经济问题》2019 年第 2 期，第 10 页。

④翁鸣：《中国农业转型升级与现代农业发展——新常态下农业转型升级研讨会综述》，《中国农村经济》2017 年第 4 期，第 91 页。

全等领域的市场失灵问题。[①]

二、工业生态化转型与升级

进入 21 世纪之后，党和国家逐渐意识到前期粗放式的工业化发展对我国生态环境造成了严重的破坏。2002 年突如其来的"非典"疫情更让党和国家逐渐意识到发展进程中人与自然和谐共生的重要性。随后，以胡锦涛同志为核心的党中央提出了"科学发展观"思想，强调要坚持以人为本，树立全面、协调、可持续的发展观。胡锦涛同志在十八大报告中，将"生态文明建设"纳入我国发展格局之中，形成"五位一体"的发展总布局。当前，我国依旧处于工业转型升级阶段，从"又快又好"向"又好又快"、"粗放型"向"节能环保型"、"高产型"向"高质型"转变。产业升级是工业发展的必然趋势，亦是人民需求倒逼所致。

以我国浙江省浦江县"水晶产业"转型为"香榧产业"的产业转型为例。浙江省的工业发展可谓是抓住了我国改革开放的红利期。改革开放前夕，浙江省还是一个经济落后的农业省和工业弱省。由于浙江省山多田少，在农耕实践中不占优势，因而改革开放之前的浙江是一个贫困大省。而在改革开放的 40 年间，浙江省翻身成为我国工业大省。如今浙江已成为我国的"GDP 大省"，其民营企业发达且民间资本雄厚，人均 GDP 也位居全国前列。

众所周知，浙江省的小商品市场尤为繁荣兴盛，被誉为世界小商品中心。"走出国门"的浙江小商品已成为"中国制造"的名片之一。然而浙江省早期的小商品工厂多为"家庭作坊式"企业，这也是浙江省民营资本较为发达的重要原因之一。家庭作坊式企业对于增加居民家庭收入具有重要价值和意义，但这种"逐利型"的民间作坊也导致地方生态环境受到极大的污染。浦江县正是浙江省家庭作坊式小商品企业扎堆的代表地区之一。

浦江县是浙江省经济发展的一个缩影，该县抓住了改革开放的新机遇，凭借"水晶产业"实现了经济的大跳跃。浦江水晶产业是改革开放初期由来自上海的四位师傅带来的，因浦江自身所具有的文化、人才及政府支持

---

① 黄季焜：《农业供给侧结构性改革的关键问题：政府职能和市场作用》，《中国农村经济》2018 年第 2 期，第 2—14 页。

等优势而落户当地并逐渐成为当地支柱产业。21 世纪初期，该县的水晶企业已有 1000 余家，吸纳 5 万余人就业，年销售额达 12 亿元，市场占有率达 60%，占全国生产总量的 80% 以上。[①] 浦江水晶产业主要以家庭作坊式生产为主。由于水晶产业利润相对较高，造就了当时浦江家家户户闭门"磨水晶"的景象。本书团队于 2016 年 3 月在浦江县进行调研，对该县一位曾经从事水晶产业而今转型为生态产业的负责人 Z. X. H. 进行访谈时，他说道：

> 我们这边曾经以水晶产业为主，水晶产业利润高且无门槛，夫妻两人磨水晶，一天能挣 500 元左右。因此大家都去磨水晶，而导致山和田无人耕种，便宜租出去也没人要。大家认为 1 亩田年收入才 2000 块左右，还得花费不少时间和人力，远不如磨水晶的经济效益高。不仅本地人磨水晶，还有许多外地人涌入一起磨，当时的新关村是水晶专业村，本地人只有 600 多人，而外地人就有 800～1000 人。水晶产业虽然给浦江带来了极高的经济收入，使老百姓日益富裕起来，但同时也导致浦江县的环境污染日益严重。

如上所述，一个家庭夫妻两人（实际情况是大部分家庭的劳动力不止两人）以家庭小作坊模式从事水晶行业，家庭年收入为 18 万元左右。而农耕经济收入，即使每户耕地为 10 亩，年收入也仅为 2 万元，远不及从事水晶产业的经济效益高。由于早期浦江县的水晶产业主要为家庭小作坊式的经营方式，数量多、分布广、生产较为隐蔽且长期处于无序化和无标准化状态，因此政府部门难以介入监管。磨水晶需要使用大量的水资源，还会产生大量的工业废水。由于早期市场监管不严，因此大量工业废水被直接排入河道中，最终导致浦江县的水污染极其严重。在 2013 年浙江省开展"五水共治、三改一拆"之前，浦江县的水质位居全省 90 多个县市区的最后一名，河流水质大多为"劣 V 类水"（水质等级最差，污染程度非常严重）。

2013 年，浙江省强力推进环境污染整治工程，形成以环境整治倒逼产业转型升级的发展态势。产业的转型升级主要体现在两个方面。一方面是水晶产业自身的转型升级，从"家庭小作坊"升级为"规模化企业"，从"污染型"升级为"环保型"。地方政府以强硬的态势清查并关停了大批家

[①]金月华、金晓蓉、管晶晶：《崛起中的水晶之都——浦江水晶行业调查报告》，《浙江经济》2003 年第 24 期，第 58—60 页。

庭小作坊式的水晶企业，并组建集约化、规模化的大型水晶企业，以解决前期难以监管的困局。通过合并与重组，浦江水晶企业数量从高峰期的22000多家缩减至526家，规模企业从0家发展至20家，并拥有一家上市企业。产值从原来的57.8亿元升至2016年的90.1亿元。企业的规模化便于市场监管，尤其是对企业污染源排放情况的监管。产业转型升级与水污染治理等举措实施之后，2016年浦江县从原来90％的牛奶河、垃圾河、黑臭河等劣V类水，水质逐渐变为优III类。[1]另一方面，引导从传统水晶产业中搁置下来的人力资本和经济资本转向其他生态产业的发展，如水晶产业转型升级后浦江香榧产业异军突起。浦江县的产业名牌，从早期"浦江水晶"一枝独秀，到而今"浦江香榧"广为人知。"水晶产业"向"香榧产业"的转型，意味着浦江工业的生态化转型与发展。

前文所提及的访谈对象Z.X.H.，他原先以出口水晶产品为业，随着水晶产业的转型升级，他逐渐退出水晶产业，转而投入香榧产业。目前，他是浦江香榧协会的副会长，还成立了浙江马岭生态农业有限公司。Z.X.H.于2008年流转土地300亩并开始转型种植香榧，而后逐年增加香榧种植面积。截至2016年，该公司已流转林地面积4000余亩用于种植香榧，并流转200多亩的耕地用于培育香榧苗，以及流转100余亩林地与当地村委合作建设自驾游旅游营地。

其中，4000余亩的香榧种植基地，由于林地流转时间不同，只有后期桥头村的土地流转是与该村所成立的合作社对接并流转的。其他乡村的土地流转，因时间相对较早，所以是直接与农户对接流转，流转期限30～50年不等。早期土地流转费用较低，一亩土地30年的流转总费用为800～1000元不等，年均每亩费用20元左右。考虑到村民随着公司后期林业收入增加会产生心理不平衡等问题，该公司后期又补充实施了一项新的合作模式。考虑到香榧生长速度慢，12年才挂果，18年才开始有盈利，且前期投入成本费用极高等因素，公司与村民定下了"十八年周期"的约定，即前18年公司按照当地生态公益林的补偿标准——25元/亩的费用标准支付给农户，18年以后，随着香榧实现盈利之后，则以每10年费用递增的形式将

[1]方忠良：《浙江浦江治水经验的探究》，《农村经济与科技》2018年第3期，第248页。

收入分红给农户。具体形式：第 19～28 年期间，以每亩 5％的毛收入分红给农户；第 29～38 年期间，以 10％的毛收入分配给农户；第 39～48 年期间，以毛收入的 15％分配给农户；之后以每 10 年递增 5％的规律依次类推。

目前，该公司投资 5000 多万元于香榧种植基地，其中银行贷款 2000 多万，主要以林权作为抵押进行贷款，银行利息为 5～6 厘。基地还发展种植香榧苗木，苗木售价因生长年限不同而有所差异。据 Z.X.H. 所言，目前公司的苗木有 500 元一株的大苗，也有 100 元一株的小苗，售卖大苗则可以早一些获得收益。本书团队在 2016 年对 Z.X.H. 进行访谈时了解到，由于当地所种植的香榧尚未处于生产期，因此相应的加工以及销售等产业链尚未完善起来。每年所产的少量香榧由自己炒制，2015 年价格相对低一些，每颗香榧果子的市场售价平均为 0.7～0.8 元，价格较好时每颗果子的售价约为 1 元钱。因此 Z.X.H. 形象地将香榧树比喻成挂着一枚枚一元硬币的"摇钱树"。Z.X.H. 保守估算，香榧即使后期价格下跌，其底线是作为木本油料进行榨油。作为木本油料香榧具有几个方面的特点：一是香榧的油品质好，所含不饱和脂肪酸比橄榄油更高，更为健康；二是香榧的产油量比山茶籽高，一亩山的油茶树榨油后的收益为两千多元钱，而一亩香榧榨油后产量为 250 斤，按 50～60 元每斤油价计算，产值可在 1.2 万～1.3 万元之间。Z.X.H. 将香榧树比喻为"养老树"，按照他的估算，40 岁种下 100 棵香榧树，退休后年收入将不低于 10 万～20 万。

该公司还流转了 200 余亩的耕地用于培育香榧苗，租金 300 元每亩，一年一付，租期 5～8 年不等。该公司培育的苗木，一部分供自己的基地种植，一部分则出售给其他种植基地。该公司在 2011 年苗木价格相对较低时，一次性购买了 30 万株的小苗木，每株 10 元钱，共花费 300 万元。2016 年，历经 5 年的成长期，苗木的售价可达到 130～140 元每株，公司出售苗木则可实现年盈利 500 万元左右。香榧苗木经营很好地解决了公司前期"只投不赚"的发展困境。在 2016 年的访谈中，Z.X.H. 还透露该公司目前正在与新关村合作建设一个旅游项目，预计投入 1000 万元，涉及 100 余亩林地。其中新关村以土地入股，占 15％的股份，后期参与股份分红。

浦江县将"传统水晶产业"向"规模化环保水晶产业"转型与升级，并向"香榧产业"进行延伸发展，实现了地方产业的生态化转型与发展。

浦江县是浙江省产业生态化转型发展的一个典型案例。工业的转型发展不仅是制度倒逼所致，其本质上更是源于满足人民对更高品质生活的需求。虽然高污染的家庭作坊式企业极大地提高了人民的收入水平，但也将地方人民的生命健康安全置于危险境地。

三、农业有机化转型与发展

产业转型与升级是顺应时代发展与变迁的必然趋势，不仅表现在工业企业之中，在农业发展实践中也面临着相同的发展困境。农业产业的转型与升级同新时代人民物质生活水平提升及人民对农产品更高质量的需求有着密切的相关性。民以食为天，农产品是人民日常生活不可或缺的必需品。随着生活水平的日益提升，人们对食品安全更为注重，整体上表现为更热衷于购买"生态""有机"的绿色食品。乡村作为农产品的供给方，亦需要顺应市场需求对农业产业进行调整。

农业有机化转型发展表现为顺应市场对有机农产品的需求，将生产标准向符合有机认证的标准进行转变。普通农产品的生产相比较有机农产品，最为显著的差异在于对肥料与农药的使用上。本书在第二章"厕所革命"的论述中回溯了我国传统农业依托"农家肥"来改善土壤肥力并维系农业可持续发展。而今，化学肥料替代了农家有机肥，农民在农业技术人员的指导下根据植物生长状况来判断土壤肥力状况，并施用相应的化学肥料。农业种植中常见的肥料为氮肥、磷肥、钾肥及三种要素相互组合的复合肥，也有含有效态硼、锰、铜、锌、钼、铁等微量营养元素的微肥。化学肥料虽然能够精准补充植物生长所缺化学元素，但长期施用化学肥料容易导致土壤酸化、板结及重金属超标等问题，进而影响农产品安全。

本书团队自 2017 年开始跟踪观察福建省闽西北地区一家主打种植与生产"有机米"的农业公司——L. J. N. 生态农业有限公司。本书团队曾多次与该公司负责人 Z. D. Q. 进行访谈，对该公司整体经营情况进行了全面了解。据了解，该公司于 2013 年正式成立，注册资金为 1000 万元。由于公司主打"生态""有机"产品，因而对于所耕种的田地质量需要严格把关。该公司将产区设在四面环山的村镇中，这些村镇的耕地主要为山农田。但令人意外的是，公司依托第三方机构在对各村镇的耕地进行质量检测时，发现大部分耕地的检测结果显示为重金属超标。重金属超标主要缘于农民长期施用化肥与农药。这些村镇多为"烟稻轮种"的农业经营模式，而种植过烟叶的农田肥力过剩，不适用于种植有机稻。如此，符合种植有机稻的农田就所剩无几了。目前符合该公司种植标准的农田基本属于靠近水源地的山农田。山农田是以山泉水灌溉的田地，山泉水温度较低，导致农田产量也较低。由于近年来山农田常有野猪等野兽出没，因而种植风险较大。

2013年为该公司试水期，经营面积不足100亩。随着有机米市场逐渐打开，该公司开始不断拓宽经营面积，2017年经营面积达8000余亩。由于符合种植有机稻标准的农田并不多，所以经营地块较为分散，公司在扩大耕种规模方面受限。上述8000亩农田分散在三县（将乐县、泰宁县、明溪县）、十余个乡镇，涉及3000多户农户。

从公司整体经营模式来看，主要采取"公司（协会）＋基地（村）＋农户（家庭农场）"的经营模式。公司产品大部分以"订单农业"的形式委托给村庄合作社与农户进行种植，少部分有机成分更高的产品由公司自主种植。农业公司经营的"有机大米"产品中，有机成分越高则售价也越高。在"订单农业"中，公司难以跟踪监测农户是否使用农药与化肥及其施用量，因而无法确保产品的有机度。所以，高有机度的产品由公司根据相关有机指标自主耕种，大部分产品则通过"订单农业"的模式委托给农户种植，农户接受公司的种植指导与要求，产品最终由公司进行统一收购。在这一进程中，农户所种植的水稻品种由公司来决定，公司免费提供谷种给农户。每亩所需谷种为2～3斤，每斤谷种市场价约为50元，农户可省去每亩种植成本100～150元。为结合地区带动贫困户脱贫的任务，公司免费提供专用肥料给参与种植的贫困户。与此同时，公司在水稻种植过程中还将提供有机稻种植技术指导。

从经济效益来看，有机农业的经济收益要显著高于常规农业经济。虽然有机稻种植相比较普通水稻种植产量更低，但有机稻的收购价格高于传统稻谷，因而整体经济收益仍高于常规稻。普通杂交水稻的产量约为1000斤每亩，售价在1.3元/斤，每亩毛收益约为1300元。而有机稻的产量约为750斤每亩，公司收购价为2.4元/斤，收益在1800元左右，整体上每亩收益约高出500元。按照2017年所耕种的8000亩来计算，整体收益增加400万。以该有机农业项目的收益来看，农户经营有机农业的收益要高出常规农业 38% 左右。

　　有机农业相比较常规农业而言，其收益高出部分可以视为生态溢出价值。从上述案例来看，发展有机农业需要具备一定的基础条件，如上述有机稻种植对农田质量有着明确的要求。但如果那些具备发展生态农业条件的地块依旧按照常规农业的发展路径进行发展，长久以往这些区域的土地也将受到化肥农药的浸润与污染。从农产品需求侧来看，生态农业符合人民对高质量与高安全农产品的需求。从农业供给侧来看，提高供给的农产品质量不仅能提升农民的农业经营收入，也能保障乡村土壤质量与农田可持续耕种。

　　本书团队在调研中发现，虽然公司前期对所经营地块的土壤质量做了严格检测，并统一提供了谷种与技术指导，但在后续的有机稻种植过程中则几乎处于"失管"的状态。公司对"订单农业"的承接方在种植过程中所施用的化肥与农药的量，并未予以严格的监管。农民作为理性经济人，是以获取最大经济收益作为目标来进行农业耕种。而稻谷收购价格固定，农民会更加注重"产量"而非"质量"，他们往往会通过施用大量的农药与化肥来促进水稻产量的增加。由于监管缺失造成有机产品质量难以保障，所以公司会选择自主耕种高有机度的产品。但公司自主耕种经营的有机产品只占少部分，大部分的产品源于与农户合作经营的"订单农业"。

　　以本书团队的访谈对象农户 C.H.J. 为例，他是承接 L.J.N. 公司"订单农业"的农户之一。2018 年 C.H.J. 种植 9 亩的"优质稻"，稻谷产出约为 8000 斤，平均每亩产量不足 1000 斤。2018 年该农户以 2.4 元/斤的价格将稻谷出售给 L.J.N. 公司，获得约为 1.9 万元的收益。访谈中，农户 C.H.J. 呈现出利益最大化的理性小农特征。C.H.J. 抱有一种"非自家食用，只需利益最大化"的思想。由于"订单农业"产品的价格已经在合同中确定下来，因而农户的目光则聚焦在提高农产品的产量上，而提高农产品产量最直接的方法就是施用较多的农药与化肥。

　　食品安全问题已然成为一项重点民生问题。当前市场抓住人们对安全食品有更高的要求与需求这一点，出现了诸多标有"有机""绿色"等标签的产品。"有机产品"非"有机"的现象频频被曝出，"有机乱象"已然受到媒体和民众的关注。2018 年 5 月 6 日，央视《焦点访谈》就曾曝光了一些贴有"有机蔬菜"标签但实际上并非有机的市场乱象。贴有"有机"标签的食品需要通过认证证明该食品的生产、加工、储存、运输和销售点等各个环节均符合有机食品的标准。有机食品在生产过程中的要求为：在农业种植或养殖过程中不使用合成肥料、农药、生长调节剂和饲料添加剂等产品。

从上述案例可知，当前符合种植有机产品的土地已经越来越少了。这缘于我国农村土地长期被浸泡在高浓度的农药、化肥之中，导致土壤被深层污染。因此，要想恢复到符合有机种植的土地标准，至少需要三年及以上的自然修复时间。而三年的休耕则意味着三年的农业经济收益为零，这显然很难实现。食品安全问题已然成为民生问题中异常凸显的一个问题，但与此同时，人民对食品安全的紧迫需求，为有机农业创造了市场前景，也为农业转型发展奠定了市场基础。

第二节　服务型生态经济：生态产业化与产业链延长

服务型生态经济是依托生态产品的服务功能而衍生出的新生态经济业态，主要以乡村生态旅游业为载体来输出乡村生态资源的服务功能。生态系统一直以来服务于人类的生产与生活，为人类提供适宜生存的自然条件，具有不可或缺的生态服务功能价值（Ecosystem Services Value，ESV）。[①]服务型生态经济发展是立足于乡村生态可持续发展基础之上，来促进生态产业化与生态产业链的延长。

传统乡村生态经济往往处于"种瓜—得瓜—卖瓜""种树—砍树—卖树"的经营模式。乡村生态产业基本只停留在第一产业层面，依靠种植与出售原材料来获得经济收益，在产业链的经济收益中处于低效的状态。而服务型生态经济则是将乡村农业产业延伸至第三产业，通过延长产业链以实现农业转型与升级发展。

---

①刘崇刚等：《乡村地域生态服务功能演化测度——以南京市为例》，《自然资源学报》2020年第5期，第1098—1108页。

一、乡村生态旅游发展态势

从当前我国城镇居民的消费结构来看，近年来旅游消费支出已然成为城镇居民消费支出的一个重要组成部分。根据 2020 年国家关于国内旅游情况的统计数据[①]显示，我国 2000 年国内旅游人次为 7.44 亿，2019 年国内旅游人次为 60.06 亿。进入 21 世纪以来的 20 年时间里，我国国内旅游人次逐年攀升，2019 年旅游人次约为 2000 年的 8 倍。随着人民物质生活水平的上升，人均花费在旅游上的费用也从 2000 年的 426.6 元上升至 2019 年的 953.3 元，人均旅游花费增加约一倍。国内旅游总消费从 2000 年的 3175.5 亿元上升至 2019 年的 57250.9 亿元。上述我国国内旅游人次、旅游人均消费及旅游总消费等数据，足以证明我国国民旅游需求激增与国内旅游市场整体向好的发展趋势。

2016 年国务院发布的《"十三五"旅游业发展规划》就明确指出，旅游业已成为我国国民经济战略性的支柱性产业，国内旅游业呈现出消费大众化、需求品质化、竞争国际化、发展全域化和产业现代化等发展趋势。从我国国民人均总收入来看，2000 年和 2019 年分别为 7846 元和 70725 元。[②]从我国居民消费水平来看，2000 年全体居民消费支出绝对数为 3698 元，2019 年则为 27563 元。[③] 由此可推算出，2019 年国民人均旅游支出占人均总收入的 1.35%，占 2019 年居民消费支出的 3.46%。由此可以印证，旅游消费已然成为我国国民消费支出结构中的一个重要组成部分。

从城镇居民旅游类型情况来看，近年来"乡村游""农家乐""短途游""自驾游"等已成为城镇居民休闲娱乐的一种重要方式。而这种短途或短时的旅游模式之所以受到城镇居民的广泛青睐，原因可归纳为主观需求的驱动与客观条件的允许。主观需求主要体现在人们对乡村美好生态环境的向往。在城乡一体化发展的大格局中，乡村场域已然成为附近城镇地区的"后花园"和"洗肺池"。乡村作为生态资源的核心聚集地，相比较城镇地区，乡村场域的最大优势就是拥有相对美好的生态环境与有机食品。

---

①国家统计局编：《中国统计年鉴—2020》，中国统计出版社，2020 年，表 17-10。
②《中国统计年鉴—2020》，表 1-4。
③《中国统计年鉴—2020》，表 3-13。

城镇居民对于美好生活环境的向往与需求是促进乡村旅游业蓬勃发展的重要因素。正如城市发展理论中"逆城市化"（Counter－urbanization）理论所阐释的，城市发展到一定阶段将会出现中心城市人口逐渐向周边中小城镇或农村地区转移的现象，从而促使中心城市人口逐渐减少。"逆城市化"这一概念是 1976 年由美国学者布莱恩·贝利[1]所提出，源于美国 20 世纪 70 年代"大都市时代"（Metropolitan Era）社会发展进程中呈现出诸多的"城市病"，如交通拥堵、环境污染、犯罪率高等。"逆城市化"现象的背后是城市居住环境难以满足人民对美好生活的需求。城市化与工业化发展进程中，伴随而来的是城镇地区生态环境的日渐恶化，这是导致"逆城市化"现象产生的一项关键因素。英国学者霍华德早在其 1898 年出版的《明天的田园城市》中就提出"田园城市"这一发展理念，意在解决大城市发展中无序扩张背景下所呈现出的诸多问题，尤其是城市生态环境问题。有学者认为，农村空间与农业景观是解决城市问题的一种必要手段。[2]

　　虽然城市能为人们提供更多的就业机会与更好的物质生活水平，但囿于城市自身的发展与定位而难以满足人们对更加美好的生态环境的需求。我国虽然尚未进入真正意义上的"逆城市化"发展阶段，但从近年来城镇地区居民日趋青睐乡村旅游这一发展趋势可见，城市生活已然不能满足人民对美好生态环境的需求。

　　正如近年来，城市雾霾问题已成为人们日常关注的一项生态问题，城市居民日常对于城市空气质量的关注已不亚于对天气情况的关注。人们逐渐意识到生态环境问题与人们日常生活息息相关，生态环境恶化危及人类的生命健康与安全。对于雾霾的讨论，也衍生出人们对于"未来是否会出现出售新鲜空气"的大讨论。正所谓"物以稀为贵"，其内在包含了经济学"供求决定价格"的原理。当清新、无害的空气成为社会稀缺资源，显然空气也将成为标有价格的产品。而事实上，当前生态旅游业其实质上就包含了"出售新鲜空气"这一项目。

---

①Brian J. L. Berry, *Urbanidation and Counterurbanization*. CA：SagePulication，1976.
②朱乐尧、周淑景：《环城农业——中国城市农业问题发展研究（上）》，中央编译出版社，2008 年，第 36 页。

正如笔者 2018 年在福建闽南地区的一个森林康养中心调研时了解到，该康养中心接收了多位从北京来的老人，并且多为肺病患者。众所周知，北京城市雾霾及沙尘暴现象时常发生，空气质量较差。这些从北京千里迢迢而来的老人居住在福建的森林康养中心的主要诉求，就是能够呼吸到新鲜的空气以缓解其肺病。由于城镇地区空气质量问题较为普遍，近年来"洗肺""洗眼""洗心"等词语时常出现在媒体的宣传语之中，同时也带动了我国空气净化器等产品的发展。而雾霾问题仅仅是与人们日常生活紧密相关并显性化的生态环境问题之一。生态问题还包含诸多人们难以用肉眼判断的方面，如食品、饮水、生态不安全所导致的各类慢性病等。

城镇居民对于美好生态环境的需求开拓了乡村旅游业发展的市场前景。依托乡村生态资源发展乡村生态旅游，既能解决城镇居民对美好生态环境的需求，同时也能促进乡村生态资源的保护性开发利用。发展乡村生态旅游是"绿水青山"转化为"金山银山"的一条重要路径。支撑起乡村旅游的核心要素是乡村美好的生态环境，包含生态景观资源、清新空气、优质水源、有机食物等生态产品。以往的生态旅游需要依托一方特色自然景观资源才足以支撑起一个生态旅游项目的发展，而今随着旅游向大众化、日常化、休闲化的方向发展，乡村生态旅游也日渐常态化、亲民化。

乡村旅游是以乡村美好生态环境为支撑点，以城镇居民私家车拥有量及城乡交通条件日渐完善为基础，以城镇居民对美好生态环境的需求为驱动力，而建构起的乡村生态经济新业态。据统计，2016 年我国休闲农业和乡村旅游接待游客近 21 亿人次，营业收入超过 5700 亿元，从业人员 845 万人，带动 672 万户农民受益。①

二、森林景观资源：资产化与资金化

生态景观资源，顾名思义，即将生态环境所具有的观赏性价值转化为一项可开发利用的生态产品。本书第四章对我国生态开发制度紧缩背景下生态公益林面积扩大与生态资源限制性开发等现象进行了讨论。立足于当前制度背景下，生态资源保护性开发利用路径成为各地实践创新的聚焦点。从笔者近年来的实地调研来看，各地在遵循限伐或禁伐的固有制度约束下，

---

① 王浩：《去年休闲农业和乡村旅游接待游客近 21 亿人次》，《人民日报》2017 年 4 月 12 日第 9 版。

主要将目光聚焦于林下土地的利用，即发展林下经济。林下经济总的来说包括林下种植和林下养殖，如林下种植中药材、栽培菌菇等，林下养鸡、养羊等。林下经济发展是以保护林木资源为前提，对林下土地进行充分利用的生态经济探索。生态旅游则是对生态景观资源的充分利用。林下经济与森林生态旅游皆属于以不破坏森林生态资源为前提的生态经济开发路径。

接下来以重庆市南川区生态景观资源流转及产业开发实践为例来展开论述。重庆市南川区早在2009年的"集体林权制度改革配套改革"试点阶段就曾提出"森林景观资源流转"模式，旨在探索出一条既能有效保护地上森林资源，又能激活那些沉睡的生态资源的道路，以平衡生态保护与生态经济之间的得失。

森林景观资源流转是将无形的森林景观作为一项商品在市场上进行流转，景观资源使用者根据使用范围予以一定的费用支付。森林景观资源流转需要具备几个方面的条件。一是具备良好的生态资源禀赋作为发展的基础条件。2016年南川区全区林业用地为212.2万亩，林地面积是耕地面积的3.5倍，森林覆盖率47.2%，生态资源禀赋较好。二是具备较好的生态旅游发展潜能及优势。南川区地处四川盆地东南边缘与云贵高原过渡地带，辖区内森林资源丰富，野生动植物种类繁多，动物资源354科1461属2178种，植物资源5655种，尤以银杉、金山方竹等最为著名。境内的金佛山是全国有名的生态风景区，并且南川的奇山异景无处不在，山王坪、神龙峡、楠竹山、黎香湖等景点也极具开发价值。三是具备森林景观资源流转的需求。南川区有重点公益林54.4万亩，地方公益林48.2万亩，共计102.6万亩，占林地面积的48.35%；全区集体林地面积191.6万亩，涉林户数为15.5万户；商品林109.6万亩，其面积与公益林面积基本相当。换言之，全区将近一半的林地面积处于限制或禁止开发的状态。

南川区开展的"森林景观资源流转"模式，是在原承包关系和林木所有权不变的前提下，林农将森林景观资源作为有价值的商品有偿转让给林业投资业主来综合开发森林旅游业、养殖业等。具体来说，就是在公益林区和商品林区，将分散的自留山、承包林、集体林中具有森林观赏价值的森林景观资源有偿流转给业主进行森林旅游综合开发利用。这种流转方式是在双方自愿的前提下，林农将分散的自留山或承包林中自然生长或人为培育的具有森林观赏价值或历史文化价值的森林景观，有偿流转给有经济实力的企业、事业单位或其他业主，进行森林综合旅游开发利用。流转景观资源的业主只享有森林资源景观权属，不享有林地及林木的所有权。南川区规定，森林景观资源流转中，业主必须先缴费后使用。

从本书团队实地调研所掌握的情况来看，南川区景观资源流转的费用标准基本维持在每年每亩 50～100 元，每 5 年调价一次，上调幅度原则上在 20%，流转期限为 30～50 年，最长不超过 70 年。如果业主未按合同约定缴费，林权所有人有权单方终止合同。这有效地保障了林农们的经济利益。森林景观资源流转期间，在不影响森林景观资源的前提下，林权所有者经批准可以依法间伐少量木材；流转业主须履行护林、防火、病虫防治等保护森林资源的职责，如要对森林景观进行培植、改造，必须与所有权人达成一致意见并报相关部门备案。

南川区政府在促进森林景观资源流转方面予以几个方面的保障措施。一是搭建平台，筹建了区林业要素市场管理中心，建立了区林地林木交易厅和林木交易网，为广大林农打造了交易服务平台。引进了专业的林业咨询机构、林地林木评估机构、拍卖机构和监理公司，实现了森林资源交易"一条龙"服务。二是统筹推进，南川区将森林景观资源开发纳入城乡统筹发展综合配套改革范畴，有效地减轻了森林资源开发业主的一次性资金投入，可吸引更多的社会资金投入林业产业发展，确保了森林景观资源流转试点工作的顺利推进。三是严格监督，严把森林景观资源开发业主资格审查关，筛选具有经济实力的业主参与试点工作。成立督查小组，加强对森林景观资源开发各个环节的追踪督查。四是规范流转，制定了一系列规范性文件，规范了森林景观资源流转的方法、步骤、期限等。

接下来以南川区永安村的生态景观资源流转与开发利用建成"神龙峡"5A 级旅游风景区为例。永安村位于南坪镇，入村处有一条长 5 公里的老龙洞峡谷，山腰栈道上有一个神龙洞，其中有自明朝起就远近闻名的祈福庙。山上百瀑挂川、泉水叮咚，峡谷溪流湍急、清澈见底，峡谷两边有 3650 亩村里的集体林地。这片林地在新中国成立初期曾遭受大肆砍伐，从原始森林变为荒山。而后，由于村民时常在山上放牛、放羊，峡谷两岸的生态环境持续恶化。这片林地在近二三十年的时间里历经了两次流转。

第一次是在 1997 年 5 月，由当地 Z 姓农民所流转。经永安村三社三分之二以上成员同意，Z 姓农民以三万元的价格承包了这片荒山，承包期限为 50 年。承包合同约定，承包后三年内必须进行开发建设。Z 姓农民在承包山林后，先自主造了部分林子。但由于林业经济效益周期长，短期内只有投入而无盈利，且 Z 姓农民自身财力并不充盈，也未寻到可以开发的项目与愿意投资入股的合作公司，加上三年期限即将到来而深陷困境之中。

几年后，永安村三社村民 H. Z. M. 提出流转这片荒山的意愿。而此时，Z 姓农民由于没有实力经营且无法履行合同约定的"三年内必须开发建设"的内容，提出申请解除承包合同。经村委会一致同意后，允许 Z 姓农民退回承包林地（荒山），并退还其三万元的流转资金。而后，村委会再次召开村民成员会，全体讨论并经永安村三社三分之二以上成员同意，又重新将这片山林承包给 H. Z. M. 流转经营。

H. Z. M. 以五万元的价格一次性流转了这片荒山，承包转让期限为 50 年，相当于以每亩 13.7 元的价格流转 50 年。合同约定，流转后除了继续栽植、管护、培育森林资源外，重点要放在招商引资发展森林旅游业上。合同明确约定，两年内要引进业主开发老龙洞峡谷，修改拓宽南坪镇街道至永安村三社的主干道路并油化。

H. Z. M. 相比较 Z 姓农民，更具有市场眼光、社交能力与经济实力。H. Z. M. 原先从事煤矿行业，是个煤老板，有一定的经济基础。随着近年来国家对生态环境保护力度的加强和煤矿资源的日渐减少，煤炭生意逐渐下滑，因而 H. Z. M. 准备转行。经朋友建议和自己深思之后，决定转向发展森林旅游业。流转了该片荒山后，H. Z. M. 经多方联络，最终引进重庆铭嘉实业有限公司，再经该公司联合重庆山水都市有限公司，成立重庆神龙峡旅游开发有限公司以共同开发神龙峡旅游项目。

自 2004 年以来，该公司先后投入 2 亿多元，修扩建了 15 公里的旅游公路，重点打造了峡谷风光、电瓶游览车、秀美里隐湖、泉水漂流、飞龙栈道、养生步道、神龙祈福场以及依山傍水的半边街、酒店、别墅等旅游设施。随着景区的开发和壮大，这片林地也从全面封山育林到成林成材，森林植被得到有效恢复，郁闭度得到大大提高。

神龙峡景区风光（组图）

自神龙峡景区开放以来，每年游览人数从几万人次发展到 2015 年的 30 万人次，收入从几十万元、上百万元增加到 2016 年的 1800 多万元。更为可喜的是，旅游业带动了永安村村民增收致富，在修扩建旅游公路及建设景区时，村民获得劳务总收入 8000 多万元。景区建立之后，永安村常年在景区务工人数达 50 人，每人平均年收入 2.5 万多元。神龙峡旅游业的发展还带动全村 77 户农民办起农家乐，旺季时每日可接待 100 多人吃、住、玩。据统计，全村森林农家乐年收入有 1200 多万元。

森林景观资源流转者 H. Z. M. 以每月 8500 元的高薪在重庆神龙峡旅游

开发有限公司担任副总经理。本书团队在 2016 年实地调研期间了解到，H. Z. M. 还将引进重庆巨宇实业有限公司、重庆瑞务集团有限公司开发永安村的另一个景点——龙泉洞。H. Z. M. 还将在神龙峡景区山顶和周围拟流转 13000 亩林地的景观资源以扩大旅游景区的景观范围。南川区永安村通过流转神龙峡两岸森林生态景观资源来发展旅游产业，一方面促进景区两岸森林资源的保护与发展，生态效益显著，另一方面森林旅游产业带动当地农民增收致富，社会效益与经济效益均十分显著。所以总体来说，永安村生态景观资源流转的实践是一条兼具生态资源保护、生态资源开发利用与带动农民脱贫致富等多重效益的成功实践路径。

基于上述永安村景观资源流转的成功实践，南川区林业部门一直在积极推动森林景观资源流转经验的推广。如重庆新红阳有限公司与西城街道办事处永隆山居委七组 48 户林农签订协议，以每年每亩 50 元的费用标准（流转价格 5 年一调，每次上浮 20％），流转该组森林的景观资源使用权。2016 年，48 户林农领取到第一个 5 年周期的景观资源流转费 61310 元，平均每户获得流转收入 1304 元。再如重庆珍绿农业发展有限公司流转乐村林场 2.2 万亩的森林资源景观使用权进行旅游开发。据统计，2016 年南川区森林景观资源流转面积达 3 万余亩，涉及上千户林农。对南川区森林景观资源流转经验进行总结，有以下几个方面的显著成效。

首先，从林农角度出发来看，生态景观资源流转可以激活被限制或禁止开发的森林资源，增加林农经济收入。以往被纳入生态公益林范畴的林地往往处于被搁置的状态，林农关于这部分林地的经济收益也仅限于国家或地方的生态公益林补偿。而生态景观资源流转突破了固有的生态林限制或禁止开发利用的发展困境。2009 年以来，南川区森林景观资源以最低 50 元/亩的标准进行流转，流转农户平均每年每户可增收 300 元以上。如前文提及的永隆山森林公园发展项目中，其中林农 L. Z. H. 流转面积为 13.6 亩，一次性获得流转费 3400 元。景观资源流转后，林地与林木的所有权不变，农民不会因此而失山、失地或失权。在不影响景观的前提下，林农还有权采伐自用木材和生活用柴。

其次，从景观资源流转业主层面来看，景观资源流转大大缓解了森林旅游开发业主一次性资金投入的压力。森林景观资源流转成本相比较林地资源流转或林木资源流转投入要少很多，因而有利于生态景观开发者将更多的资金投至旅游设施建设。由于生态旅游业的发展依托于自然景观和其他生态产品的供给，生态景观是生态旅游产品开发中的重要元素，所以旅游开发商必然会对其流转的生态资源加强保护与建设。正如上述神龙峡景区的开发商在景区建设中对两岸林地进行了封山育林与林木抚育，使流转林地更加繁茂。

最后，从地方财政层面来看，森林景观资源流转在一定程度上可减少地方财政的投入压力。在森林景观资源流转实践中，流转者及开发商将承担森林培育、管护和发展的费用，同时还减少了政府在森林资源保护、病虫害防治、森林防火等方面的支出。由此，也实现了林农的森林资源与开发业主的资金、技术优势的互补。

三、农旅融合发展："生态农业＋生态旅游业"

人民对美好生态生活环境的需求，还体现在近年来人们对乡村"农家乐"旅游的青睐。随着居民家庭收入的不断提升，私家车已然成为大多数家庭的日常代步工具，由此也为"短途游""自驾游"等旅游发展模式奠定了基础。乡村作为生态资源的聚集地，"农家乐"旅游主要是以乡村自然景观及美好生态环境所衍生出的新鲜空气、纯净水源、有机食品等为亮点来吸引游客。

"生态农业＋生态旅游业"的农旅融合发展模式是乡村振兴实践中普遍存在的一种发展模式，也被称为休闲农业、农业休闲旅游等。有学者将乡村农业与旅游业融合发展的模式归纳为"农旅双链"，是指将"农业产业链和旅游产业链两种产业链条互动发展的一种运作形式"。[1] 农旅产业融合发展是在一条产业链上的两种产业形态。"农"指的是乡村产业中最基础的农业种植业，是乡村第一产业的代表；"旅"指的是旅游业，是第三产业的代表。二者的关系可总结为：以"农"带"旅"、以"旅"促"农"，"一产"衍生"三产"、"三产"反哺"一产"。也就是说，农旅融合发展产业格局中的生态旅游业是在生态农业发展基础之上而衍生出来的附加产业，是对生态农业附着资源的充分利用与开发。产业间的"融合"既是一种产业延伸

---

①叶春近：《新土地政策背景下农旅双链的发展模式探究》，《旅游纵览（下半月）》2017年第1期，第191—192页。

与拓展，也是一种产业增能行为。休闲农业旅游与森林生态旅游虽然都属于生态旅游业，但二者存在显著的差异性。休闲农业是生态农业与生态旅游业的融合式发展，经济收益也是农业经济与旅游经济二者共同的收益。而森林生态旅游是基于森林生态资源保护为前提的产业延伸与拓展，是以生态效益为主，并基本依靠生态旅游业来获取经济效益的产业。

2020年，我国农业农村部印发了《全国乡村产业发展规划（2020—2025年)》，其中明确指出当前我国农村农业存在"产业链条较短、融合层次较浅、要素活力不足"等问题。基于发展中所存在的诸多问题，延长产业链、促进产业深层融合及激发产业活力是对症下药和问题解决的重要思路。该规划也明确了我国乡村休闲农业发展目标，详见下表。

表 6-1　我国乡村休闲农业发展目标

指标	2019 年	2025 年	年均增长
休闲农业年接待旅游人次（亿人次）	32	40	3.8%
休闲农业年营业收入（亿元）	8500	12000	5.9%

根据以上规划数据来看，我国将在2020年至2025年期间大力发展休闲农业旅游业。休闲农业是对农业生态景观资源的开发与利用，如依托梯田景观而发展起来的云南元阳梯田景区和龙胜梯田景区。再如近年来我国各地流行的"花海旅游"，即通过大面积种植油菜花、郁金香、薰衣草、粉黛等吸引游客前来观赏。休闲农业中，较广为人知的婺源油菜花景区，就是依托人造田园风光与地方徽派建筑而支撑起的生态旅游。

本书团队在近年来广泛的实地调研中发现，各地在农旅融合发展实践中存在两种类型：一种以旅游业为主导，另一种以农业为主导。农业与旅游业的嵌入式发展，对于延伸我国乡村农业产业链具有重要价值和意义。传统农业只注重农产品的产出，农产品市场交易是农业经济的唯一来源。而今，随着乡村生态旅游业的蓬勃发展，农业第三产业也逐渐遍地开花式地发展起来。

如本书团队在2016年3月外出实地调研期间，就深刻感受到以"油菜花"为主题的农旅融合发展模式遍地开花。

四川省崇州市的油菜花休闲农业

浙江省浦江县民生村的油菜花休闲农业

第一幅图为本书团队 2016 年 3 月在四川省崇州市所拍摄。该地油菜花休闲农业独具地方特色。从图中可以看到油菜花海中立有遮阳伞。据笔者了解，每把伞下都设有一张可供游客小憩、喝茶、打麻将的桌子。村民可以通过几个方面获得经济收益：一是油菜花种植本身的农业经营性收入，油菜籽可压榨出菜籽油进行销售；二是村民开设"农家乐"为前来观光旅游的游客提供餐饮；三是村民通过出租油菜花海里伞下的桌位、提供茶水或麻将等获得收益。当地的农业休闲旅游实践模式，结合了当地人喜爱喝茶、打牌、打麻将等娱乐方式的特点，进一步提升了农业生态旅游的经济效益。

第二幅图是本书团队 2016 年 3 月在浙江省浦江县实地调研时所拍摄。该油菜花景区位于民生村，将梯田景观、花海景观、坡顶若隐若现的徽派建筑景观及周边森林景观结合在一起形成独具特色的"梯田油菜花"景观。笔者在实地调研中发现，油菜花景区所在的乡村也进行了统一的景观设计。比如，民生村中许多民房的外墙上绘有三维彩绘，游客在欣赏梯田、油菜花之余，还可以漫步于村中欣赏乡村特色景观。

农旅融合发展模式是以生态农业发展为基础、生态旅游业发展为导向而搭建起的生态产业融合发展模式。在不同的经营导向下，生态农业与旅游业的侧重则有所不同。上述以油菜花为主题的休闲农业发展实践中，旅游业在整体农旅产业链中占主导地位。也就是说，大面积种植油菜花是以发展乡村生态旅游业为首要目标，而油菜花本身的农业经济价值在产业链经济中居次要地位，起补充作用。

以油菜花为例，"遍地开花式"的单一产品发展存在诸多的局限性。各地在发展休闲农业实践中需要结合区域特色与产业特色进行产业规划。2019 年中央一号文件指出，乡村农业发展要"因地制宜发展多样性特色农业，倡导'一村一品'、'一县一业'……以'粮头食尾'、'农头工尾'为抓手，支持主产区依托县域形成农产品加工产业集群，尽可能把产业链留在县域，改变农村卖原料、城市搞加工的格局"。这一指导思想包含两个方面的含义：一是要善于发现和利用区域性乡村产业之"特"，构建起乡村特色产业品牌；二是以县域为单位构建起完整的乡村产业链。

"一村一品"是近年来我国在倡导与推动的一项乡村发展理念。"一村一品"最早由日本大分县前知事平松守彦先生在 1979 年所倡导实施。他认为，每个村庄或地区都应挖掘出一项特色品牌，如土特产、旅游资源或是一首民谣等。大分县在平松守彦"一村一品"的发展理念引导下，历经二十余年，挖掘出 336 种特色产品，其中 126 种特色产品的产值达 100 万美元以上，1994 年地区人均收入达 2.7 万美元。[①] 大分县实施一村一品的乡村约为 70%。该县地处九州东部，森林覆盖率高达 70%，依托地区生态环境优势而发展出大批的生态农业产业。通过农业产业化与农业组织化的建设，实现了地区乡村振兴之景。[②] 有学者总结日本"一村一品"运动获得成功的五个重要因素：优秀的干部、地方特色的优势产品、精神理念、农业人才及其激励机制、政府的服务与支持。[③]

"一村一品"实践的核心在于挖掘区域性产业特色，并因地制宜地规划更大区域的产业发展大格局。虽然从字面含义上是以村级发展为核心，但实质上是一种"乡村产业特色＋区域（县域）协调发展"的大产业格局。这也符合我国近年来"全域型"产业发展的大趋势，包含产业所涉及的区域、产品、产业链、实践主体等的纵深发展。

---

①朱平国、卢勋编著：《居有其所：美丽乡村建设》，中国民主法制出版社，2016 年，第 149—150 页。

②向延平：《我国"一村一品"地理分布与数量特征分析：兼论区域内生发展》，《地域研究与开发》2014 年第 02 期，第 51 页。

③王昊：《日本"一村一品运动"的精髓与启示》，《北京行政学院学报》2006 年第 2 期，第 9—11 页。

总结与余论

　　本书虽然是以乡村五大振兴战略中的生态振兴为研究对象，但本书试图以一种"不局限于'生态'视角看待生态振兴"的研究思路来剖析当前我国乡村生态问题与生态振兴实践。本书试图将当前我国乡村生态环境现状作为时间坐标轴上的原点，从纵向历史演进维度与横向现状呈现维度对乡村生态进行剖析。乡村经济、文化、政治等各个方面均与生态相关联，乡村生态资源及生态环境嵌入乡村生产生活的方方面面之中，无法仅就生态来谈论生态，而应该将生态还原至乡村社区的村民日常生活与生产实践之中，才能探寻出一条真正贴合乡村发展实际的生态振兴之路。

　　本书在主体部分分别从人居环境治理、村容村貌提升、生态资源护治及生态经济发展这四个方面对我国乡村生态振兴实践进行了详细的剖析。前两个方面主要是对我国乡村社区内部生态环境质量提升进行实践研究，这部分的研究更侧重于厘清传统农耕社会以来乡村社会变迁下生态环境问题的产生。后两个方面主要是对乡村社区外部生态资源保护与保护性开发利用进行实践研究，这部分内容聚焦于十八大以来生态文明建设背景下的乡村生态建设与生态产业转型发展。

　　乡村人居环境治理实践，包含乡村垃圾处理、厕所革命及河道整治等三个方面的内容。我国乡村生态环境日渐恶化与乡村生产生活现代化变迁之间存在着紧密的关联性。生产方面，化学肥料对农家有机肥的替代性使用，打破了乡村千年来所形成的生态循环系统。原本被视为珍宝的农家有机肥，成为乡村污水的来源，也导致乡村面源污染及水体富营养化的爆发。生活方面，伴随着农民家禽养殖减少、房屋结构变化、自给自足的自然经济瓦解等的乡村日常生活变迁，乡村生活污水、生活垃圾日渐增多。本书第二章侧重于以乡村历史发展、乡村社区变迁及生活文化变迁等视角展现我国农民日常生产生活与生态环境之间的关系变化。

乡村村容村貌提升部分，主要从住房改造与道路建设两个方面进行阐述。乡村生态包含自然环境与人工环境，房屋与道路是乡村人工环境的主要组成部分。房屋改造与道路建设是美化乡村环境、提升人居环境质量与建设美丽乡村的重要实践。乡村房屋改造方面，本书分别阐释了美丽乡村建设、精准扶贫及文化保护这三个制度背景下的房屋改造实践。不同制度背景下的房屋改造有着不同的改造目的：美丽乡村建设视域下的房屋改造是以提升村民居住环境质量为主要目的；精准扶贫视域下的房屋改造是以保障乡村贫困户住房安全为目的；文化保护视域下的房屋改造是以文物修葺与保护为目的。乡村道路建设方面，本书以乡村道路与乡村社区状态之间的关系为切入点，剖析我国乡村道路建设对于促进"封闭型乡村社区"向"开放性乡村社区"转变的主导作用。

乡村生态资源护治部分，主要从生态资源整体性保护、生态环境系统性治理及生态管护机制建构这三个方面进行阐释。这三个方面是支撑乡村生态建设体系建构的主干部分。十八大以来，党和国家加强了对地方生态资源的保护力度。生态制度紧缩主要体现为我国乡村生态资源被限制或禁止开发与利用。制度层面的紧缩能够有效引导我国对乡村生态资源保护力度的加大、促进乡村生态产业转型以及完善乡村生态保护补偿机制建设。在乡村生态环境治理实践方面，主要表现为我国林业重点建设工程和农业面源污染治理在乡村生态建设、生态恢复及环境污染治理等方面的实践与作用。生态管护机制方面，是伴随着我国生态制度紧缩而逐渐呈现出的薄弱环节。林长制与贫困户生态护林员是我国在乡村生态管护机制建构与落实生态管护人员工作中所做出的尝试，其成效有待制度与实践进一步成熟后再作评估与分析。

乡村生态经济发展部分，主要从品质型生态产品与服务型生态经济两个维度梳理出当前我国乡村生态产业的两大发展趋势。这两个方面基本呈现出当前我国生态产业转型与升级的主要方向。生态产业发展需要以顺应时代变化与人民需求变化为基础，传统的生态产业经营模式已然不适用于新时代的发展。在以生态文明建设为制度背景和以人民对美好生活需要为市场需求的背景下，乡村生态产业发展需要符合三个层面的发展需求：一是要以乡村生态资源保护与生态可持续为基本前提，二是要满足人民对高品质生态产品与多样化生态服务的需求，三是能够带动生态产业投资方及相关参与者的盈利需求。

总体来看，乡村生态要实现可持续振兴应重点关注几个方面：一是厘清乡村人与自然之间的关联性，从乡村生态环境与村民生产生活之间找寻连接点；二是乡村生态要实现可持续振兴，必须要寻求一条以乡村生态可持续发展为前提的生态经济发展之路；三是乡村生态产业发展要以供给侧结构性改革为主线，结合当前消费市场的产品需求特点与地方生态产业发展特色进行生态产业规划。

第一节　乡村人口结构变迁下的人与自然：以炊事燃料为切入点

改革开放四十余年来，乡村人口结构变迁是乡村社区在现代化与城镇化进程中最为显性化的一项特征。学者们对农民工进城、留守儿童教育、流动儿童、留守老人等诸多问题都投入了极大的关注。由大量中青年农民工进城而导致的乡村人口结构变迁，主要体现在乡村社区人口数量锐减和人口年龄结构失衡这两个方面。

对于农民进城这一背景下的人与自然关系的关注，源于笔者近年来在农村调研实践中与村干部及村民访谈时闻悉的一些共识性现象，即乡村社区人口的大量外出在一定程度上促进了乡村生态环境的逐渐恢复。例如，2017 年本书团队在贵州省独山县调研时，一位 L 姓林业工作人员就多次强调：人口大量外出缓解了乡村生态资源的供应压力，进而促使乡村生态环境向好发展。访谈中，他说道：

这边现在的生态环境相比以前好很多了。以前这些石漠化地区的树基本上都被砍光了，小树刚生长起来就被砍了，连树根都没有。没办法，村民们要生存。除了一些地方不准砍之外，其他地方能砍的都被砍光了。现在，村子里的村民大多数都外出了，人们的生活也比以前更加富裕了一些，使用土灶的家庭少了，上山砍柴的也就少了。村民现在最多会到山上去拾点枯枝。因为没有人为的破坏和砍伐，所以这边石漠化地区的生态也渐渐恢复起来了。

从 L 姓林业工作人员的这段话语中，可以获取几个方面的信息。

一是农民对生态资源的绝对依赖性是导致生态环境不断恶化的重要因素。众所周知，传统农村家庭基本上使用土灶并以木柴为燃料，即需要通过不断地砍伐树木，来维系家庭燃料之需。以木柴作为家庭燃料是导致乡村生态资源不断减少或生态环境恶化的一项重要因素。正如前文所说，我国乡村经济主要依赖于农耕经济，而林业经济往往被视为副业。森林资源对于农民而言，维系家庭的燃料之需是其基本用途之一。当然，随着乡村社区的现代化发展，电磁炉、电饭煲等家用电器在乡村社区迅速普及。据笔者近年来的观察，电磁炉与电饭煲已然成为乡村家庭最为广泛使用的两大厨房电器。大部分乡村家庭既保留了传统土灶的使用，也增添了家用厨房电器。厨房电器对于缓解农民家庭对柴火的绝对依赖和减少砍伐树木起到了重要的作用。同时，由于乡村人口大量外出务工、经商或外迁，也减少了农民家庭对柴火数量的需求。

乡村柴堆（一）

乡村柴堆（二）

以上两图为笔者在福建省闽西北的一个乡村调研时所拍摄。第一幅图柴堆中的柴薪以毛竹为主，也有少量的杂木；第二幅图柴堆中的柴薪全部为杂木。毛竹与杂木这两类柴薪在生态成本与经济成本上存在着显著差异。毛竹林在我国南方地区很是常见，毛竹的生长速度快、出材率高、木质密度低，作为柴火具有易燃但不耐燃烧的特点。而杂木主要取自天然林，杂木生长速度慢、出材率低、木质密度高，作为柴火具有耐燃的特点。

总的来说，杂木的生长速度远慢于毛竹，但杂木的木质密度更高、更耐燃烧，生态效益更高。因此，将杂木作为乡村家庭燃料，对生态环境的破坏更大、生态成本更高。笔者在与村民的访谈中了解到，大部分村民更偏向于使用更耐燃烧的杂木作为柴薪。这也就意味着乡村家庭柴薪使用与天然林资源保护之间会产生矛盾冲突。而将毛竹作为柴薪，虽然其生态成本低于杂木，但可见的经济成本更高。笔者在实地调研中了解到，当地毛竹售价根据每根毛竹胸径、长度来定，平均每根售价为 10 元左右。

二是地处生态环境基础较差地区的人们更容易陷入生态环境不断恶化的恶性循环之中。因此，越是在生态环境恶劣的地区，则越需要探寻可替代柴薪的清洁能源。正如 L 姓林业工作人员所在的独山县，位于我国西南石漠化地带，村民对柴薪的绝对依赖导致当地石漠化加剧。而要从根源上解决人们对柴薪的依赖，不仅需要在乡村中普及厨房电器的使用，还需从根本上革新乡村家庭所使用的燃料。这一替代性燃料必须具备可再生、绿色无污染等特性。这一思路，我国早在 20 世纪 70 年代就已经开始探索。

如 1974 年时任梁家河大队党支部书记的习近平为解决陕北乡村缺煤少柴的问题，就带领村民建成了"陕西第一口沼气池"。习近平提出在陕西省建设沼气池的建议是受 1974 年 1 月 8 日《人民日报》对四川沼气池经验介绍的影响。随后在老干部张之森的大力支持下，延川县委组织人员到四川进行考察。考察后，习近平所在的梁家河村被纳入三个建设沼气池的试点村之一，习近平便带领村民们立即着手建设沼气池。[①] 习近平提出并主张在陕西乡村推广建设沼气池，缘于陕北乡村生态环境恶劣、林木资源稀缺，持续的砍伐林木将进一步导致生态环境恶化，因而急需寻求一个可替代、清洁且低廉的新能源。

当前来看，广泛利用且最具代表性的清洁能源为沼气与太阳能。根据《中国农村统计年鉴—2019》的数据统计可以了解到我国 2018 年农村可再生资源利用情况：全国沼气池产气总量达 1121634.9 万立方米，生活污水净化沼气池 181435 个；太阳能热水器使用面积 8805.4 万平方米，太阳房建有面积 2529.8 万平方米，太阳灶 2135756 台。[②] 乡村清洁能源的使用能够极大地缓解村民对柴薪的依赖性，亦可减少因使用煤炭而造成的环境污染等问题。根据我国第二次全国农业普查数据显示，我国各类型乡村能源使用情况，如下表所示。

---

①中央党校采访实录编辑室：《习近平的七年知青岁月》，中共中央党校出版社，2017 年，第 105 页。

②国家统计局农村社会经济调查司编：《中国农村统计年鉴—2019》，中国统计出版社，2019 年，第 55 页。

表 7-1　全国农村按乡村类型和辅助炊事用能源分的常住户户数

单位：户

分组	合计	柴草	煤	煤气、天然气	沼气	电	太阳能	其他能源
合计	159463921	24946967	36219209	36909487	3518454	55637998	343710	1888096
平原地区乡村	73221947	10903691	18093344	20438151	524763	22551067	92032	618899
丘陵地区乡村	52503266	8102337	11110985	10989769	1264292	20354470	70804	610609
山区村	33717624	5938181	7008968	5479933	1729278	12722549	180694	658021
贫困村	24915554	4043898	6932081	3632248	1128297	8622626	81223	475181
非贫困村	134527283	20900311	29281216	33275605	2390036	47005460	262307	1412348
民族聚居村	14005575	2030199	3024524	1630242	1178406	5512443	139008	490753
非民族聚居村	145437262	22914010	33188773	35277611	2339927	50115643	204522	1396776

表格来源：国务院第二次全国农业普查领导小组办公室、中华人民共和国国家统计局编：《中国第二次全国农业普查资料综合提要》，中国统计出版社，2008 年，表 1-4-1-12。

上表数据来源于我国 2006 年开展的全国第二次农业普查结果。上表根据乡村所处地势、贫困村与否、民族聚居村与否等三种类型分别统计出对应村庄类型的乡村炊事能源使用情况。整体上来看，我国乡村炊事能源使用中使用电的户数占比最高，约占 34.89％；使用煤气和天然气的户数占比约为 23.15％，位列第二；使用煤的户数占比约为 22.71％，位居第三；使用柴草的户数占比约为 15.64％；使用沼气的户数占比约为 2％；使用太阳能的户数占比约为 0.22%；使用其他能源的户数占比约为 1.18%。对各类乡村能源使用户数比例进行分析可发现，电能始终是各类乡村使用户数比例最高的能源类型。这与本书团队近年来在乡村实地调研所了解到的情况相一致。也就意味着，我国乡村炊事能源已经从"柴草时代"向"电器时代"转变。

与此同时，从上述数据中我们亦可了解到，煤气和天然气也已成为乡村能源使用类型中的重要组成部分，位居电能之后。推进乡村"煤改气"工程是我国应对空气污染的一项重要举措。我国在 2000 年开启建设"西气东输"工程，2009 年又开启"川气东送"工程。我国城市地区已经基本实现了天然气的普及性使用，而农村地区尚未实现普及使用。"煤改气"工程作为一项民生工程，是促进天然气使用向乡村社区铺开的工程实践。虽然各地对乡村天然气使用采取了一定的政府补贴，但对于农民家庭而言，依旧费用过高，进而导致许多乡村出现"装而不用"或"宁愿冻着也不用"等现象。"煤改气"工程实践中所出现的诸多矛盾与问题，与"厕所改革"实践具有相似性。单纯从绿色环保层面来看，"煤改气"工程对于保护乡村林木资源与改善空气质量具有重要意义。然而相比较使用天然气需要较高的经济成本，农民上山砍柴除人工成本外基本为零成本，因而农民依旧倾向于以柴火为燃料。电能的使用虽然也需付出经济成本，但由于市场上已经出现成熟且种类繁多的厨房电器产品，其便捷性是人们青睐于使用电能的重要因素。

三是农民工进城对于缓解乡村"人地压力"具有显著作用。黄宗智在《长江三角洲的小农家庭与乡村发展》一书中分析了我国农民家庭人口增加与固定耕地面积之间的人地关系，并将其归纳为"农业内卷化"现象，或称"农业过密化"。黄宗智分析认为，土地耕种与人力投入之间并非一直呈现出正比关系，当单位面积土地随人力投入达到一定值后将呈现出人均边际效益递减的发展趋势。

在我国传统农耕社会之中，"重农抑商"思想是抑制我国商品经济发展的关键，也是导致我国农民长久以来被捆绑于土地之上的主要因素。在"重农抑商"的国家经济发展理念下，为了维护小农经济的发展，将经商视为"末业"。古有"士农工商"一说，商人被认为是"卑之曰市井，贱之曰市侩，不得与士大夫伍"，即经商是一种极卑贱的职业。在"重本抑末"的社会发展背景下，我国古代商品经济一直难以发展起来，小农经济是国家的主导经济。小农经济是一种自给自足且相对封闭的自然经济形态，这种经济形态的形成与封闭的传统乡村社区形态有关，也与当时商品经济不发达、社会就业渠道过窄等相关，因而农民只能依附于土地。而人地关系过于紧张，会导致土地过耕、过牧或过伐等现象的出现。

人与地之间张力与矛盾产生的底层逻辑在于人们对更高的土地经济效益值的追求。虽然当前在农村劳动力普遍外流的现实背景下，农村农业走向"反内卷化"，非农经济收入占比不断提高极大缓解了农业经济收入压力，但对于当前少部分仍然以农业经济为生的留守农民或新型农业经营主体而言，他们仍在追求农业经济效益的最大化。与传统农耕时期通过精耕细作来获取更大农业产出有所不同的是，当前人们普遍通过加大农药与化肥的使用量来获得更高的土地产出。农业现代化进程中，人与自然之间的矛盾冲突，已经不再是人口与耕地面积之间的矛盾，而是农业化学品的滥用所引发的人与自然新的矛盾与张力。

第二节　生态文明建设：美丽中国与乡愁愿景

2012年，党的十八大报告中将"生态文明建设"纳入我国"五位一体"发展总布局之中，由此我国第二个百年奋斗目标变更为"把我国建成富强民主文明和谐美丽的社会主义现代化强国"。其中"美丽"所代表的是生态维度上的奋斗目标，即"美丽中国"。十八大报告指出："面对资源约束趋紧、环境污染严重、生态系统退化的严峻形势，必须树立尊重自然、顺应自然、保护自然的生态文明理念，把生态文明建设放在突出地位，融入经济建设、政治建设、文化建设、社会建设各方面和全过程，努力建设美丽中国，实现中华民族永续发展。"2015年党的十八届五中全会，将"美丽中国"纳入我国"十三五规划"之中。2017年，习近平总书记在党的十九大报告中指出，要加快生态文明体制改革，建设美丽中国。

从城市与乡村所负担的责任与角色来看，城市地区主要承担着我国社会现代化与国际化的发展重任，是一个国家经济发展的重要体现和门面担当；而乡村是我国生态资源集聚区域，承担着农产品供给与维系生态环境质量的生态重责。因此可以认为，美丽乡村建设是实现美丽中国目标的基础实践。

"美"的使用，涵盖了时代之美、生态之美、社会之美、民生之美等丰富内涵。十九大报告中，习近平总书记指出新时代我国社会主要矛盾已经发生转化。从前一阶段"人民日益增长的物质文化需要同落后的社会生产之间的矛盾"，转化为"人民日益增长的美好生活需要和不平衡不充分的发展之间的矛盾"。相比较前一阶段的"物质文化需要"，新时代人民的"美好生活需要"则更加体现了当今社会人民需要的广泛性、全面性及个性化。在人民需求清单中，对美好生态生活环境的需求是最广泛且普遍的。而今，人们对美好生态环境的向往，被寄托于对乡村生活的向往之中，寄托于"乡愁"之中。

2013 年，习近平总书记在中央城镇化工作会议上发表重要讲话，他指出："依托现有山水脉络等独特风光，让城市融入大自然，让居民望得见山、看得见水、记得住乡愁。""乡愁"一词曾被写进诗人的诗词中、歌者的歌曲中、作家的文章中……"乡愁"中包含了人们在田间地头、绿水青山间质朴且美好的记忆，是外出村民们乡村情结的体现。传统的农耕生活与山水田为伴，虽然身累，但没有城市的喧嚣和精神压力，日出而作、日落而息的生活状态，淳朴、简单而欢快，常常为人们所魂牵梦绕。

提及"乡愁"一词，往往让人想起余光中的《乡愁》一诗。诗词、歌曲是反应某个时期人们心声的表达形式，最能呈现出人们的社会心理状态。乡愁是一种心至而身不能至的内心惆怅与烦闷。20 世纪八九十年代，我国流行歌曲中如雨后春笋般地出现了许多关于"乡愁"的曲目，比较有代表性的歌曲如《流浪歌》《故乡的云》《九月九的酒》等等。这个时期正处于我国改革开放初期，城乡间的流动屏障逐渐被打破，城乡人口流动日渐频繁。大量乡村青年远离家乡外出务工，"思乡"成为外出游子们共同的情感。乡愁往往被物化到家乡的绿水、青山、田地、食物等具体事物上，寄托着人们对家乡美好生态环境的思念。

进入 21 世纪以来，我国流行歌曲中关于"乡愁"的歌曲则越来越少。不同时期人们所处社会环境的变化，衍生出各异的价值观和人生观。人们从自身的生活环境中内生出不同的情感体验，"乡愁"是属于特定时期及特定社会背景下所产生的情感共鸣。而今的"乡愁"或许可以有另一层含义，即人民对乡村人与自然和谐共生的美好生态环境的向往。

城市居民对乡村生活的整体印象还停留在传统的农耕生活景象上，"老牛犁田""采菊东篱下"等情景似乎代表着大多数城市人所向往的乡村田园生活。陶渊明为了远离朝堂之纷扰而选择归隐山林。从他《归园田居》系列的六首诗中便可看出，他对于乡村生活的喜爱与向往。"少无适俗韵，性本爱丘山。""种豆南山下，草盛豆苗稀。晨兴理荒秽，带月荷锄归。"陶渊明诗句中的美好乡村愿景，也在人们内心埋下一颗对乡村美好生活向往的种子。

"日出而作，日落而息"，"脸朝黄土，背朝天"是传统农耕生活的真实写照。然而乡村生活不仅只有农耕生活，还有诸多内敛而磅礴的传统文化与民间技艺。伴随着国家城镇化、现代化的发展脚步，我国乡村社区正接受社会经济现代化发展带来的巨大影响。

当然，在社会发展与时代变迁的背景下，乡村生产生活方式随之改变是必然趋势。本书对我国传统农耕社会时期的乡村生产生活进行了较为详细的梳理，并呈现出传统农耕背景下人与自然和谐相处之道，由此来反观现代化与工业化背景下乡村社会变迁中人与自然不和谐的现状。本书并非在为传统农耕社会"唱挽歌"，而是希望通过对乡村历史性变迁的梳理，寻找到当前乡村生态环境恶化的根本性缘由，并基于此探寻出一条符合我国乡村发展特点的生态振兴之路。

主要参考文献

一、著作

1. Gilbert Stone. The British Coal Industry ［M］. New York：General Books，2010.

2. Brian J. L. Berry. Urbanization and Counterurbanization ［M］. CA：Sage Pulication，1976.

3. 马克思. 资本论（第一卷）［M］. 中共中央马克思、恩格斯、列宁、斯大林著作编译局译. 北京：人民出版社，2008.

4. 马克思，恩格斯. 马克思恩格斯全集（第二十卷）［M］. 中共中央马克思、恩格斯、列宁、斯大林著作编译局译. 北京：人民出版社，1971.

5. ［美］蕾切尔·卡逊. 寂静的春天 ［M］. 吕瑞兰，李长生，译. 长春：吉林人民出版社，2004.

6. ［美］丹尼斯·米都斯，等. 增长的极限——罗马俱乐部关于人类困境的报告 ［M］. 李宝恒译. 长春：吉林人民出版社，1997.

7. ［美］富兰克林·H. 金（F. H. King）. 四千年农夫：中国、朝鲜和日本的永续农业 ［M］. 程存旺，石嫣，译. 北京：东方出版社，2011.

8. ［美］施坚雅. 中国农村的市场和社会结构 ［M］. 史建云，徐秀丽，译. 北京：中国社会科学出版社，1998.

9. ［德］斐迪南·滕尼斯. 共同体与社会——纯粹社会学的基本概念 ［M］. 林荣远译. 北京：商务印书馆，1999.

10. 毛泽东. 毛泽东农村调查文集 ［M］. 北京：人民出版社，1982.

11. 费孝通. 文化的生与死 ［M］. 上海：上海人民出版社，2009.

12. 费孝通．江村经济［M］．北京：北京大学出版社，2016．

13. 吴良镛．人居环境科学导论［M］．北京：中国建筑工业出版社，2001．

14. 黄宗智．长江三角洲小农家庭与乡村发展［M］．香港：牛津大学出版社（中国），1994．

15. 李培林．村落的终结——羊城村的故事［M］．北京：商务印书馆，2004．

16. 胡鞍钢．中国：创新绿色发展［M］．北京：中国人民大学出版社，2012．

17. 马传栋．资源生态经济学［M］．济南：山东人民出版社，1995．

18. 蒋高明．中国生态六讲［M］．北京：中国科学技术出版社，2016．

19. 潘鸿，李恩．生态经济学［M］．长春：吉林大学出版社，2010．

20. 沈雪梅．学前儿童心理发展分析与指导［M］．上海：复旦大学出版社，2014．

21. 杨柳．美国残疾人教育研究［M］．北京：人民出版社，2014．

22. 褚祝杰．生态文明背景下的黑龙江省低碳型生态城市发展机制研究［M］．北京：清华大学出版社，2013．

23. 陈加元．迈向新型城市化［M］．杭州：浙江人民出版社，2013．

24. 张颖，金笙等．生态公益林补偿［M］．北京：中国林业出版社，2013．

25. 陈钦．公益林生态补偿研究［M］．北京：中国林业出版社，2006．

26. 朱乐尧，周淑景．环城农业——中国城市农业问题发展研究（上）［M］．北京：中央编译出版社，2008．

27. 中国环境监测总站．中国生态环境质量评价研究［M］．北京：中国环境科学出版社，2004．

28. 朱平国，卢勋．居有其所：美丽乡村建设［M］．北京：中国民主法制出版社，2016．

29. 中央党校采访实录编辑室．习近平的七年知青岁月［M］．北京：中共中央党校出版社，2017．

30. 国家统计局农村社会经济调查司．中国农村统计年鉴—2019［M］．

北京：中国统计出版社，2019.

31. 国家统计局农村社会经济调查司. 中国农村统计年鉴—2020［M］.
北京：中国统计出版社，2020.

32. 国家统计局. 中国统计年鉴—2020［M］. 北京：中国统计出版
社，2020.

二、报纸期刊

1. 中国工程院发布生态文明建设研究成果——我国生态文明指数总体
接近良好水平［N］. 人民日报，2019-04-23（14）.

2. 甘肃省林业厅. 甘肃省第五次荒漠化和沙化监测情况公报［N］. 甘
肃日报，2016-06-16（15）.

3. 焦玉海，傅凯峰，黄海. 安排28.8万生态护林员带动百万人口脱贫
［N］. 中国绿色时报，2017-01-06（1）.

4. 王浩. 去年休闲农业和乡村旅游接待游客近21亿人次［N］. 人民日
报，2017-04-12（9）.

5. 许广月. 从黑色发展到绿色发展的范式转型［J］. 西部论坛，2014
（1）.

6. 杨继生，徐娟，吴相俊. 经济增长与环境和社会健康成本［J］. 经
济研究，2013（12）.

7. 金瑶梅. 中国传统自然观视域中的绿色发展理念［J］. 黑龙江社会
科学，2018（2）.

8. 俞金尧. 近代早期英国经济增长与煤的使用——西方学者研究经济
史的新视角［J］. 科学文化评论，2006（4）.

9. 程玥. 文化振兴与乡村公共文化自觉路径分析［J］. 东南学术，
2019（2）.

10. 李克让，等. 中国自然生态系统对气候变化的脆弱性评估［J］. 地
理研究，2005（5）.

11. 马道明，李海强. 社会生态系统与自然生态系统的相似性与差异性
探析［J］. 东岳论丛，2011（11）.

12. 赵景柱. 社会—经济—自然复合生态系统持续发展评价指标的理论

研究 [J]. 生态学报，1995 (3).

13. 夏永祥. "苏南模式"中集体经济的改革与嬗变：以苏州市为例 [J]. 苏州大学学报，2014 (1).

14. 周星，周超. "厕所革命"在中国的缘起、现状与言说 [J]. 中原文化研究，2018 (1).

15. 朱冬亮，朱婷婷. 乡村社区公共文化建设路径探析——以社区能力建设为视角 [J]. 厦门大学学报（哲学社会科学版），2019 (3).

16. 习近平. 在解决"两不愁三保障"突出问题座谈会上的讲话 [J]. 求是，2019 (16).

17. 汪三贵，刘未. "六个精准"是精准扶贫的本质要求——习近平精准扶贫系列论述探析 [J]. 毛泽东邓小平理论研究，2016 (1).

18. 王学权. "十三五"时期扶贫新模式：实施精准扶贫 [J]. 经济研究参考，2016 (7).

19. 张成渝. 村落文化景观保护与可持续发展的两种实践——解读生态博物馆和乡村旅游 [J]. 同济大学学报（社会科学版），2011 (3).

20. 傅才武，陈庚. 当代中国文化遗产的保护与开发模式 [J]. 湖北大学学报（哲学社会科学版），2010 (4).

21. 述柳荻，等. 生态保护补偿的分析框架研究综述 [J]. 生态学报，2018 (2).

22. 李秀芬，等. 农业面源污染现状与防治进展 [J]. 中国人口·资源与环境，2010 (4).

23. 金书秦，等. 农业发展与面源污染治理双重目标下的化肥减量路径探析 [J]. 环境保护，2015 (8).

24. 葛继红，周曙东. 农业面源污染的经济影响因素分析——基于1978~2009年的江苏省数据 [J]. 中国农村经济，2011 (5).

25. 温铁军. 新农村建设中的生态农业与环保农村 [J]. 环境保护，2007 (1).

26. 金书秦，等. 2016年化肥、农药零增长行动实施结果评估 [J]. 环境保护，2018 (1).

27. 曾贤刚，等. 生态产品的概念、分类及其市场化供给机制 [J]. 中国人口·资源与环境，2014（7）.

28. 王夏晖，等. 生态产品价值实现的基本模式与创新路径［J］. 环境保护，2020（14）.

29. 万良杰. 供给侧结构性改革视阈下的民族地区"精准扶贫"［J］. 中南民族大学学报（人文社会科学版），2016（6）.

30. 郑风田. 深入推进我国农业供给侧结构性改革的进路［J］. 新疆师范大学学报（哲学社会科学版），2017（5）.

31. 倪洪兴. 开放视角下的我国农业供给侧结构性改革［J］. 农业经济问题，2019（2）.

32. 翁鸣. 中国农业转型升级与现代农业发展——新常态下农业转型升级研讨会综述［J］. 中国农村经济，2017（4）.

33. 黄季焜. 农业供给侧结构性改革的关键问题：政府职能和市场作用［J］. 中国农村经济，2018（2）.

34. 金月华，等. 崛起中的水晶之都——浦江水晶行业调查报告［J］. 浙江经济，2003（24）.

35. 方忠良. 浙江浦江治水经验的探究［J］. 农村经济与科技，2018（3）.

36. 刘崇刚，等. 乡村地域生态服务功能演化测度——以南京市为例［J］. 自然资源学报，2020（5）.

37. 叶春近. 新土地政策背景下农旅双链的发展模式探究［J］. 旅游纵览（下半月），2017（1）.

38. 向延平. 我国"一村一品"地理分布与数量特征分析：兼论区域内生发展［J］. 地域研究与开发，2014（2）.

39. 王昊. 日本"一村一品运动"的精髓与启示［J］. 北京行政学院学报，2006（2）.

后　记

　　基于我们研究团队多年的田野调查和资料收集积累，历经一年的撰著并多次修改、完善，本丛书终于付梓，令人欣慰。这套丛书是一项理论与实证相结合的研究成果。我们试图通过对田野调查中获取的一些典型案例的剖析，以描述、记录、阐释当下中国乡村振兴实践的"进行时"场景，解释其背后的理论和实践价值，增加"三农"研究知识库存。如果真能实现这个小小的目标，也算是得偿所愿了。

　　作为丛书各册的主要作者之一，借此机会，我首先要感谢丛书研究团队的成员们多年来的努力和坚持。这段历程也是满满的美好的集体记忆。一路走来，大家同甘共苦：一起到全国各地的乡村开展田野调查，一起整理分析调查资料，一起和出版社讨论丛书的编写方案、编写提纲和书稿的具体内容，由此才有今天的成果。借此机会，我还要感谢参与田野调查和资料分析的杜宝兰、傅佳薇、李倩、兰婷、张华芳、黄丹丹、潘思同等，他们是我的博士生、硕士生。在长期的田野调查和资料分析过程中，他们不仅通过学术实践增长了知识见识，提升了学习研究的自我能动性，实现了自我成长，同时也深刻领会到理论和实践研究相结合——"把论文写在祖国大地上"及团队合作研究的重要意义。

　　与此同时，我要感谢田野调查中为我们研究团队无私提供一手资料信息的各级党政干部，特别是参与田野调查的各村的村干部，以及广大农民和来自新型农业经营主体的人士，他们不仅是我们团队的调查研究对象，也在很大程度上直接参与了我们的研究过程。从人类学视角来看，所有接受田野调查的研究对象绝不仅仅是一个个被动的资料提供者，他们作为特定的"报道人"，事实上也是研究本身的重要的直接参与者。在每个田野调查对象向我们提供的资料信息中，尤其是在描述特定案例的访谈中，其实就包含了他们的主观态度，也包括了他们个人对资料信息的理解、价值判断乃至个人的情感，而这种"倾见"无疑会直接影响研究者对田野调查资料的理解和评价分析。被调查对象向研究者提供的资料是"半成品"，其本身就经过他们的"筛选"和"消化"。从这个角度来说，研究者在某种程度上只是扮演了一个学术"搬运工"和"加工者"的角色。不过，即便如此，研究者自身的专业研究能动性仍是至关重要的。我们必须对所获取的资料"去伪存真""去粗存细"，克服"盲人摸象"的偏差，在参考借鉴被调查对象的个人"倾见"的同时，又要保持研究者自身的客观严谨性，以尽可能了解和还原事情的真实景象，这点恰恰是研究者能动性的最重要体现。

借此机会，我还要特别感谢鹭江出版社的编辑们，尤其是余丽珍副总编辑从丛书的策划和设计、研究团队的组织乃至整体的篇章布局、内容修改完善等，都提出了很好的意见和建议。正是由于编辑们尽心尽力的无私付出，为丛书出版给予了不可或缺的热情支持，丛书才能够顺利地出版。

本丛书的出版还得益于厦门大学"双一流"学科建设项目"马克思主义理论学科"项目支持，并有幸获得 2020 年度国家出版基金项目资助。对此，我们深表谢意！

本书写作分工如下：朱冬亮负责全书统稿并撰写导论和第一章内容，朱婷婷撰写第二章至总结与余论内容。

朱冬亮

2021 年 6 月 5 日于厦门大学囊萤楼

图书在版编目(CIP)数据

乡村生态振兴实践研究 / 朱冬亮,朱婷婷著. —厦门:鹭江出版社,2021.6
(乡村振兴实践研究丛书)
ISBN 978-7-5459-1909-7

Ⅰ.①乡… Ⅱ.①朱… ②朱… Ⅲ.①乡村—生态环境建设—研究—中国Ⅳ.①F320.3②X321.2

中国版本图书馆 CIP 数据核字(2021)第 118403 号

"乡村振兴实践研究"丛书

XIANGCUN SHENGTAI ZHENXING SHIJIAN YANJIU

乡村生态振兴实践研究

朱冬亮　朱婷婷　著

出版发行:鹭江出版社

地　　址:厦门市湖明路 22 号	邮政编码:361004
印　　刷:福州凯达印务有限公司	
地　　址:福州市仓山区建新镇红江路 2 号	联系电话:0591-63188556
金山工业集中区浦上工业区 B 区 47 号楼	

开　　本:700mm×1000mm　1/16
插　　页:4
印　　张:14.25
字　　数:219 千字
版　　次:2021 年 6 月第 1 版　　2021 年 6 月第 1 次印刷
书　　号:ISBN 978-7-5459-1909-7
定　　价:60.00 元

如发现印装质量问题,请寄承印厂调换。